SOCIAL WELFARE POLICY

제3판

사회복지정책론

이진숙 · 임소연 공저

양 성 원

머리말

어떤 이들은 오늘날의 시대를 사회서비스의 시대라고 한다. 이 말은 오늘날에는 거시적 사회정책 중심의 복지국가 시대는 저물고, 개인과 가족 그리고 지역사회 내에서의 복지욕구를 해소하는 데에 집중하는 사회서비스들의 비중이 증가하는 시대가 도래했다는 의미일 것이다. 사실, 중세가 끝날 무렵부터 서서히 산업혁명과 근대화과정이 시작되고, 그 과정에서 전통적 봉건국가들이 근대적 시민국가로 점차 변모되면서, 새로운 양상들의 사회문제들을 해결하기 위해 사회정책의 틀이 구축되기 시작하였는데, 이는 분명 오늘날 발견되는 사회복지적 욕구들 및 사회복지정책들과는 차이가 있던 것들이었다.

사회복지정책은 사회구조의 변화 그리고 시대적 욕구와 상당히 긴밀하게 조응하면서 번동하는 것이기 때문에 역사 속에서 끊임없이 변화될 수밖에 없는 속성을 지니고 있고, 그러므로 오늘날 요구되는 사회복지정책의 특성은 과거 또는 미래의 그것과는 다를 수밖에 없다. 이런 이유로 인해 사회복지 또는 사회복지정책에 관심을 가지는 사람들은 사회의 변화를 민감하게 인지할 수 있어야 하며, 사회복지정책이 탄력적이고 유동적이어야 한다는 것에 대해서도 늘 전제를 하는 열린 태도를 견지해야 한다.

과거의 복지국가의 시대에는 노동시장 내에서의 노동조건 및 계급 또는 계층 간 지위와 관련된 이슈나, 전통적인 사회정책의 관심사였던 소득보장에 주로 사회복지정책의 초점이 가 있었다고 한다면 그러한 정책들의 틀이 이미 공고히 갖추어진 오늘날에는 그러한 거시적 사회정책뿐만 아니라, 그 사회정책들 간의 틈새를 메울 수 있는 사회서비스들에 대한 수요가 더욱 커지고 있다. 후기 산업사회의 급속한 변동 속에서 변화된 내외적 환경들이 개인과 가족들의 사회적 기능을 약화시키고, 주로 인간 간의 관계와 관련된 문제나 돌봄의 공백 등 과거와는 다른 복지욕구가 증가되면서 사회복지정책의 관점 또한 달라질 필요가 나타나고 있는 것이다.

이상과 같은 배경으로 인해 사회복지정책에 대해 이론적으로 그리고 현실정책적으로 접근하여 설명하는 것은 결코 쉬운 일이 아니다. 그리고 이로 인해 사회복지정책을 공부하고 연구하는 사람들에게 객관적 관점에서 사회복지와 관련된 정보를 전달하는 데에는 일종의 책임감도 요구되는 것 같다.

필자들은 오랜 시간동안 학교와 사회복지현장에서 사회복지에 대한 교육과 연구 및 실천을 해 오면서 좀 더 포괄적인 관점을 가지고 사회복지정책을 이해하고자 노력해 왔다. 그러나 그것은 늘 어려운 작업이라고 생각된다. 아마도 필자들이 지닌 학문적 역량과 사회적 경험들이 미흡하여 그렇게 느껴질 수도 있겠다. 이러한 필자들의 한계에도 불구하고 부끄럽지만 사회복지정책론을 저술하게 된 배경에는 필자들이 사회복지를 공부하고자 하는 학생들에게 조금이라도 교육적 성장을 위해 도움을 주고자 하는 욕구가 있었기 때문이다. 이 책은 13장에 걸쳐 사회복지정책에 대한 이론들과 사회복지제도들에 대한 설명을 제공하고 있는데, 학생들이 이 책을 통해 적어도 사회복지정책의 윤곽이라도 파악할 수 있게 된다면 필자들에게는 매우 큰 기쁨이 될 것이다.

이 자리를 빌어 이 책이 발간되기까지 상당히 오랜 시간동안 필자들을 지지해주시고 다방면으로 도움을 주신 양성원의 강철원 사장님과 편집과정에서 졸고가 책의 모습을 갖출 수 있게 세심하게 도와주신 편집부에게도 감사한 마음을 표하고자 한다. 여러 번의 수정에도 불구하고 아직도 책 속에는 크고 작은 오류들이 담겨져 있을지 모른다. 이러한 오류들은 전적으로 필자들의 부족함에서 기인한 것임을 고백하고, 그런 부족함에도 불구하고 이 책이 독자들의 지적 성장에 조금이라도 기여를 할 수 있게 되기를 희망해 본다.

2024년 3월

이진숙과 임소연

차 례

CHAPTER 1

사회복지정책의 개념적 기초

1. 사회문제와 사회복지정책
2. 사회복지정책에 대한 정치적 시각
3. 사회복지정책의 개념을 둘러싼 쟁점들

1. 사회문제와 사회복지정책

1) 근대화와 사회문제의 출현

대부분의 산업사회는 산업혁명을 통한 근대화과정에 진입하면서 이전과는 다른 양상의 새로운 사회현상들과 직면하게 되었다. 사회의 공업화, 도시화, 근대화로 대변될 수 있는 변화의 과정 속에서 오늘날 사회과학 분야의 연구 관심이 되는 여러 가지 사회문제들도 출현하게 되었다. 이렇게 볼 때 사회문제는 결국 산업혁명 이후의 근대화과정이 야기한 사회적·경제적 모순, 즉 빈곤을 바탕으로 하여 나타나는 사회구조적 모순의 총체적 결과라 할 수 있다.

산업혁명은 약 1760년에서 1840년경 사이의 새로운 제조 공정으로의 전환을 가져온 사건이었다고 할 수 있다. 이 전환에는 인간의 손을 통한 생산방식에서 기계를 통한 전환이 포함되는 것뿐만 아니라 새로운 화학 제조 및 철 생산 공정, 증기동력의 사용, 공작 기계의 개발 및 공장 시스템의 향상 등도 해당되었다. 섬유산업은 산업혁명 당시에 시장산업을 주도한 지배적인 산업으로, 고용과 생산 가치 및 투자된 자본의 측면에서 현대적 생산방식이 처음으로 적용된 분야였다.

산업혁명은 개인들의 생활에도 지대한 영향을 미쳤고, 사회경제사적으로도 중요한 전환점이 되었다. 산업혁명은 일상생활의 거의 모든 측면에 어떤 식으로든 영향을 미쳤기 때문이다. 특히 산업혁명으로 인해 일반인들의 생활수준이 역사상 처음으로 지속적으로 증가하기 시작했고, 가구의 평균 소득과 인구규모는 전례없이 급속한 성장세를 보이기 시작했다. 이는 또한 개인들의 삶의 질을 향상시키는 데에도 도움이 되었다. 그러나 산업혁명은 사회에 긍정적인 결과만 가져온 것은 아니었다.

산업혁명으로 인해 사회구조와 제도들도 변화하게 되었는데, 특히 사회가 분화되고 다양화되면서 전통적으로 복지기능을 담당했던 기존의 사회제도는 현대사회에서 인간의 기본욕구를 충족시키는 데 필요한 자율적 기능을 다하지 못하게 되었을 뿐 아니라 국가경제가 발전함에 따라 오히려 사회복지에 대한 절대적 · 상대적 수요는 증가하게 되었다.

〈표 1-1〉 주요 사회제도의 다양한 사회적 기능

사회제도	조직 형태	사회적 기능	사회복지 기능
친족	가족, 친척	출산, 사회화, 돌봄, 정서적 지지	피보호자에 대한 지지, 보호, 구성원 간 소득 이전
종교	교회, 사찰, 기타 종교적 조직	영적 발전	세속적 복지, 사회적 약자에 대한 사회서비스, 종교적 상담
직업	기업, 사업체	고용	피고용자에 대한 급여 제공
시장	생산과 소비의 주체들	화폐를 통한 재화와 서비스의 교환	상업적 방식의 재화와 서비스의 교환을 통한 경제적 충족
지역체계 내의 상호 부조	지역사회의 지지집단, 자원봉사단체, 비영리 사회단체	상호 부조, 자선, 봉사	상호 지지, 자조, 자원봉사, 지역사회서비스
정부	연방(중앙)정부, 주(지방)정부	집합적 목표를 위한 자원의 동원과 배분	소득보장, 의료보장, 교육과 주택서비스 등 기초적 사회보장

출처: Gilbert, N. & Terrell, P.(2005), *Dimensions of Social Welfare Policy*(6th ed.), Boston: Pearson Education 에서 재구성.

오늘날에는 과거 재생산과 보호기능을 담당했던 가족의 소규모화와 다양화, 사회구성원들의 정신적 지주가 되었고 구휼의 역할을 감당했던 종교의 기능적 쇠퇴, 노동구조의 유연화로 인한 고용불안의 대두, 소비 중심의 시장기능의 재편과 지역사회 내 상호부조체계들의 몰락 등 제반 사회제도들의 기능적 약화가 불러온 사회문제의 확산이 국가가 주도하는 공공복지의 확대를 요구하게 되었다. 사회적

이고 조직적인 활동들은 다양한 기능을 지닌 사회제도들에 의해 뒷받침되어야 하는데 사회제도들의 기능이 약화되면서 이들 제도는 증폭되는 사회문제에 대응하는 적절한 도구가 될 수 없었기 때문이다.

사회문제

- 사회적 존재로서의 인간이 사회적 행위를 하는 과정에서 발생되는 문제이다.
- 특정한 사회현상이 '자연적으로 만들어진 현상'(nature-made)이 아니라 인간관계 및 인간이 만든 사회의 조직, 구조 및 제도 등과 같이 '인간이 만든 현상'(man-made)에 기인하여 사회적 맥락 속에서 발생되고, 보편적으로 다수의 사회구성원들에게 부정적인 영향을 끼쳐 이에 대해 다수의 사람들이나 영향력 있는 사람들이 문제로 판단한다면 이는 사회문제로 정의될 수 있다.

출처: 박용순(2000), 『사회복지개론』, 학지사; 이진숙 외(2016), 『사회복지정책론』, 양서원.

결국, 사회적 조건 속에서 문제가 발생되고, 그에 대해 해결에 대한 사회적 요구가 발생되어 국민과 정부의 관심이 형성되고, 사회적 개입이 시작되면 이는 사회복지정책의 개입으로 연결된다.

산업자본주의는 사회문제의 해결을 위해 사회복지를 성장시키게 되는데 이로 말미암아 자본주의는 복지국가와 공존할 수도 없지만 복지국가 없이는 존재할 수 없다는 오페(Claus Offe)의 '복지국가의 모순'(Contradictions of the Welfare State)이 성립된다.[1] 결국 오페의 직관처럼 근대 자본주의 국가는 사회문제를 해결하고, 국민의 복지 증진을 위해 자원을 동원 및 배분하는 분배 정의의 실현에 관심을 가지게 되었고, 이를 통해 점진적으로 복지국가의 토대를 형성하기 시작한 것이다.

1) Offe, Claus(1984), *Contradictions of the Welfare State*, edited by John Keane, London: Hutchinson & Co. (Publishers) Ltd.

2) 사회복지정책의 정의

(1) 사회복지의 개념

사회복지의 개념은 개인들이나 각각의 사회가 각기 지향하는 관점에 따라, 또는 개념이 포괄하는 영역에 따라 다양하게 규정될 수 있다. 윌렌스키와 르보(H. Wilensky & C. Lebeaux)는 사회복지를 "국민의 경제적 조건, 건강 그리고 인간의 능력을 유지시키거나 향상시키는 기능을 발휘하는 기관, 제도 및 프로그램이 조직화된 체계"라고 정의하면서, 사회복지의 공급주체에 따라 잔여적(residual), 또는 제도적(institutional) 사회복지로 구분하였다. 잔여적 사회복지는 서비스의 공급주체가 가족 또는 시장을 주체로 하는 경우이며, 제도적 사회복지는 서비스의 공급주체가 국가일 경우를 의미한다고 규정하였다.

윌렌스키*

〈표 1-2〉 잔여적 복지와 제도적 복지에 대한 내용적 구분

구분	잔여적 복지	제도적 복지
욕구에 대한 인식	욕구는 일반적이지 않은 비정상적인 것	욕구는 산업화에 의해 발생되며 언제든 누구나에게 발생 가능한 정상적인 것
문제에 대한 인식	문제상황이란 개인의 잘못에서 비롯된 것으로, 해결을 요하는 긴급상황 또는 위기상황	사회문제란 개인의 잘못으로 비롯되기보다는 복잡한 현대생활에서 발생되는 상존적인 것
사회의 문제 개입에 대한 인식	사회는 일차집단이 욕구충족 기능을 수행하지 못할 때 사후적인 차원에서 해결을 위해 개입	사회는 욕구 발생 이전에 욕구를 예측해서 예방적 차원에서부터 체계적으로 개입해야 함

* 해롤드 윌렌스키는 미국의 조직사회학자였고, 조직적 지능에 대한 선구적인 작업으로 널리 알려져 있다. 그는 캘리포니아 버클리 대학교에서 정치학과의 명예교수로 재직했고, 미국예술과학아카데미의 회원이었으며, 저서 13권과 70개의 논문을 남겼다.
대표작: Industrial Society and Social Welfare(Russell Sage, 1958 hb; Free Press Macmillan, 1965 enl. edn.pb)

구분	잔여적 복지	제도적 복지
지원의 차원	문제를 경험하는 개인은 그들이 가진 사적 자원이 고갈된 후에만 사회의 지원을 받게 됨	개인들의 문제해결에 대한 욕구가 발생하기 전에 사회로부터 지원이 제공됨
수급자에 대한 낙인 발생 여부	문제해결을 위한 개입대상은 생존능력 또는 시장활동능력이 없는 자로 국한되기 때문에 사회의 개입 이후에는 서비스 수급자에 대한 낙인이 수반됨	예방적 차원에서 보편주의에 기반하여 서비스가 제공되므로 사회의 서비스 수급자에 대한 낙인 없음
사회의 지원 형태	사회적 지원 형태는 문제상황의 일시적인 개선을 위한 구호품이나 자선, 봉사의 형식을 통해 제공되는 경향이 강하고, 지원기간은 단기적임	욕구에 대한 대응은 예방과 재활을 지향하는 제도화된 수단들에 주로 의존하며, 지원기간은 장기적임
기본적 가치	선별주의, 특수성	보편주의, 포괄성

출처: Wilensky, H. & Lebeaux, C.(1965), *Industrial Society and Social Welfare*, N.Y: Free Press에서 재구성.

(2) 사회복지정책

사회복지라는 개념에 대한 앞에서의 정의를 기반으로 할 때 사회복지정책(social welfare policy)은 "정부가 그 나라 국민들에게 서비스나 소득을 제공함으로써 국민복지에 영향을 미치는 정부의 활동"이라고 정의될 수 있다. 하지만 사회복지정책의 개념은 더욱 세분될 수도 있는데, 예를 들어 사회복지정책은 다시 협의로는 국가와 지방공공단체가 계획하는 사회복지의 목적 달성을 위한 방법과 절차 등을 포함한 방침을 말한다고 할 수 있고, 광의로는 사회복지의 추진, 수행을 위한 국가, 지방공공단체 혹은 기타 공적·사적인 여러 단체와 기관의 방침을 의미한다고 할 수 있다.

2. 사회복지정책에 대한 정치적 시각

1) 가치적 토대

사회복지를 둘러싸고 벌어져 온 오랜 정치적 논쟁은 주로 개인적 가치와 집단적 가치 사이의 대립이라는 양상으로 나타났다. 인간의 문제에 대한 개입이라는 사회복지정책의 현실적 측면은 인간과 인간으로 구성된 사회에 대하여 어떠한 관점을 가지느냐에 따라 정부 개입에 대해서도 다양한 태도를 형성하게 될 수 있기 때문이다. 따라서 사회복지를 둘러싼 정치적 논쟁에 대표적인 입장은 개인적 가치(개인주의, individualism) 또는 집단적 가치(집합주의 collectivism)에 따른 견해 차이에 의해 결정된다고 할 수 있다.

개인주의는 개인의 도덕적 가치를 강조하는 도덕적 자세, 정치철학, 이념, 또는 사회전망을 의미한다. 개인주의자는 자신의 목표와 욕망의 실현을 위해 노력하고, 그러므로 독립과 자립을 중요하게 인식하며, 자신의 이해관계에 대한 사회 또는 정부 등의 기관에 의한 외부의 간섭을 반대하면서 개인의 이익은 국가 또는 사회집단에 우선해야 함을 옹호한다. 개인주의는 종종 전체주의나 집합주의에 대해 대조적으로 정의된다.

집합주의는 집단의 중요성, 즉 스스로의 정체성, 목적, 권리, 결과의 중요성 등을 강조하는 도덕적 자세, 정치 철학, 이념, 또는 사회전망이라 할 수 있다. 그리고 집단주의는 그러한 관점에서 문제를 분석하는 경향이다. 집단주의는 개인주의의 역으로 존재하는 기본적인 문화적 요소이며, 경우에 따라 개별 목표를 넘어서 집단적 목표의 우선순위와 결집의 중요성을 강조한다.

따라서 복지에 관해서도 개인주의적 관점을 강조하게 되면 복지는 되도록 민간, 자원, 종교단체 등에서 담당해야 하고 정부의 개입은 오히려 시장질서를 왜곡

할 수 있으며 경제적 생산성을 저하시킬 수 있으므로 최소한의 안전망을 구축하는 데에 그쳐야 한다는 것이다.

반면에 집합주의를 강조하게 되면 현대사회의 사회적 문제는 사회구조적 환경에 의한 것이 대부분이므로 정부는 예기치 않은 사회적 변화에 의해 피해를 입거나 사회적 약자들에 대해 보호하여야 하며 자본주의의 역기능인 소득의 불균등을 합리적이고 정의롭게 해결하여 빈곤의 악화를 해소하는 데에 관심을 두게 된다.

〈표 1-3〉 사회복지정책에 대한 개인주의와 집합주의의 관점 비교

구분	개인주의	집합주의
사회문제에 대한 시각	성실히 일하는 사람은 물질적 성공으로 보상받는다는 낙관론에 기초, 문제의 발생원인은 선택의 실패, 개인적 결함 등에서 기인됨	사회문제는 개인의 무능함이 아니라 자본주의체제의 사회경제적 역기능의 결과이기 때문에 사회문제는 사회경제적 환경에서 기인됨
시장에 대한 견해	자유방임주의가 번영과 복지를 보장한다는 신념하에 규제받지 않는 시장과 사유재산제 지지	규제받지 않는 시장은 위험한 경기순환, 실업, 빈곤, 불평등 등을 야기
복지공급 주체에 대한 견해	정부는 민간에 종속적이고 분권화되어야 하기 때문에 복지는 민간기관, 자원단체, 종교단체 등이 담당해야 함	정부는 사회의 민주적 의지가 대표되는 기관으로 주로 사회집단들 간의 이해관계를 조정하고, 주로 공공기관을 통해 복지기능을 담당해야 함
주력 사회정책	사회복지가 기본적으로 개인의 책임을 손상시키고 시장활동을 방해하므로 사회질서 유지를 위한 (취약집단 대상) 최소한의 사회안전망 구축만 기대	기회, 경제적 안전, 기본적 사회적 재화를 보장하기 위한 포괄적 프로그램 제공

출처: Gilbert, N. & Terrell, P.(2005), *Dimensions of Social Welfare Policy*(6th ed.), Boston: Pearson Education에서 재구성.

2) 사회복지정책의 영역

사회복지정책은 인간의 욕구충족에 초점을 맞추고 이를 목표로 실현하기 위해 실행된다. 인간의 기본적 욕구는 생존의 욕구라 할 수 있는데, 이를 해결하기 위

해서는 의복이나 음식 등 기본적 재화를 구입할 수 있는 소득보장, 특정의 안락한 공간 안에서 삶을 영위할 수 있는 주거보장, 질병치료 등을 위한 의료서비스 등이 가장 필수적이다. 그러므로 이러한 생존의 욕구를 해결하는 정책들이 사회복지정책의 핵심적 영역을 구성하게 됨이 일반적이다. 그러나 인간은 단순히 생존유지만을 목표로 하여 살아가는 존재가 아니므로 인간의 삶을 위한 사회적 욕구 등의 충족도 매우 중요하게 다루어져야 한다. 따라서 이와 관련된 교육보장, 사회적 약자를 위한 대인서비스 등의 보다 확장된 영역들도 사회복지정책의 주요 영역에 포함되어 가고 있다. 그런 결과, 대체로 사회복지정책의 영역은 사회복지를 인식하는 사회정치적 관점에 따라 소득, 의료, 주거, 교육, 사회서비스를 포함하는 협의의 영역과 협의의 영역에 조세, 노동을 포함한 광의의 영역으로 구분된다고 볼 수 있다.

(1) 소득보장정책

빈곤으로 인한 소득결핍과 노령, 사망, 장해, 실업, 질병, 사고 등에 의한 소득중단과 감소에 대해 소득을 보장한다.

(2) 의료보장정책

건강한 생활을 유지하고 질병과 부상 등으로 피해를 입지 않도록 충분한 치료와 양질의 의료서비스를 보장한다.

(3) 주거보장정책

주거환경 개선사업, 공공임대주택공급, 임대료 지원 등으로 문제해결을 도모한다.

(4) 교육정책

국민의 지적 수준을 향상시키면서 경제성장을 촉진하는 것이 목표이다.

(5) 사회서비스

아동, 청소년, 노인, 장애인, 여성 등 주로 사회적 약자를 대상으로 한 개별적 서비스들이다.

(6) 조세정책

국가가 사회복지적 목적을 위해 조세부담률을 조정하거나 조세를 면제하는 등의 정책을 펴는 것이다.

(7) 노동시장정책

근로능력이 있는 사람에 대해 고용 등을 통해 경제적으로 자립할 수 있도록 하여 빈곤을 완화하고자 하는 소득보장이다.

3. 사회복지정책의 개념을 둘러싼 쟁점들

1) 다양한 쟁점들

앞에서 살펴본 사회복지정책의 개념은 인간과 사회를 바라보는 관점과 가치, 사회복지정책의 영역, 주체, 대상 등에 따라 다양하게 규정될 수 있고, 이러한 흐름은 시대에 따라 변화하고 있다. 따라서 사회복지정책의 개념과 관련하여 다양한 시각들 사이에 아래와 같은 상반적 쟁점들이 존재하게 된다(송근원 · 김태성, 1995).

(1) 쟁점 1: 욕구의 대상과 관련해서는 배타적인가 vs. 비배타적인가?

사회복지정책은 전통적으로 빈곤과 건강 등 협의의 사회복지적 문제나 개별적 욕구를 가지고 있는 특수한 사람들 만을 대상으로 포괄하는 경우가 많았다. 그러나 이러한 개별적이고 배타적인 접근이 시대의 흐름과 사회복지정책의 발전과정에서 변화하게 되었고, 최근으로 올수록 돌봄이나 불안정 고용 등과 같은 보편적 사회위험들에 대응하기 위해 비배타적이고 집합적 측면에서 국민 또는 시민 다수를 정책의 대상으로 포용하는 경우들이 늘어나고 있다. 따라서 사회복지정책의 개념을 규정할 때에 혹자는 배타성과 개별성에 근거한 정의가 올바르다고 주장하기도 하지만 배타성과 개별성에만 초점을 둔 정의는 더 이상 유효하다고 보기 어렵다.

(2) 쟁점 2: 욕구의 해결방식에 대해서는 직접적인가 vs. 간접적인가?

사회복지정책은 복지욕구를 가진 사람들의 문제를 해결하고자 할 때에 전통적으로는 현금 지급이나 치료나 돌봄서비스 등을 통해 직접적으로 접근하는 경향이 강했다. 그러나 정책이 해결해야 하는 욕구가 다양화되고 사회복지정책의 영역도 확장되면서 최근에는 조세나 금융정책 등과 같이 간접적 해결방식을 동원하는 경우도 늘고 있다. 그러므로 사회복지정책을 직접성에 의거하여 이해하는 것은 편중된 이해방식이라고 할 수 있다.

(3) 쟁점 3: 욕구해결의 범위에 있어서는 시장적 vs. 비시장적으로 할 것인가?

일반적으로 사회복지정책은 이차분배정책 또는 재분배정책이라고 불리우기도 한다. 이는 사회복지정책이 전통적으로는 시장의 실패현상에 대해 시장 외부의 기제를 통해서 개입하고, 2차적으로 조율하는 방식을 취해 왔기 때문이다. 그러나 최근으로 오면서 사회복지정책은 노동시장정책이나 경제정책 등의 영역으로 확장되면서 비시장적 기제뿐 아니라 근로유인을 위한 노동시장정책이나 고용지원정책 그리고 최저임금제 등 소득에 대한 개입조치를 통해 시장 내에서의 분배에도 영향을 미치는 경우들이 늘고 있다. 따라서 사회복지정책이 비시장적 기제에만 의존한다는 관점은 제한적인 접근방식이라고 할 수 있다.

(4) 쟁점 4: 욕구해결의 주체와 관련해서는 공식적 vs. 비공식적으로 할 것인가?

사회복지의 공급주체는 일반적으로 국가와 정부로 이해된다. 그러나 이같은 공식적 주체 외에도 전통적으로 사회복지 기능은 가족이나 이웃, 친척 등 비공식적 주체에 의해 수행되어 온 바가 많다. 그리고 오늘날에도 사회복지욕구는 대체로 비공식적 주체에 의해 우선적으로 해결되고, 욕구해결이 어려울 경우에 공식적 공급주체들이 개입하는 경우가 일반적이다. 그러므로 사회복지가 공식적 공급주체에 의해서만 해결되는 영역이라는 사고는 편협한 이해라고 할 수 있다.

(5) 쟁점 5: 개입주체의 성격은 영리적 vs. 비영리적이어야 할 것인가?

사회복지의 전통적으로 가장 대표적인 특징은 비영리성임을 부인할 수 없다. 사회복지라는 것은 기본적으로 사회적 위험에 대한 집합적 연대의 방식이라고 할 수 있기 때문에 사회복지의 공급을 통해 영리를 추구하는 것은 사실 바람직하다고 보기 어려웠고, 그로 인해 사회복지의 공급은 국가나 사회의 공식적 주체들을 통해 제공되는 것이 바람직하다고 보았기 때문이다. 그러나 오늘날 개인들의 욕구가 다양화되고, 보편적 위험도 증가하면서 사회복지의 공급주체가 시장영역에도 개방되어야 할 필요성이 증가하고 있고, 그로 인해 영리를 추구하는 공급주체들에게도 서서히 사회복지의 공급을 허용하는 경우들이 증가하고 있다. 이는 특히 사회서비스 영역에서 두드러지고 있다.

(6) 쟁점 6: 서비스의 공급자와 수요자 간의 관계방식은 일방적 vs. 쌍방적이어야 할 것인가?

사회복지는 재화와 서비스의 제공 시에 전통적으로는 수급자에게 특정한 댓가를 기대하지 않는 일방적 이전의 성격이 강했고, 오늘날에도 주로 절대 빈곤층을 대상으로 하는 소득보장과 의료보장의 영역에서는 일방적 이전의 방식으로 사회복지욕구를 해결해 주는 경우가 많다. 그러나 오늘날에는 사회복지의 제공에 대해 특정한 댓가를 요구하는 쌍방적 이전방식을 취하는 사회복지제도들도 나타나고 있는 상황이다. 이는 특히 근로능력이 있는 수급자에게 급여에 대한 조건으로 노동참여를 요구하는 사례가 대표적이라고 할 수 있다.

(7) 쟁점 7: 서비스 제공 결과에 대한 경제적 지향성은 소비적 vs. 생산적이어야 하는가?

전통적으로 사회복지는 욕구를 해결하기 위해 소비적으로 제공되었는데, 오늘날에는 그러한 사회복지적 소비가 사회의 생산성을 높이는 데에도 기여할 수 있다는 주장들이 강해지고 있다. 따라서 사회복지가 소비적이라는 주장은 타당하다고 보기 어려워지고 있다.

사회복지정책에 대한 정의와 개념 등이 다양한 것은 앞에서 기술한 바와 같이 다양한 관점들 간의 차이에 기인한다. 따라서 어떠한 관점이 올바른 것인가에 대한 정답은 정해져 있지 않다. 다만 사회복지정책의 개념과 관련해서 공통적으로 학자들이 주지하고 있는 것은 사회복지정책의 개념은 어느 하나의 성격으로 국한되는 것이 아니며 사회변화에 따라 계속적으로 변화되고 있다는 점이다.

2) 바람직한 사회복지정책의 방향성

앞에서 살펴본 바와 같이 사회복지정책의 개념은 다양한 시각과 층위에서 접근이 가능하고, 그에 따라 상이한 설명과 해석이 따를 수 있다. 그리고 이는 사회복지정책이 무엇인가에 대한 끊임없는 논쟁을 야기하게 되는 원인이기도 하다. 따라서 오늘날 사회복지정책의 개념적 특성은 다양성으로 규정될 수 있다. 그리고 이와 같은 속성으로 인해 향후 사회복지정책의 개념은 어떻게 변화될 것인가에 대한 질문 또한 다각적인 관점과 위치에서 고민이 가능함을 시사한다고 할 수 있다. 그러므로 사회복지정책을 연구하는 사람들은 항상 비판적인 관점에서 사회의 변화에 조응하며 사회복지가 변화될 것이라는 전제를 수용하고, 바람직한 사회복지정책의 변화는 어떠한 방향성을 가져야 하는가를 지속적으로 모색하는 작업이 요구된다.

생각해 보기

1. '사회문제'의 개념은 무엇인지 설명해 봅시다.
2. 사회문제를 발생시킨 근대의 특징들은 무엇이 있는지 논의해 봅시다.
3. 사회문제에 개입하는 사회복지정책에 있어 잔여적 접근과 제도적 접근을 비교해 봅시다.

참 고 문 헌

박용순(2006). 『사회복지개론』. 학지사.

송근원 · 김태성(1995). 『사회복지정책론』. 나남출판.

이진숙 · 주은선 외(2016). 『사회복지정책론』. 양서원.

Gilbert, N. & Terrell, P.(2005), *Dimensions of Social Welfare Policy(6th ed.)*, Boston: Pearson Education.

H. Wilensky & C. N. Lebeaux(1965). *Industrial Society and Social Welfare. The Impact on Industrialization on the Supply and Organization of Social Welfare Services in the United States*. Free Press.

Offe, Claus(1984). *Contradictions of the Welfare State*. edited by John Keane. London: Hutchinson & Co. (Publishers) Ltd.

CHAPTER 2

사회복지정책과 이데올로기

1. 이데올로기에 대한 이해

1) 이데올로기 개념의 등장배경

이데올로기(Ideology)는 사전적으로는 '개인적 또는 사회적 운동과 제도, 계급 또는 거대 집단들을 이끄는 기본적 지침, 신화, 신념과 가치정향 등'(the body of doctrine, myth, belief, etc., that guides an individual, social movement, institution, class, or large group. http://www.dictionary.com/browse/ideology)을 의미한다.

이데올로기(Ideology)라는 용어가 최초로 등장한 것은 프랑스혁명 직후인 1789년이다. 프랑스혁명 시에 좌파나 우파라는 용어가 쓰이기 시작했는데, 이는 프랑스 제1공화국 당시 1789년 여름에 파리에서 국민의회가 소집되었을 때 생겨난 전통에서 비롯되었다. 당시 국민의회에는 사실상 3개의 정파가 참여했다고 볼 수

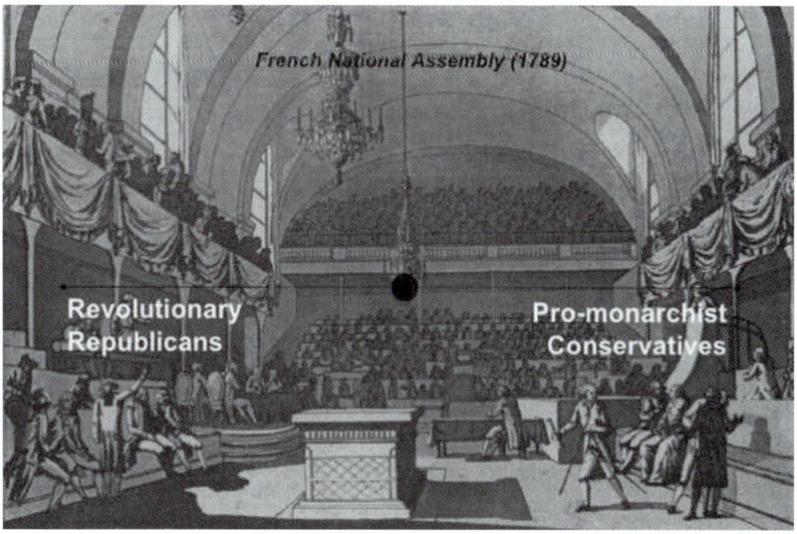

[그림 2-1] 1789년도 프랑스 국민의회의 모습

출처: https://steemit.com/politics/@ionescur/the-left-right-paradigm

있는데 회의장을 살펴보면 보수파는 의장의 우측에, 급진파는 좌측에, 자유파는 중앙에 위치했다. 이것을 계기로 정치적 입장을 분류하는 좌파와 우파의 이데올로기 스펙트럼을 사용하였다고 볼 수 있다.

우파 이데올로기란 기존의 정치, 경제, 사회적 질서를 수호하고 합리화하는 보수 이데올로기이다. 이에 비해 좌파 이데올로기는 급진적 내지 혁명적 이데올로기이다. 즉, 기존의 정치, 경제, 사회적 질서에 광범위한 변화를 시도하려는 이데올로기를 말한다. 그리고 중도파 이데올로기란 좌파와 우파의 이데올로기의 중간 형태로서 점진적 변화를 선호하는 개량주의적 이데올로기라 할 수 있다(이명남, 2021:https://en.wikipedia.org/wiki/Left%E2%80%93right_political_spectrum).

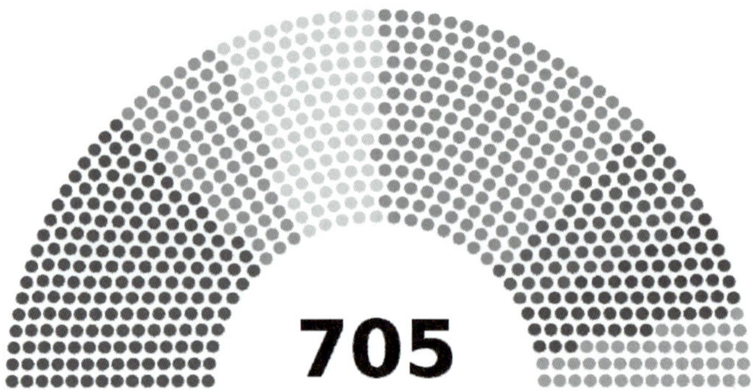

[그림 2-2] 2021년 유럽의회의 좌우 이데올로기 스펙트럼

출처: https://en.wikipedia.org/wiki/Left%E2%80%93right_political_spectrum

2021 유럽의회에서도 여전히 좌측의 진보적 사회주의 입장부터 우측의 보수적 자유민주주의 입장까지 자리해 있음을 알 수 있다(2021년 유럽의회 좌석배치도 참조: 왼쪽부터 The Left in the European Parliament - GUE/NGL(39), Progressive Alliance of Socialists and Democrats(145), Greens-European Free Alliance(71), Renew Europe(103), European People's Party Group(176), European Conservatives and Reformists(64), Identity and Democracy(65), Non-Inscrits(42)).

2) 이데올로기의 현대적 이해

이데올로기라는 용어를 사회과학에서는 다의적으로 사용하고 있고 그 중 마르크스(K. Marx)와 엥겔스(F. Engels)는 이데올로기라는 용어를 비판적인 의미로 사용했다. 그들은 이데올로기란 자기 자신을 정당화하려는 지배계급이 사용하는 기만적 수단이며, 이를 통해 해당사회에서 지배계급의 통치를 정당화하는데 사용함으로써 사회의 본질을 그릇되게 이해시킨다고 보았다. 이러한 마르크스의 개념 사용은 이데올로기를 사회집단의 신념체계로 특징짓는 근대적 의미로서의 시작이라 볼 수 있다.

마르크스
(출처: http://www.biography.com/people/karl-marx-9401219)

엥겔스
(출처: http://global.britannica.com/biography/Friedrich-Engels)

물론 현대사회에서 이데올로기는 부정적인 의미가 아니라 주로 대체로 어떤 사회집단이 가지는 신념이나 태도의 체계, 또는 세상을 보는 관점으로 이해되고 있다. 또한 이러한 신념이나 태도 체계, 즉 이데올로기는 그 스스로 평가되기보다는 이데올로기가 보여주는 실천적 효과와 사회적 이익에 의해 평가되어야 한다. 즉, 이데올로기의 진정한 개념은 언명으로 드러나는 것이 아니라 징후적(symptomatic)인 것으로 이해될 수 있는 것이다.

3) 사회복지 이데올로기란?

이데올로기에 관하여 특히 사회복지 이데올로기는 사회복지를 바라보는 시각이나 입장을 의미한다. 현대 복지국가의 기초가 되는 사회복지 이데올로기는 다양한 사상적인 맥락과 정책의 진화과정에서 발생되었다. 프랑스혁명이 추구한 인간의 자유, 평등, 박애의 사상, 벤담의 공리주의, 자유주의, 마르크스주의, 페이비언주의, 베버리지(Beveridge)의 사회보장, 케인즈(Keynes) 경제 이론 등의 여러 사회사상은 복지정책 형성에 많은 영향을 미쳤다.

사회복지는 자본주의사회에서 부의 분배문제와 관련이 깊다. 자본주의사회에서 가장 기본적인 제도는 시장경제제도이다. 따라서 이를 둘러싼 사회복지 이데올로기는 시장에 대한 입장이 다른 것을 기본으로 출발한다. 자연히 사회복지 이데올로기 구분은 시장과 시장실패 그리고 이에 대한 국가의 태도가 무엇이냐와 밀접하게 관련 있다.

2. 이데올로기의 정치태도별 유형

1) 자본주의(Capitalism)와 시장(Market)의 특성

사회복지는 근대 자본주의와 함께 시작되었다고 할 수 있다. 근대 이전의 중세사회까지는 우리가 생각하는 현대적 의미의 사회복지는 존재하지 않았다고 볼 수 있다. 근대의 자본주의와 함께 등장한 자본주의의 모순을 해결하려고 등장한 것이 사회복지라 할 수 있다. 따라서 자본주의와 자본주의의 핵심 기제인 시장을 이해하는 것이 사회복지 이데올로기를 이해하는 데 중요하다.

자본주의는 새로운 아이디어, 새로운 기업, 새로운 소유자 등, 즉 새로운 자본에 열려 있는 포괄적인 사적 소유체제를 의미한다. 자본주의의 논리는 오랫동안 역동성, 즉 혁신을 유인하는 선택적 속성에 있는 것으로 인식되어 왔다. 그러나 동시에 자본주의는 종종 금융 위기, 고용 불안정, 취약 계층의 배제로 인한 사회 불안정의 유발이라는 경향성으로도 각인되어 있다.

> Capitalism is a system of largely private ownership that is open to new ideas, new firms and new owners—in short, to new capital. Capitalism's rationale to proponents and critics alike has long been recognized to be its dynamism, that is, its innovations and, more subtly, its selectiveness in the innovations it tries out. At the same time, capitalism is also known for its tendency to generate instability, often associated with the existence of financial crises, job insecurity and failures to include the disadvantaged.
>
> 출처: The Center on Capitalism and Society. http://capitalism.columbia.edu/theory-capitalism

간단히 말해 자본주의란 자본이 중심이 되는 사회 또는 자본이 지배하는 사회이다. 자본이란 스스로 가치를 증식시키는 운동체, 즉 잉여가치를 생산하는 가치이다. 잉여가치란 원래 자본이 가지고 있는 가치에 더해지는 가치를 말한다. 여기에서 잉여가치는 자본가의 통제 아래 시장에서 노동력이라는 상품과 생산수단을 결합함(생산과정)으로써 애초에 구입한 상품의 가치보다 더 큰 가치를 갖는 상품을 생산하고 시장에 판매함으로써 얻게 된다.

이러한 자본주의적 생산관계에서는 마르크스(K. Marx)가 그의 자본론(Das Kapital, 1867-1894)에서 지적했듯이 자본가는 생산수단을 소유하고 있지만, 직접생산자인 노동자는 생산수단을 소유하지 못하고 있다. 노동자의 유일한 생존수단은 자기의 노동력을 자본가에게 판매하고 그 대가로 임금을 받는 것뿐이다. 이러한 노동력 상품화는 자본주의 시장경제에서의 노동자들이 느끼는 인간 소외의 본질적인 원인이 된다.

이러한 의미에서 자본주의 성립과정은 상품생산의 확립, 생산수단의 사적 소유의 확립, 자신의 노동력을 시장에 판매하지 않으면 생존할 수 없는 노동자계급의 출현과정이라 할 수 있다. 동시에 자본가와 노동력 이외에는 판매할 것이 없는 자본을 소유하지 못한 노동자계급이 형성되고, 노동자는 상인자본가에 의해 고용되고 상인자본가에게 의존하는 구도가 형성되었다. 이러한 특징이 자본주의 경제체제의 등장을 말해 주고 있다.

2) 시장과 사회복지

그러면 자본주의의 바탕이 되는 시장경제체제에서 시장이란 무엇을 의미하는가? 시장은 상품교환 자체와 그와 관련된 소유권과 돈의 이동일 뿐만 아니라 그런 교환이 규칙적이고 조직화되어서 일어나도록 하는 일련의 사회제도의 묶음(a set of social institutions)이다. 교환의 장으로서 시장은 자본과 돈의 유통을 생산에 좀 더 확실하게 연결해 주는 유통의 장이라 할 수 있다.

자본주의 경제체제의 시장을 공급자와 수요자의 동등한 위치에서의 교환이라는 의미에서 보면 시장의 불균형은 일어날 수 없다. 그러나 현실적으로 시장의 불균형은 수시로 발생하고 있다. 또한 시장은 대부분 공급자의 이익을 우선으로 해서 그들의 이익이 침해받지 않게끔 하는 규정들로 이루어져 있다. 소비자에게 부여되는 자유는 오로지 선택의 자유뿐이다.

사회복지는 시장과 자유경쟁시장의 차이 그리고 자유경쟁시장에서 교환되는 상품과 공공재의 교환은 엄밀히 구분되어야 한다는 점을 강조한다. 사회복지정책은 생산과 분배의 사회적 관계, 즉 누구에게 분배하는가에 대한 문제도 고려한다. 그러므로 사회복지서비스는 이윤 추구 중심의 자유시장적 가치보다는 공공성과 연대, 만족스러운 삶의 질 보장 등을 중심으로 사고될 필요가 있다.

3) 좌파와 우파 이데올로기

한 시대의 이념 또는 이데올로기적 대립은 역사적으로 볼 때 대부분 먹고 사는 문제와 직결되어 있는 물질적 부와 권력 분배를 둘러싼 이해 대립에서 출발한다. 기존의 부와 권력을 유지하려는 집단들은 기존의 사회질서를 옹호하는 이념을 만들어서 유포하고, 이를 거부하는 집단들은 기존의 사회를 비판하는 이념들을 만들어서 대항한다. 전자를 보수주의, 또는 우파이념이라 하고, 후자를 진보주의 또는 좌파이념이라 부른다. 따라서 보수나 진보, 좌파와 우파는 개념적으로 고정된 고유명사가 아니라 각 시대마다 다르게 사용되는 상대적 개념이라 볼 수 있다. 예를 들어 봉건사회에서는 자본주의를 지지하는 자유주의가 진보이자 좌파였지만, 현대 자본주의사회에서는 자유주의가 보수이자 우파인 것이다.

이러한 의미에서 우파와 좌파는 나름대로의 일관된 사상적 정책적 전통이 있다. 우파가 자유를 중시한다면 좌파는 평등을 중시하고, 우파가 권위와 복종을 주장한다면, 좌파는 참여와 해방을 중시한다. 우파가 안정과 질서를 강조하며 폐쇄적이고 개인의 삶에 우선적 가치를 둔다면, 좌파는 변화, 즉 기존 권위와 질서에 대한 도전을 강조하며, 개방적이고 더불어 사는 공동체 사회를 강조한다.

현대사회에서 좌파는 사회주의 내지 공산주의를 지향하는 정치세력으로, 우파는 자본주의 또는 자유주의를 옹호하는 정치세력으로 형성되었다.

〈표 2-1〉 좌파와 우파의 전통적 정책 비교

정책	좌파	우파
경제정책	• 시장에 대한 국가의 통제 및 개입 (시장 작동의 제한/금지)	• 시장원리에 따라 경제정책 운영
기업정책	• 기간산업의 국유화 추진	• 국유기업과 공기업의 민영화 추진 (친기업정책)
사회정책	• 평등, 분배, 복지를 중시	• 시장(경쟁)원리에 따라 성과 배분 (복지정책의 유보/폐지)
국가 운영	• 국가 역할의 증대(큰 정부 지향)	• 국가개입의 최소화(작은 정부 지향)

3. 사회복지 이데올로기와 사상

1) 봉건주의 이후부터 초기 자본주의 시대

(1) 봉건주의 시대의 사회복지사상 : 온정주의

온정주의(paternalism)라는 용어는 그 개념이 다의적(多義的)인데, 그 개념의 기원은 16세기의 가부장주의(patriarchalism)로 볼 수 있다. 온정주의는 봉건사회에서 나타났다. 그 이유는 바로 봉건적 생산양식의 특성 때문이다. 봉건적 생산양식의 경제적 기초는 지배자인 봉건영주계급에 의한 토지의 소유와 농노의 봉건영주에의 인격적 종속이었다. 농노들은 빈번한 전쟁, 귀족의 횡포 등으로 경제가 황폐화되는 일이 반복되는 원인으로 인하여 대토지 소유자의 '보호' 없이는 생활할 수가 없었다. 또한 봉건영주의 입장에서도 농노에 대한 인격적 지배를 통해 자신들의 유익을 추구할 수 있었다. 따라서 인격적 예속관계를 합리화하는 명분으로 봉건영주들은 피지배 농노들에 대한 보호, 즉 온정주의를 내세웠다. 이러한 온정주의 이념 아래 봉건영주들은 자신의 영지 내의 빈민, 부랑자, 과부, 홀아비, 고아 등의 보호, 즉 봉건시대의 사회문제를 기꺼이 수용했고 이를 '고귀한 도덕적 책무'(noblesse oblige)라고 한다.

온정주의는 강력한 절대국가의 등장으로 국가 온정주의로 확대되었다. 온정주의는 국가가 개인에게 사회적 보호를 제공하는 지도적 역할을 할 의무가 있다는 가부장적 국가관으로 이어졌다.

(2) 초기 자본주의 시대의 사회복지 사상 : 중상주의

중상주의(Mercantilism)는 15세기 후반 이후 국민국가가 대두하여 부국강병책을 추구하면서 체계화되었다. 중세 봉건사회에서는 돈만 있으면 군대를 고용할 수 있었으므로 도시국가들은 독립을 유지할 수 있었다. 중세의 유럽사회는 도시국가별로 폐쇄적으로 정체되었으며 자원빈곤을 소비의 최소화와 소득의 평준화 등을 통해 극복하려고 하였다. 그러나 신대륙 발견과 종교혁명 등으로 중상주의가 확대되었다. 신대륙 발견으로 인해 무역을 통해 새로운 부를 축적할 수 있는 계기가 발생하게 된 것이다. 또한 신대륙 발견으로 새로운 물자와 금은보화가 유입되자 사회 에너지를 방출시키고 각자가 마음껏 이기주의적 가치관을 추구할 수 있게 되었다. 또한 종교혁명으로 인해 인간이 윤리적으로 해방되어 마음껏 사업을 하고 이익을 도모하는 것이 종교적으로 떳떳하고 마땅히 해야 할 일이라는 도덕관이 정립되었다. 이러한 배경을 뒤로 하고 중상주의는 봉건사회에서 자본주의사회로 이행하는 과도기적 단계에서 나타난 사고라 볼 수 있다.

이러한 의미에서 이 당시의 중상주의자들은 노동, 특히 다수의 근면한 빈민의 노동을 매우 중요시했다. 중상주의자들은 부의 원천을 화폐의 증대로 보았고 화폐의 증대는 해외수출의 확대에 의해 좌우되므로 상품수출을 위한 국내 상품의 증대가 필요한 것이다. 따라서 국내 상품의 증대를 위한 생산적 노동력의 확보가 필요하고 중상주의자들은 빈민들의 나태 제거와 함께 빈민에 대한 일자리를 제공하는 것을 중요시하였다. 빈민들에게 노동을 할 수 있는 기회를 부여하는 것은 노동을 통한 국가 부의 증대와 직결되기 때문이다.

2) 근대 자본주의 시대

(1) 고전적 자유주의(Liberalism)

중세 봉건체제가 몰락하기 시작한 이후부터 근대 시민사회가 성립하기까지의 기간(대략 16~18세기)에 자본주의의 계층인 부르주아지 계급(bourgeoisie, 중소 상공인 계급)이 사회의 새로운 주도층으로 부상했다. 서구의 근대 시민사회 형성기에 구체제에 대항하는 근대 시민계급의 사회사상이 바로 자유주의(Liberalism)이다. 즉, 자유주의란 부르주아지들이 서양 근대사에서 구체제를 무너뜨리고 평등하고 자유로운 근대 시민사회를 만들고자 구체제와 싸우는 과정에서 성장한 사회사상이다.

자유(liberty)란 개인의 생명과 재산, 자유의 보장 등을 부르짖으며 자신들의 모든 정당한 사회적 권리를 추구하는 신념이다. 고전적 자유주의를 최초로 명확하게 제시한 사람은 흔히 국부론으로 불리는 『*An Inquiry into the Nature and Causes of the Wealth of Nations*』을 쓴 경제학의 아버지로 불리는 아담 스미스(A. Smith, 1723-1790)이다. 그는 자본주의의 양대 지주인 시장경제와 사유재산제도의 효율성을 설득력 있게 제시하였다.

아담 스미스
(출처: https://ko.wikipedia.org/wiki/%EC%95%A0%EB%8D%A4_%EC%8A%A4%EB%AF%B8%EC%8A%A4)

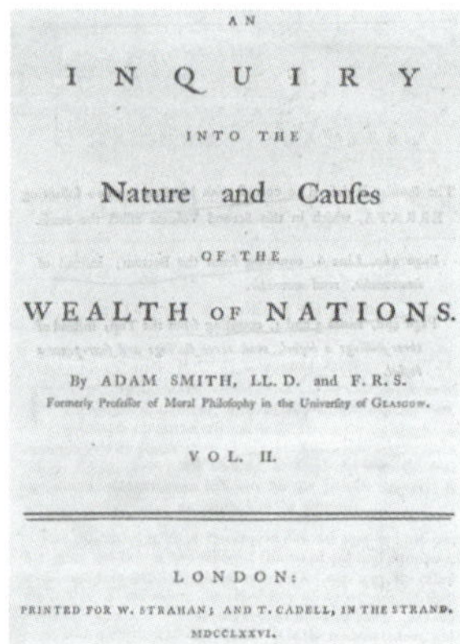

AN
INQUIRY
INTO THE
Nature and Caufes
OF THE
WEALTH OF NATIONS.
By ADAM SMITH, LL. D. and F. R. S.
Formerly Profeffor of Moral Philofophy in the Univerfity of GLASGOW.
VOL. II.
LONDON:
PRINTED FOR W. STRAHAN; AND T. CADELL, IN THE STRAND.
MDCCLXXVI.

국부론
(출처: https://commons.wikimedia.org/wiki/File:Wealth_of_Nations_title.jpg)

시장경제에서는 이기적이라는 인간 본성이 발전의 동력으로 활용된다. 시장경제는 수요자와 공급자가 가격을 통해 합리적으로 생산과 소비를 조절할 수 있는 서로에게 이익을 주며 관리들의 무능과 부패가 배제된다. 동시에 경쟁의 효율성이 발휘되고 분업에 의한 기술발전이 실현된다고 보았다. 이러한 것들이 그가 말한 시장경제의 장점들이다.

또한 아담 스미스는 사유재산제도를 경제발전의 필수조건으로 보았다. 사유재산제도가 확립되어 이를 통해 자신의 노력으로 얻는 재산을 안전하게 지킬 수 있을 때에만 사람들은 열심히 일하고 저축하고 재투자할 수 있게 되어 경제가 발전할 수 있다는 것이다. 그는 이러한 사유재산의 보호, 즉 왕과 귀족 등 권력으로부터 개인의 재산을 보호하기 위해 법치주의가 필요하다고 보았다.

자유방임주의

18세기까지 유럽의 여러 나라는 국부를 증진시킨다는 명목으로 관세와 규제 조치를 통해 수입을 억제하고 보조금이나 식민지 건설을 통해 수출을 촉진시켰다. 아담 스미스는 1776년 『국부론』을 출판하여 국가의 경제 개입이 강력했던 중상주의 정책을 비판하고 '보이지 않는 손'의 힘을 강조하면서 국가의 간섭을 배제하였다. 개인의 경제활동의 자유를 최대한으로 보장하고, 이에 대한 국가의 간섭을 가능한 한 배제하려는 경제사상 및 정책. 자본주의 생성기에 중상주의에 반대하는 프랑스의 중농주의자(重農主義者)들이 최초로 주장하였으며 이 사상을 경제학적으로 체계화한 것은 아담 스미스였다. 여기서 스미스는 강자에 대해 약자를 보호할 국가의 의무보다는 '자신의 운명을 결정하는 자유로운 개인'이라는 입장 쪽으로 기울었고 개인의 이익을 추구하는 자유로운 경제활동이야말로 사회적 부를 가져오는 것이며, 또 그 활동은 '보이지 않는 손(시장기구)'에 의해 부의 공정하고 효율적인 배분도 실현하며 사회적 조화가 실현된다는 것을 이론적으로 논증하고자 하였다.
"우리가 저녁을 기대할 수 있는 건 푸줏간 주인, 술도가 주인, 빵집 주인의 자비심 덕분이 아니라, 그들이 자신들의 이익을 챙기려는 생각 덕분이다. 우리는 그들의 박애심이 아니라 자기애에 호소하며, 우리의 필요가 아니라 그들의 이익만을 그들에게 이야기할 뿐이다."

그는 경제적 영역에서 국가의 간섭이 극소화될 때 개인의 자유가 보장되어 '보이지 않는 손'에 의해 최고의 효용을 확보할 수 있다고 주장한다. 즉 '보이지 않는 손(invisible hand)'이 인간의 사적인 이익과 열정을 사회 전체의 이익과 가장 조화되는 방향으로 이끈다는 것이다. 결국 작은 정부가 좋은 정부라는 '야경국가'관이 지배하여 소위 자유방임주의(laissez-faire) 시대를 맞게 된 것이다.

출처: 동서대 남일재 교수의 정치와 복지 http://kowon.dongseo.ac.kr/~knamij/politics13.htm
안현효(2010). 자본주의의 역사로 본 경제학 이야기. 책세상.

(2) 마르크스주의(Marxism)

마르크스(K. Marx, 1818-1883)는 변증법적 유물론에 입각한 역사관을 피력했다. 그에 따르면 모든 생산제도는 필연적으로 지배계급과 피지배계급을 낳는다. 각자의 시대는 지배계급이 피지배계급으로부터 빵을 빼앗는 방법의 차이에 따라 구분된다.

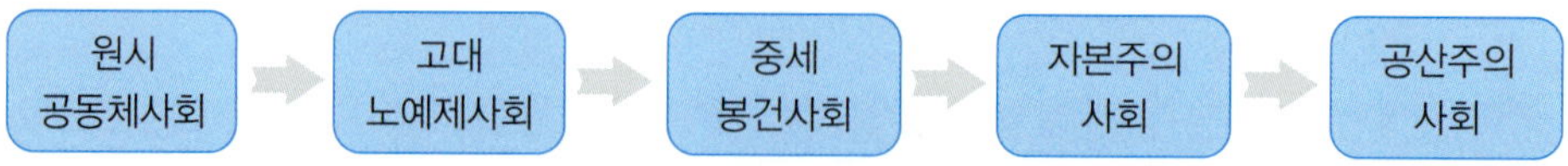

[그림 2-3] 마르크스의 역사발전 과정

원시사회나 노예제사회, 중세 봉건사회에서는 복지나 인권이 존재하지 않았다. 태어난 대로 주어진 신분에 따라 자신에게 주어진 인생을 운명으로 알고 살았다. 그러나 중세 이후 자본이 축적되고 시장이라는 교환기능이 등장함으로써 자본주의가 성립되었고 이를 통하여 중세 이후의 신분제도가 붕괴되기 시작하였다. 중세까지의 삶의 유일한 수단은 토지였으나 산업혁명 이후 산업기술이 토지보다 더 큰 생산수단으로 등장했다. 이러한 산업화로 인해 과거에 자급자족 물물교환의 경제에서 인간의 삶의 질서를 변화시킨 자유로운 시장경제의 등장으로부터 자본주의는 시작되었다.

마르크스주의자들은 중세 봉건제도에서는 영주들이 농노의 이익을 가로챘지만 자본주의사회에서는 자본가들이 상대적으로 많은 부를 탈취해 간다고 보았다. 이러한 마르크스 이후 현대 마크르스주의자들의 설명은 복지국가를 분석하는데 설득력 있는 이론적 도구로 작용하고 있다. 이는 마르크스주의는 자본주의사회에서 복지국가가 처한 모순적 상황을 생생하게 설명해주고 있기 때문이다.

"마르크스주의는 한편으로는 자본주의 운동의 법칙을 설명하고 다른 한편으로는 계급투쟁에 초점을 맞추고 있다. 마르크스주의는 복지국가가 자본주의의 발전을 위한 필요성에 의해 기능적으로 배태되었고 조직노동계급의 정치적 투쟁의 결과로써 생성되었다는 모순적 성격을 이해하도록 도와준다"(Gough, I., 1979).

복지국가의 모순적 성격은 마르크스의 자본주의 분석에 중심개념이 되는 것으로 자본주의는 시장실패에 대응하지 못하는 구조적으로 모순을 내포하고 있으며 복지정책에 의해서 그 모순이 더욱 가중된다고 보았다. 복지국가의 복지정책은 개인의 능력을 향상시키며 시장의 맹목적 역할에 대한 사회적 통제기능과 인간을 규제하여 자본주의 경제에 적응시키는 경향을 동시에 갖고 있기 때문에 복지국가는 그 자체가 모순을 가지고 있으며 결국 붕괴의 위기에 직면한다고 주장한다.

3) 현대의 사회복지이념들

(1) 사회민주주의(Social democracy)

사회체제의 혁명적 변혁을 꾀하는 마르크스주의는 그 형성기인 19세기 중후반 이후 대단한 호소력을 가지고 사회운동을 주도하였으나 19세기 말에 이르러 영국을 위시한 선진국의 경제가 순조롭게 발달하고 보통선거제도의 도입, 노동조합운동의 활성화, 사회복지정책의 확대 등으로 자본주의의 자체 생존능력이 크게 향상되자 혁명적 마르크스주의에 대한 수정운동이 자기 진영 내부에서 일어나기 시작하였다. 그 소산은 사회민주주의는 사회주의의 지적 전통을 이어받으면서도 도덕적 휴머니즘과 개혁주의 등 다양한 노선으로 전개되었다.

오늘날 사회민주주의 개념은 마르크스주의적 사회주의와 구별되는 온건한 개혁적 사회주의를 의미한다.

① 페이비언주의(Fabianism)

영국에서는 '끈질기게 시기가 도래할 것을 기다리고 때가 오면 과감히 돌진한다'를 모토로 점진적인 사회주의를 추구하는 사람들의 모임인 페이비언협회가 큰 영향력을 발휘하였다. 그 명칭은 지구전술로 한니발을 격파한 고대 로마 장군 파비우스(Fabius)에서 유래한다. 1884년 런던에서 설립된 페이비언협회에는 당대의 저명한 학자들이 참여하였는데 시드니 웹, 베아트리스 웹 부처 등이 회원이었다. 페이비언주의자들은 사회는 기술적 발달과 물질적 부의 증대에 의한 구성원의 행복의 증진이라는 방향으로 진보해 가는데 그 과정에서 사회의 내부에 그 존속을 위협할 만한 파괴적인 요소가 나타나면 그것을 극복하는 조치가 취해진다고 본다. 페이비어니즘은 이러한 의미에서 의회정치에 의한 개선의 축적에 의해 점진적인 개량을 통해 사회주의를 실현한다는 생각에 기초해 있다고 볼 수 있다.

페이비언주의는 1918년에는 영국노동당의 정책으로 채택되었고 제1차 세계대전 뒤의 제2인터내셔널에 가맹한 사회주의 정당들의 지지를 받았다. 1931년에는 독립기관인 페이비언 조사국이 결성되었으며 1941년에는 페이비언 국제국이 창설되었다. 페이비언협회는 지지자 숫자는 많지 않았지만 하원의 노동당 지도부는 물론 노동당 출신 의원의 상당수가 페이비언협회 출신이었던 만큼 영향력은 지대했다.

② 제3의 길

복지국가들이 위기를 맞이하게 되면서 21세기에 들어서는 수정된 사회민주주의가 나타나는데, 이를 의미하는 제3의 길(The Third Way)이라는 용어가 회자된 것은 토니 블레어(T. Blair) 영국 수상과 기든스(A. Giddens)가 제시한 정책노선 때문이다. 자신들이 추구하는 노선을 미국의 시장자본주의나 소련의 공산주의 계획경제와 구분되는 것이라고 해서 '제3의 길'로 지칭한다. 결국 '제3의 길'의 이념적 정향은 좌·우파 극단 사이의 공간을 찾으려고 시도하고 이 양자 사이에서 자신의 노선을 실현하고자 하는 것이라 할 수 있다.

〈표 2-2〉 좌파와 우파 그리고 제3의 길

좌파(사회민주주의)	우파(자유주의)	제3의 길
사회경제적 영역에 대한 국가의 점증되는 개입	최소 정부	근본주의적 중도 (The radical centre)
시민사회에 대한 국가의 지배	자율적인 시민사회	새로운 민주적 국가
집합주의	시장 근본주의	적극적인 시민사회
조합주의와 연결된 케인지언 수요관리	강력한 경제적 개인주의와 도덕적 권위주의	민주적 가족
시장의 제한된 역할	투명한 노동시장	신혼합경제
강한 평등주의	불평등의 수용	포섭으로서의 평등
요람에서 무덤까지 보호하는 포괄적 복지국가	안전망으로서의 복지국가	실용적인(positive) 복지, 사회투자 국가
단선적 근대화	단선적 근대화	
국제주의	전통적 민족주의, 국제질서에 대한 현실주의적 이론	코스모폴리탄 국가, 코스모폴리탄 민족주의

(2) 케인즈주의(Keynesianism)

자유주의적 이념에 의해 지탱해오던 자본주의는 1930년대에 이르러 위기상황에 봉착하였다. 미국의 대공황은 기존의 경제이론체계로는 도저히 설명할 수 없는 현상이었다. 이에 전통적인 사회경제 이론에 문제가 있음을 감지하지 않을 수 없었다. 이러한 상황에서 케인즈(J. M. Keynes)는 새로운 경제학을 제창하였다. 케인즈는 경제에서 중요한 것은 수요라고 보고 수요는 일반적 의미의 일반수요와 실제적으로 구매력을 가진 유효수요로 나누어지며 이러한 수요가 있어야 투자가 효과를 발한다고 보았다. 수요는 크게 투자수요와 소비수요 및 정부수요로 나누어진다. 소비수요는 소득에 의해 결정되며

케인즈
(출처: https://librewiki.net/wiki/%EC%A1%B4_%EB%A9%94%EC%9D%B4%EB%84%88%EB%93%9C_%EC%BC%80%EC%9D%B8%EC%8A%A4)

대부분 소비는 소득보다 작다. 정부수요는 정치적인 차원에서 결정되므로 경제외적인 변수이다. 투자수요는 수익률과 이자율에 의해 결정된다. 이자율보다 투자수익률이 높으면 투자가 이루어지고 그 반대이면 투자가 발생하지 않는다. 미래가 불확실한 상황에서 투자는 당연히 위축되고 경제생활에서 불안을 느낀 소비자들은 가능한 소비를 줄이고 저축을 늘리려 할 것이다. 이러한 요인들 때문에 일반적으로 총수요와 총공급을 사전적으로는 우선 같아지기 어렵다. 다시 말하면, 언제나 유효수요는 부족하게 된다.

고전학파는 투자와 저축은 항시 일치한다고 보았으나 케인즈는 일반적으로 불일치한다고 보았다. 경제는 그때마다의 여건에 따라 움직인다. 케인즈 경제학의 출발은 실업이 25%가 넘었던 경제대공황의 상황에서 설득력을 갖고 있었다. 케인즈는 총수요(특히 소비수요)가 총공급에 미달할 경우 불황이 시작된다고 생각하였다. 케인즈는 가계와 기업이 재화나 용역을 충분히 소비하지 않을 경우를 우려했다. 사람들이 기업이 생산한 물건을 사주지 않는다면 기업은 생산을 줄일것이고 그것은 실업을 만들며 GNP 수준을 떨어뜨린다. 자본주의 경제구조는 구조적으로 총수요가 총공급보다 적게 된다. 그러므로 정부는 유효수요를 늘리기 위해 투자를 해야 한다. 소비는 소득증가의 원인이 되고 경제회복의 핵심이다. 소비가 없으면 투자수요라도 있어야 한다는 것이 그의 생각이다. 이러한 케인즈의 경제사상은 국가개입주의의 기반이 되었다. 케인즈는 자본주의 경제가 건강성을 유지하기 위해서는 시장실패에 대해 국가가 적절히 개입해야한다고 주장한다. 자본주의는 현명하게 관리된다면 가장 능률적인 체제임에 틀림없지만 부나 소득은 거대한 불평등을 야기한다는 점에서 관리되어야만 한다는 논리이다. 케인즈 이전의 사회민주주의적 평등주의자들은 소득분배의 평등화가 정치적·사회적으로 옳은 일이긴 하지만 그것이 저축의 감소와 경제발전의 둔화를 가져온다는 자유주의자들의 주장에 대응하는 논리를 결여하고 있었다. 그런데 케인즈에 의해 저축의 증대가 오히려 경제발전 정체와 실업을 야기한다는 점이 밝혀짐으로써 이들은 자신들의 주장에 상당한 힘을 얻게 되었다. 바로 이 점 때문에 사회민주주의자들이 케인즈 이론을 복지국가의 이론적 무기로 적절히 활용할 수 있었다.

시장실패(market failure)

고전주의 경제학자들은 시장의 질서와 조화를 '보이지 않는 손'이 연출한다고 하였는데 시장여건의 불완전성이나 재화의 특성 등으로 보이지 않는 손이 제대로 작동하지 못하여 자원의 배분이 효율적으로 이루어지지 않는 경우를 시장실패라고 한다.

〈시장실패의 원인〉

- 독과점: 시장에 시장가격이나 생산량에 대해 임의로 영향을 미칠 수 있는 시장지배력을 가진 독점기업이나 과점기업의 담합행위(부당공동행위)가 존재하면 불완전 경쟁상태에 있어 시장기능이 제대로 발휘되기 어려움
- 외부효과(external effect): 어떤 경제주체의 행위가 본인의 의도와는 관계없이 다른 경제주체에 영향을 미치지만 대가를 요구하거나 비용을 지불하지 않는 경우로서 해로운 외부효과를 외부불경제(예: 매연, 폐수 등), 이로운 외부효과를 외부경제(예: 꽃길가꾸기 등)라 함. 시장에 맡겨놓을 경우 해로운 외부효과는 필요 이상으로 많이, 이로운 외부효과는 적게 만들이지게 됨
- 공공재: 외교, 국방, 치안, 소방과 같이 여러 사람이 동시에 사용할 수 있으며(비경합성) 어떤 특정인이 소비하지 못하도록 막기 어려운 재화(비배제성). 공공재의 경우 무임승차자 문제(free-rider problem)가 발생하므로 시장에서는 생산하려고 하지 않게 됨

이러한 시장실패는 자원배분의 효율성 높이려는 정부개입의 이유가 된다.

출처: 한국은행 경제교재 '한국은행의 알기 쉬운 경제이야기'

(3) 신자유주의(Neo-liberalism)

신자유주의는 국가의 개입을 배제하는 철저한 시장주의를 주장하는 하이에크(F. Hayek)로 대표되는 오스트리아 학파와 프리드만(M. Friedman)으로 대표되는 시카고 학파(Chicago school)의 이론적 입장이다.

① 신자유주의의 특징

신자유주의는 기본적으로 정부개입을 비판하고, 개인의 자유를 고양하는 효율적인 자원배분기구로서의 시장을 존중하고 신뢰한다. 정부개입은 초월적 권위와 힘으로 시장질서를 왜곡하고 노동의욕을 고갈시키며 결과적으로 사회 전체를 혼란하게 하므로 시장질서의 유지를 위한 최소 수준으로 제한되어야 한다고 보고 자연적인 자원배분기구인 시장의 기능이 중시되어야 한다고 본다.

하이에크
(출처: https://ko.wikipedia.org/wiki/%ED%94%84%EB%A6%AC%EB%93%9C%EB%A6%AC%ED%9E%88_%ED%95%98%EC%9D%B4%EC%97%90%ED%81%AC)

그동안 국가는 모든 문제에 개입하였는데 이렇게 된 데에는 정치인과 관료제의 영향이 크다. 정치시장(political market)은 경제시장과 달리 자원제약변수와 정찰가격이 없다. 따라서 선거경쟁에서 유권자들은 정치인에 대한 무한정의 기대를 가지며 정치인들은 선거의 승리를 위하여 지출을 확대한다. 관료제는 본래적으로 확대 지향의 속성을 가진 이익집단이다. 그리고 이는 정부실패(government failure)를 야기한다.

정부실패(government failure)

흔히 시장실패는 정부개입의 근거로 제시된다. 그 이유는 시장이 자체적으로 사회문제를 해결하는데 실패할 경우 정부가 개입하여 이를 보완하는 것이 바람직하다고 생각하기 때문이다. 그러나 시장실패가 정부개입의 필요조건은 되지만 충분조건은 아니다. 왜냐하면 정부의 개입은 민간의 자유로운 의사결정과정을 교란시키는 결과를 가져오기 때문에 효율성에 부정적인 영향을 미치게 될 뿐만 아니라 시장이 실패하는 것과 마찬가지로 정부실패가 발생할 수 있기 때문이다. 이처럼 정부가 시장실패 등의 문제를 해결하기 위해 개입했음에도 불구하고 원래 의도했던 문제의 해결에 실패하거나 오히려 문제를 더욱 악화시키는 것을 정부실패라고 한다. 이런 정부실패의 유형이자 원천, 그리고 메커니즘은 다시 비용과 수입의 괴리, 내부성과 조직목표, 파생적 외부효과, 분배상의 불공평으로 나누어져 설명될 수 있는데 이를 구체적으로 설명하면 다음과 같다.

1) 비용과 수입의 괴리

시장은 "가격"을 통해 무엇을 생산하거나 어떤 활동을 수행하는데 드는 '비용'과 그러한 행위를 지속시켜 주는 '수입'을 연계시킨다. 하지만 정부활동에는 이러한 연결고리가 없다. 왜냐하면 정부활동을 유지하는 수입은 비가격적 원천(정부에 납부하는 세금, 정부 및 각종 정부산하기구에 제공되는 헌금 또는 가격이 붙여지지 않은 다른 수입원천)으로부터 나오기 때문이다.

이처럼 정부활동에는 꼭 필요한 연결고리가 없기 때문에 정부생산물의 적절한 양과 가치는 생산비용과 분리되어 결정된다. 어떤 활동을 유지하게 하는 수입이 그 활동의 생산비와 연결되지 않으면 일정한 산출물을 생산하는데 필요 이상의 자원이 소모되거나, 시장실패를 정상화하기 위해 필요한 것보다 정부활동이 더 많이 공급될 수 있다. 생산비용과 수입이 단절되어 있기 때문에 비효율이 조장되기 때문이다. 시장활동을 책임지고 있는 사람들은 생산을 확대하고 비용을 낮추려는 유인을 갖게 되지만, 정부생산을 책임지고 있는 사람들은 권한의 확대 등을 위해서 비용을 증가시키려는 유혹을 받거나(ex. 직원의 증가), 가치 증가분이 비용 증가분에 미치지 못하는 경우에도 산출물을 증가시키려는 자극을 받을 수 있기 때문에 부가적인 비용은 계속 상승한다.

2) 내부성과 조직목표

내부성(internalities)이란 시장부문에서의 소비자행위, 시장점유율, 손익분기점과 같은 직접적인 성과지표가 없는 공공기관에서 조직과 인력의 성과를 유도하고 규세하며 평가하기 위하여 정부조직 내부적으로 적용되는 목표를 말한다.

비시장 영역의 대표적인 예인 정부조직은 ①산출물 측정이 곤란하고 ②소비자로부터의 환류나 신호가 없거나 믿을 수 없고 ③경쟁자가 없기 때문에 경쟁을 통한 비용통제의 내부기준을 마련하기 위한 경쟁적 유인이 약하다. 따라서 정부조직은 원래 의도한 공식 목표와 관련이 없는 내부성을 종종 발전시킨다.

이런 내부성의 구체적인 사례를 들면, 정부의 예산확대 경향이다. 즉, 정부기관은 시장과 달리 동기의 부여(motivating)와 그러한 성과를 평가할 수 있는 기준인 이윤(profit)이 존재하지 않기 때문이다. 이로 인해 정부기관은 중요한 내부성으로서 예산의 크기를 적어도 묵시적으로 채택하거나 받아들일 수 있다. 이러한 예산 내부성의 결과는 기관활동의 왜곡을 가져온다(사회적으로 최적결과를 생산하지 못하는 정부실패). 예산내부성의 또 다른 변형으로 기관의 고용수준도 있다.

3) 파생적 외부성

시장실패를 치료하기 위한 정부의 간섭은 예상치 못한 부작용을 발생시킬 수 있다. 그 이유는 다음과 같다. 정부와 같은 대규모조직은 세부적인 문제에 대해서까지 자세히 알기 어려워서 결과를 정확히 예측하지 못하고 현실과 거리가 먼 정책수단을 사용할 가능성이 매우 높다. 이처럼 정부가 정책수단을 잘못 사용할 경우 정부의 개입은 시장에 큰 피해를 줄 수 있다. 이러한 파생적 외부성(derived exteranlity)의 가능성은 정부산출물의 수요와 공급 특성(정부개입을 원하는 강력한 정치적 압력, 정치가들의 좁은 시야와 높은 시간적 할인율 등) 때문에 더욱 증가한다.

4) 분배상의 불공평

공공정책은 어떤 사람의 손에 다른 사람에게 행사할 수 있는 권한을 부여한다. 이러한 권한은 의도적으로 또는 불가피하게 몇몇 사람에게만 귀속되고 다른 사람들은 배제된다. 이처럼 정부활동으로부터 야기되는 분배상의 불공평은 직접적인 소득이나 부의 형태보다는 종종 권력이나 특권의 재분배로 나타난다.

또한 정부활동은 권력뿐만 아니라 소득으로 표시되는 다른 분배상의 불공평을 초래할 수 있다. 공공정책(수단)은 어떤 요소, 기술, 서비스 그리고 산출물에 대한 수요를 증진시켜서 이익을 누리게 한다. 또한 공공정책은 이익을 누리지 않는 사람들에게 비용을 부과하기도 한다. 다시 말해 편익과 비용이 각각 다른 그룹에 의해 발생하게 된다. 따라서 공공정책으로부터 (잠재적) 편익을 누리게 되는 집단은 사회적인 최적 결과를 초래하기 위해서 실제로 추정되는 것보다 더 많은 공공정책이 필요하다고 주장할 가능성이 높다. 그 결과 정부활동은 조직화된 이익집단의 편익을 과도하게 보호하는 규제정책의 형태를 포함하여 필요 이상으로 많은 공공정책의 형태로 나타나기 쉽다.

출처: 한국행정학회 행정학전자사전 http://www.kapa21.or.kr/data/kapa_dictionary_view.php?num=678&page=1&term_cate=&term_word=정부실패&term_key=&term_auth=

독점적인 서비스 공급으로 서비스의 질이 떨어지며 비대해진 관료제는 비효율성을 노출하는 것이다. 무능해진 정부는 인플레이션과 경기침체를 유발한다. 따라서 해결책은 시장을 신뢰하고 시장의 기능을 강화하는 것이다. 필연적으로 큰 정부(big government)는 정부의 과잉부담을 초래하므로 신자유주의는 작은 정부(small government)를 지향한다. 따라서 치안유지와 국방을 계속 유지해야 하는 상황에서 복지지출의 삭감은 불가피하였다.

② 신자유주의와 사회복지

신자유주의는 기본적으로 복지국가에 비판적이다. 복지국가는 인간의 자유를 위협하며 가족 유대감 등과 같은 전통적 가치들을 약화시킨다. 그리고 국민들로 하여금 정부의존을 강화시킴으로써 자본주의 정신과 인간의 본성마저도 왜곡한다. 복지국가는 개인과 가족의 복지증진 노력을 저해하고 인간의 위기대응능력을 감소키며 책임과 의무보다 권리를 강조하는 경향이 있다. 뿐만 아니라 복지국가는 많은 사회문제를 여전히 해결하지 못하고 있다. 복지국가에서도 빈부격차는 심화되어 왔으며 빈곤문제는 여전히 존재한다. 또한 각종 이익집단의 세력을 강화시킴으로써 복지서비스의 수혜의 형평성을 저해하여 왔으며 결과적으로 정부의 정당성과 영향력을 약화시키고 있는 것이다.

복지국가 위기에 대한 신자유주의적 수정재편도 결국은 복지국가에 대한 이러한 문제의식에 기반을 두고 있다. 복지지출을 삭감하고 복지서비스 제공에서 정부의 개입을 최소화하는 방안을 세시하는 것이다. 이를 위해서 우선 복지서비스의 민영화를 확대하고 가족과 지역사회, 종교단체 등의 사적기구가 더 많은 책임을 갖도록 유도하고자 하였다. 또한 복지서비스의 제공에서 선별주의를 강화하고자 한다. 사회복지대상자를 진정한 니드(needs)를 가진 자로 한정하며 자조와 가족책임의 원칙에 입각하여 자조할 수 없는 자와 가족이 책임질 수 없는 자만이 사회복지의 수급자라는 인식을 강화시키고자 하였다. 즉, 수급자격을 엄격하게 하고 급여범위를 축소하며 보험료율을 인상하는 등의 조치를 단행하고자 한 것이다. 이러한 신자유주의에 입각한 복지재편의 사례로 영국의 대처정부(대처리즘)와 미국의 레이건 정부(레이거노믹스)가 대표적이라 하겠다.

대처리즘(Thatcherism)

대처와 레이건

마거릿 대처 전 영국 총리가 영국 경제를 살리기 위해 추진했던 사회 · 경제정책을 통칭하는 말로 공기업 민영화, 재정지출 삭감, 규제완화와 경쟁촉진 등을 포함한다. 민간의 자율적 경제활동을 중시하는 통화주의에 입각해 강력한 경제개혁을 추진했기 때문에 영국식 신자유주의의 핵심 이념으로 꼽힌다. 대처리즘의 주요 정책인 민영화는 당시로선 획기적이었다. 사회주의 국가를 제외하고 세계에서 국영기업이 가장 많은 나라가 영국이었기 때문이다. 당시 실업자가 160만 명에 달하고 이자율과 물가가 천정부지로 치솟는 등 '영국병'에 시달리고 있던 영국 경제를 회복시키기 위해 대처는 작은 정부, 시장경제 및 경쟁주의, 국영기업의 민영화를 전격 단행했다.

특히 수송, 에너지, 통신, 철강, 조선 등 영국의 기반을 이루는 산업이 국영화됐기 때문에 생산성이 떨어진다는 점에 착안, 가스, 전기, 통신, 수도, 석탄, 철강, 항공, 자동차 등 대부분의 국영기업을 민영화했다. 취임 첫해였던 1979년 국영기업에서 일하는 영국의 노동자 수는 200만 명이었지만 민영화를 거친 1988년에는 절반인 100만 명으로 줄었다. 국영기업의 생산량도 같은 기간 국내총생산(GDP)의 10분의 1에서 6%로 감소했다.

우파 진영에서는 공기업 민영화로 대표되는 대처리즘이 영국병을 치유하고 영국을 다시 번영의 길로 들어서는 계기를 만들었다는 평가를 받고 있다. 민영화가 재정수입 증대, 노조 약화, 경영 효율성 향상, 자본시장 발전 등에 기여했다고 보기 때문이다.

출처 : 한국경제, 경제용어사전, https://dic.hankyung.com/economy/view/?seq=11199

사진출처: https://ko.wikipedia.org/wiki/%EB%A7%88%EA%B1%B0%EB%A6%BF_%EB%8C%80%EC%B2%98

생각해 보기

1. 사회복지정책과 관련해서 이데올로기가 왜 중요한지 생각해 봅시다.
2. 좌파와 우파의 특징과 정치적 입장에 대해 설명해 봅시다.
3. 케인즈주의가 대두하게 된 배경과 사회복지정책에 미친 영향에 대해 생각해 봅시다.
4. 신자유주의가 주장하는 복지국가의 모습에 대해 설명해 봅시다.

참 고 문 헌

김경필(2012). "오페의 복지국기이론과 복지국가 성격 논쟁". 『경제와 사회』. 2012. 3월호. 164-192.

박승희(2006). 『한국 사회복지정책론』. 성균관대학교 출판부.

빅조지 · 폴 윌딩 저. 남찬섭 역(2016). 『이데올로기와 사회복지』. 한울아카데미.

안현효(2010). 『자본주의의 역사로 본 경제학 이야기』. 책세상.

이근식(2018). 『애덤스미스 국부론』. 쌤앤 파커스.

이명남(2004). 『현대정치 이데올로기』. 전남대학교 출판부.

이언 고프 저. 김연명 · 이승욱 역(1990). 『복지국가의 정치경제학』. 한울 아카데미.

이준상 외(2018). 『사회복지발달사』. 학지사.

이진숙 · 주은선 외(2016). 『사회복지정책론』. 양서원.

한국은행(2010). 『한국은행의 알기 쉬운 경제이야기』. 한국은행.

한국은행(2023). 경제금융용어 700선(E-BOOK). http://www.bok.or.kr/portal/bbs/B0000216/grpList.do?menuNo=200134

한국은행 경제교육 사이트. https://www.bok.or.kr/portal/bbs/B0000216/grpList.do?menuNo=200134

한국행정학회 행정학전자사전 http://www.kapa21.or.kr/data/kapa_dictionary_view.php?num=678&page=1&term_cate=&term_word=정부실패&term_key=&term_auth=

동서대 남일재 교수의 정치와 복지 http://kowon.dongseo.ac.kr/~knamij/politics13.htm

The Center on Capitalism and Society. http://capitalism.columbia.edu/theory-capitalism

CHAPTER 3

사회복지정책의 역사

1. 빈민법 시대 이후부터 복지국가 시대에 이르기까지의 역사적 발전맥락
2. 복지국가 발전의 주요 국가별 흐름과 특징
3. 우리나라 사회복지정책의 발달과 특징

1. 빈민법 시대 이후부터 복지국가 시대에 이르기까지의 역사적 발전맥락

사회복지정책의 역사는 크게 빈민법(Poor Law) 시대, 사회보험(Social Insurance) 시대, 복지국가(Welfare State) 시대의 세 단계로 구분할 수 있다. 빈민법 시대는 유럽의 절대왕정시기로 국가가 빈민들에게 최소한의 생존만을 보장해주던 시기를 말한다. 노동자계급을 대상으로 산업화·도시화로 인한 사회적 위험, 예를 들어 실업, 질병, 노령 등에 대비하여 국가가 사회보험 방식을 활용한 사회보험 시대는 독일 비스마르크 시기에 시작되었다. 마지막으로 현재와 같은 복지국가의 시대는 20세기에 시작되었는데 이 시기부터 사회복지정책은 빈민, 노동자뿐만 아니라 전 국민으로 확대되고 보장수준 역시 국민최저선(national minimum) 이상으로 높아졌다.

빈민법 시대		사회보험 시대		복지국가 시대
-유럽의 절대왕정시기 -최소한의 생존 보장 수준	⇒	-독일 비스마르크 시기에 시작 -노동자계급 대상의 사회보험	⇒	-전 국민으로 대상 확대 -국민최저선 이상의 보장 수준

[그림 3-1] 사회복지정책의 역사적 발달단계

1) 빈민법 시대(17C 초-19C 초)

(1) 엘리자베스 빈민법(The Elizabethan Poor Law of 1601)

16세기부터 영국에서는 해외 식민지무역의 확대와 그로 인한 상공업의 발달로 인해 모직물 공업이 발달하였고, 지주들은 농토를 개간하여 목장을 만들고 울타리를 쳐서(enclosure) 양을 기르기 시작함으로써 토지를 빼앗긴 농민들이 늘어나 실업자나 빈민이 속출하게 되었다. 이러한 인클로저 운동으로 인해 토지에서 쫓겨난 농민들은 일자리를 찾기 위해 대거 도시로 몰려들었다.

인클로저(enclosure) 운동

양이 인간을 잡아먹는다. – 토마스 모어 '유토피아'–

인클로저 운동은 영국에서 16세기부터 시작되었다. 인클로저는 목장이 된 토지에 울타리를 쳐서 타인의 출입을 통제했기 때문에 붙여진 이름이다.

인클로저 운동이 갖는 의미는 중세 장원경제가 완전히 무너지고 새로운 사회경제체제의 주역을 탄생시켰다는 데에 있다. 16세기 이후의 영국사회는 해외 식민지 무역의 확대로 그로 인한 상공업의 발달로 특징지어진다. 도시는 더욱 번창하고 인구가 증가하였다. 식민지로부터 들어오는 막대한 양의 금과 은은 화폐가치를 떨어뜨려 물가가 폭등하고 있었다. 당시 해외 무역에서 가장 중요한 상품은 모직물이었다. 영국에서는 14세기 중엽부터 양모를 가공하여 모직물로 짜서 유럽 각지에 수출하는 것이 가장 중요한 국가적 산업이자 가장 부유하고 가치있는 제조업이었다. 그러자 토지소유자들은 좀 더 많은 수익을 올리기 위해 농사를 그만두고 목장을 만들어 양을 기르기 시작하였다.

많은 사람들이 살고 있던 곳에 이제는 한 사람의 양치기와 그의 개가 있을 뿐이다.

– 휴 라티머–

토지소유자들은 너나 할 것 없이 목양업에 뛰어들었고 농경지, 경작지, 황무지까지 울타리가 쳐졌다. 이로 인해 그 땅을 경작하던 농민들은 강제로 내몰리게 되었다. 이렇게 쫓겨난 농민들이 갈곳 없이 떠돌고 촌락이 파괴되자 인클로저 금지법이 제정되기도 하였지만 법을 집행하는 행정담당자들도 토지소유자들인 까닭에 1622년에 인클로저금지법은 폐지되기도 하였다.

이러한 인클로저 운동으로 가장 이득을 본 사람은 젠트리(gentry)라 불리는 소지주들과 자영농 등이었다. 이들은 봉건귀족처럼 신분이나 농경에 집착하지 않고 과감히 자신의 토지를 목장으로 개조하여 새로운 실력자로 성공 후에는 의회 등 정치에 진출하기도 하였다. 한편 토지에서 내몰린 농민들은 대거 도시에 몰려들어 자신의 노동력을 팔아 하루하루를 살아가는 임금노동자가 되었다. 산업혁명은 이들의 값싼 노동력 덕택에 가능하였다.

출처: HYPERLINK "https//namu.wiki/w/%EC%9D%B8%ED%81%B4%EB%A1%9C%EC%A0%80%20%EC%9A%B4%EB%8F%99"https://namu.wiki/w/%EC%9D%B8%ED%81%B4%EB%A1%9C%EC%A0%80%20%EC%9A%B4%EB%8F%99

HYPERLINK "https//ian3714.blog.me/220441254738"https://ian3714.blog.me/220441254738

가진 것이라곤 아무것도 없었던 부랑농민들은 자신의 노동력을 팔아 하루하루를 살아가는 임노동자가 된 것이다. 영국의 산업혁명은 바로 이 광범한 임노동자층의 값싼 노동력 덕택에 가능했다. 게다가 이 시기에는 종교개혁으로 많은 교회의 수도원 등이 해산되면서 기존에 교회에서 교구 단위로 담당했던 구제사업도 감소하게 되었다.

이에 영국의 엘리자베스 1세는 이러한 빈민들을 통제하기 위해 빈민법(Poor law)을 제정하였으며, 이는 국가가 복지의 책임을 인정하기 시작한 효시가 되었다. 그러므로 빈곤문제에 대해 국가가 개입하여 해결하고자 했던 사회복지정책의 역사는 1601년 영국의 엘리자베스 빈민법(The Elizabethan Poor Law of 1601)에서 시작된다고 할 수 있다.

이 법은 이전까지 빈민구제를 위해 제정된 여러 법령들을 집대성하여 공식화하고 체계화한 것으로 영국 빈민법의 기본 토대가 되었다.

엘리사베스 빈민법은 빈민을 세 유형으로 구분하였다.

① 노동능력이 있는 빈민(able-bodied poor) : 작업장(workhouse)에서 일을 하는 조건으로 최소한의 구호를 제공하고 입소를 거부하는 경우 감옥에 보내 처벌했다.

② 노동능력이 없는 빈민(impotent poor) : 구빈원에 수용하여 보호(노인, 병자, 장애인)했다.

③ 요보호아동(dependent children) : 보호자가 없는 24세까지의 남자와 21세까지의 여자는 도제(apprentices)로 일을 시키며 보호했다.

당시의 빈민법은 빈곤층에 대한 지원보다는 빈민을 사회불안의 요소로 파악하고, 이들을 억압하고 통제하여 사회질서를 유지하기 위한 사회통제적인 성격이 강했다. 그러나 최초로 빈민구제의 책임을 국가가 지게 되었다는 점에서는 큰 의의가 있다. 특히 빈민구제를 위한 재원을 조세로 충당하였다는 점에서 근대적 빈곤정책의 효시라고 할 수 있다(출처: http://www.victorianweb.org/history/poorlaw/elizpl.html).

(2) 정주법(The Settlement Act of 1662)

빈민법이 만들어지면서 빈민들은 국가의 통제를 받지 않고 생계를 유지하기 위해 부유한 교구로 이동해 다니기 시작하였다. 이로 인해 많은 부랑인들이 생겨났고 특히 부유한 교구의 구빈비용은 계속적으로 증가하게 되었다. 이에 빈민의 자유로운 이동을 금지하고, 부랑자를 연고가 있는 곳으로 추방하기 위해 제정된 법이 정주법이다. 정주법이 제정되어 모든 개인은 법적으로 정해진 지역 내에서만 거주할 수 있었고 타 지역에서 들어온 이주민들은 원칙적으로 법적 거주지역으로 돌아가야 했다.

그러나 정주법은 산업화가 진전됨으로 인해 산업도시로 많은 인력의 유입이 필요하게 되자 점차 그 규정이 완화되기 시작하였다. 또한 빈민의 주거 선택과 이전의 자유를 침해한 것으로 인본주의자들의 비판을 받게 되면서 1795년 사실상 폐지되었다.

(3) 작업장법(The Workhouse Act of 1696), 작업장심사법(The Workhouse Test Act of 1722)

작업장법은 노동능력이 있는 빈민을 고용함으로써 구빈재정을 줄이고, 국가적인 부의 증대에 기여하고자 하는 목적으로 제정되었다.

이후 제정된 작업장심사법은 빈민구호의 비용을 줄이기 위해 근로능력이 있는 사람들에 대한 원외구호를 없애고, 심사를 통해 근로능력이 있다고 판단될 경우에는 무조건 작업장에 강제 수용하는 내용을 담고 있었다. 특히 후기의 작업장은 정부가 직접 관리하기보다 계약을 통해 위탁하는 방법으로 변화하였는데 구빈감

독관과 교회 집사들에게 작업장 건립 권한과 고용 및 수용 계약의 권한을 부여하여 빈민의 혹사와 노동력의 착취 등 많은 문제를 일으켰다. 최저관리비용을 제시하고 위탁을 받은 관리업자들은 관리비용을 절감하기 위해 빈민들을 부당하게 대우하였다. 작업장 내의 생활은 혹독하였고 위생상황도 열악하여 빈민들은 작업장을 거부하게 되었다. 결국 작업장은 인력 부족으로 구호되어야 할 병자나 노인까지 노동을 시키게 되면서 심각한 사회문제로 대두되었다.

(4) 길버트법(The Relief of the Poor Act 1782)

길버트법은 작업장이 심각한 사회문제가 되자 당시 하원의원이었던 길버트(Thomas Gilbert)가 작업장을 조사하고 보다 인도적인 규제를 도입하기 위해 만들어졌다. 길버트법은 크게 두 가지 내용을 담고 있었다.

첫째, 근로능력이 있는 빈민이라도 작업장에서 노동하지 않고 직업을 얻을 때까지 자신의 집에 거주하면서 구호를 받을 수 있도록 원외구제를 가능하게 했다.

둘째, 여러 교구가 연합체를 만들어 구빈세의 징수와 지출을 같이하고 합동으로 구빈원을 설립하여 근로능력이 없는 빈민들을 구제할 수 있도록 하였다.

길버트법은 새로운 인도주의적 구빈제도라고 평가받았으나 교구민의 구빈세 부담이 가중되고 프랑스와의 전쟁으로 인해 유럽으로부터의 식량수입이 더 어려워지면서 식품가격이 급속히 상승하고 기근문제가 더욱 심각해져 구빈행정의 효과를 크게 가져오지는 못했다.

(5) 스핀햄랜드법(The Speenhamland Act of 1795)

스핀햄랜드법은 길버트법에서 발전한 것으로 임금보조제도(subsistence wages)를 도입하여 빈민들에게 최저생계를 보장해 주는 것이 그 핵심 내용이다. 즉, 근로능력이 없는 빈민층에게는 최저한의 생활을 보장해 주고, 최저소득에 못 미치는 근로자들에게는 부족한 소득을 정부가 보충해 주었다. 이 제도는 최저생활 기준에 미달되는 저임금 노동자에 대해 빵의 가격과 가족 수에 따른 임금을 보조해 주는 임금보조제도로서 오늘날의 최저생활보장의 기반이 되었다.

그러나 이 제도의 시행으로 노동생산성 및 근로의욕 저하로 실업자가 증가하고, 국가의 최저임금보장으로 사용자에 의한 저임금이 제도화되었다. 기업주들이 이 제도를 악용하여 열심히 일하던 노동자의 임금수준까지 전반적으로 하행시키는 결과를 초래한 것이다. 그리고 임금보조를 위한 구빈비용의 상승으로 시민의 세 부담이 증가되어 신빈민법 탄생의 배경이 되었다.

(6) 신빈민법(New Poor Law of 1834)

19세기 초 계속되는 자본주의의 진전으로 도시의 노동자계급이 등장했고 이들의 열악한 생활조건, 만성적이고 주기적 실업, 극도의 저임금, 열악한 위생과 보건 등 이전과는 질적으로 다른 사회문제가 야기되었다. 이러한 시대적 상황에서 기존의 농촌 부랑자들의 통제에 중점을 둔 빈민법으로는 새로운 사회문제에 대처하는 것이 불가능해졌고 특히 길버트법과 스핀햄랜드법이 제정되면서 구빈비용이 증가하자 비용의 감소를 목적으로 신빈민법이 제정되었다.

신빈민법이 가지고 있었던 주요 원칙은 다음과 같다.

① 전국적 균일처우의 원칙(principle of national uniformity) : 구빈행정의 전국적 통일로 거주지에 상관없이 동등한 처우한다.

② 열등처우의 원칙(principle of less eligibility) : 국가의 도움을 받는 빈민들의 처우는 스스로 벌어서 생활하는 최하위 노동자의 생활보다는 열등해야 된다는 원칙이다.

③ 작업장 활용의 원칙(principle of workhouse system) : 원내구호(indoor relief) 원칙으로, 노동능력자에 대한 원외구호(outdoor relief)를 금지하고, 원외구호는 노약자, 질병자 등의 의료부조와 도제교육에만 인정한다.

2) 사회보험 시대(19C 말-20C 중반)

자본주의의 등장은 농촌의 노동력을 임금노동자로 대거 흡수하여 농촌부랑자 문제를 어느 정도 해결했지만 그 대신 봉건시대에는 존재하지 않았던 노동자계급(proletariat)과 새로운 사회적 문제(산업재해, 노령으로 인한 정년퇴직, 각종 질병, 실업 등)를 출현시켰다.

노동자계급은 임금, 근로환경 등 보다 나은 근로조건을 요구했고, 자본가와 국가는 산업화 속에서 숙련된 노동자들을 지속적으로 확보하기 위해 사회복지정책을 도입할 수밖에 없었다. 이렇게 등장한 것이 사회보험으로, 이것이 진정한 의미에서의 사회복지정책의 시초라고 할 수 있다.

사회보험의 주된 대상자는 노동자로, 그 재정은 자본가, 노동자, 국가 삼자가 부담함으로써 빈민법과 달리 권리로서의 복지개념에 부합하는 자본주의적 복지정책이라고 할 수 있다.

또한 노동자들의 실업, 산업재해, 노령 등 여러 사회적 위험을 미리 보호하려는 사전적 제도로서 사회문제의 책임과 의무를 국가가 맡았다는 점에서 복지국가를 향한 중요한 출발점으로 볼 수 있다.

(1) 독일의 비스마르크 사회보험 : 1880년대

독일에서는 19세기 초반부터 사회주의에 우호적인 정당들이 결속되기 시작하였고, 19세기 말에 독일의 노동자계급은 사회주의노동당(Sozialdemokratische Partei Deutschlands)을 결성하여 정치적으로 지지도가 높았다. 독일의 수상이던 비스마르크는 이러한 정치조직의 급속한 발전을 보고 사회주의자진압법을 제정하여 사회주의자를 탄압(채찍)했다.

이후 노동자계급을 체제 내로 끌어들이고자 사회보험을 입법(당근)했다. 최초의 사회보험인 질병보험은 보험료의 2/3를 노동자, 1/3을 고용주가 분담하고 보험의 관리운영은 해당 조합원의 대표자들이 통제하도록 하였다. 이후 폐질 및 노령(연금)보험은 정액 기초연금을 소액이지만 국가가 직접 지원하였는데 이를 통해 국가에 대한 충성심을 이끌어 낼 수 있다고 판단한 것이다.

사회주의자진압법(Das Reichsgesetz wider die gemeingefährlichen Bestrebungen der Sozialdemokratie)이란 독일에서의 사회주의운동의 급속한 발전을 보고 1878년 비스마르크가 실시한 사회주의적 경향의 모든 결사(結社) · 집회 · 출판을 금지한 법률이다.
프로이센은 1866년 오스트리아 전쟁과 1970 프랑스 전쟁의 승리로 독일로 통일되었는데 이를 바탕으로 빌헬름 황제와 비스마르크로 상징되는 지배엘리트인 융커계급이 정치권력을 확보하게 되었다. 당시 독일은 산업화로 인해 착취당하던 노동자 계급과 독일사회주의노동당의 세력 확대로 조직력이나 혁명열기가 높아지고 있었다. 이로 인해 두려움을 느낀 지배계급은 채찍의 방편으로 사회주의자 진압법을, 당근으로 사회입법을 통해 이들을 끌어들이고 그들의 정치적 권리의 확대를 억제하고자 하였다.

출처: http://contents.kocw.or.kr/KOCW/document/2015/wonkwang/ohseyoung2/11.pdf

비스마르크의 사회보험 입법

① 1883년 : 질병보험(Krankenversicherung, 세계 최초의 사회보험)

② 1884년 : 재해(산재)보험(Unfallversicherung, 사용자 전액 부담)

③ 1889년 : 폐질 및 노령보험(Versicherung fuer die Alten und Invalidität) : 정액급여(조세)와 비례급여(보험료)로 구성

(2) 영국의 사회보험: 1900년대 초반

19세기 말에 시작된 독일의 사회보험제도는 20세기 초에 영국에 영향을 주었다. 당시 빈민법 개정을 공약으로 내세운 자유당(Liberal Party) 정부(1906-1915)의 승리로 빈민법 실태 조사를 위한 왕립위원회(Royal Commission on the Poor Laws and Relief of Distress 1905-1909)를 설립했다. 왕립위원회의 조사결과 다수파와 소수파의 의견으로 나누어졌다. 다수파는 자유주의를 사상적 기반으로 하는 자선조

직협회 출신의 위원들로서 빈곤의 문제를 개인적인 차원에서 찾으려는 사람들이었다. 소수파는 당시 영국의 사회민주주주의를 이끌고 있었던 페이비언협회(Fabian Society) 회원들과 인보관 운동 회원들의 지지를 받고 있던 사람들로 이들은 빈곤의 원인을 사회에서 찾는 사람들이라고 할 수 있다.

〈표 3-1〉 빈민법 개정을 둘러싼 다수파(Majority Report)와 소수파 보고서(Minority report) 비교

구 분	다수파보고서(14명)	소수파보고서(4명)
이념적 배경	자유주의(자선조직협회 COS 출신)	페이비언사회주의(Fabian Society) 인보관 운동(Settlement movement) 회원들
빈곤원인	빈민의 나태와 무책임(개인적 원인)	사회구조적 원인
빈곤해결	관대한 동정보다는 가혹한 통제기제 마련 필요	공공지출의 확대
운영방식	현행 제도(빈민법)의 개혁을 통한 유지·존속	현행 구빈제도의 완전한 폐지 및 노동 가능한 빈민들을 위해 직업알선과 직업훈련 프로그램 등 전국적 서비스를 조직해야 한다고 주장

다수파는 기존의 빈민법을 개정하고 빈민에 대한 지원과 함께 나태하고 만성적 개인에 대한 통제기제도 마련해야 한다고 하였다. 반면 소수파는 빈곤은 경제적 환경에 의해 만들어진 사회의 문제이며 따라서 기존의 빈민법은 폐지하고 노동 가능한 빈민들에 대한 직업 알선 등 전국적 서비스를 조직해야 한다고 주장하였다.

정부는 다수파의 의견을 수렴하여 빈민법은 그대로 두고 여러 가지 사회복지 관련 법령들을 제정했다. 특히 1911년에 제정된 국민보험법은 국민건강보험(1부)과 실업보험(2부)으로 구성되어 건강, 재해, 폐질, 실업 등을 포괄하며 재정을 고용주와 근로자로부터 조달받는 영국 최초의 사회보험이었다.

① 노령연금법(1908년) : 무기여 연금(70세 이상 빈곤노인 대상, 자산 및 도덕성조사 실시)

② 직업소개소법, 최저임금법(1909년)

③ 국민보험법(National Insurance Act of 1911) : 영국 최초의 사회보험

3) 복지국가 시대(20C 이후)

(1) 복지국가의 정착기(1920-1945)

1 · 2차 세계대전을 거치면서 노동자계급과 함께 시민계급의 힘이 강해지자 국가는 이들의 다양한 욕구를 수용할 수밖에 없었고 이를 바탕으로 복지국가가 출현했다. 복지국가는 시장의 불평등과 불안정성에 대항하여 사회적 연대와 소득과 부의 평등, 사회적 위험에 대한 공동체의 보장을 추구했고, 이러한 내용을 추구하는 복지국가는 서유럽 전체로 확산되었다.

복지국가의 정착기는 많은 유럽 국가들이 GDP의 3% 정도를 복지 분야에 지출하기 시작한 1920년대부터 제2차 세계대전이 종료되는 시점이 1945년까지로 본다. 대규모 전쟁과 1929년의 경제 대공황이 복지국가 발전의 가장 중요한 요인이 되었다.

① **영국의 베버리지 보고서**(Beveridge Report of 1942)

제2차 세계대전 이후에 복지국가가 처음 등장한 곳은 영국이다. 영국은 전쟁 후 재건을 위해서 상부상조의 정신이 필요하다는 의식이 확산되었고, 전쟁사상자와 빈민을 구제하기 위해서 종래의 구빈제도가 더 이상 작동할 수 없다는 것을 인식했다.

영국은 제2차 세계대전 후 1945년 총선에서 애틀리의 노동당이 전쟁영웅인 처칠의 보수당에 승리함으로써 복지국가의 틀을 만들어 가게 된다. 노동당이 승리

한 요인은 베버리지 보고서에 대해 보수당이 현실성이 없다고 간주한 반면, 노동당은 보고서에 입각하여 복지국가의 청사진을 선거공약으로 내세워 영국의 중간계급과 노동자계급의 지지를 토대로 복지동맹을 만들었기 때문이다. 이 시기 정권을 잡은 애틀리(C. Attlee)가 이끄는 노동당정부(The Labour Party)는 당시의 사회적 서비스의 구조와 그 효율성을 조사하고 필요한 개혁을 실시하기 위해 베버리지(W. Beveridge)를 위원장으로 하는 '사회보험 및 관련 사업에 관한 각 부처 연락위원회'(The Inter-departmental Committee on Social Insurance and Allied Services)를 구성하고 기존의 사회보험과 복지 프로그램에 대한 전면적 재검토 작업에 착수했다(출처: http://www.theguardian.com/politics/2001/mar/14/past. education_).

베버리지

(출처: http://blog.daum.net/_blog/BlogTypeView.do?blogid=03aXq&articleno=15852963&categoryId=712348&regdt=20150210011120)

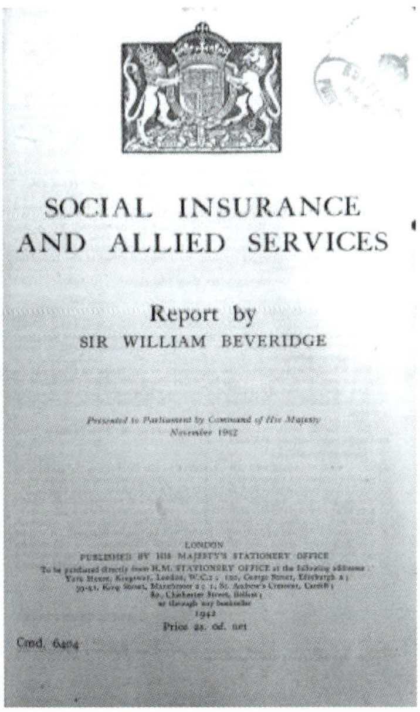

베버리지 보고서

(출처: http://www.nationalarchives.gov.uk/pathways/citizenship/brave_new_world/docs/beveridge_report.htm)

이를 바탕으로 1942년 베버리지 보고서(SOCIAL INSURANCE AND ALLIED SERVICES)가 만들어지게 되었다. 베버리지(William Henry Beveridge, 1879-1963)는 영국의 사회문제를 5대 사회악으로 구분하고 이를 해결하기 위해 5가지의 사회보장 프로그램과 6가지의 운영원칙, 그리고 3가지의 전제조건을 제시했다.

〈표 3-2〉 **베버리지 보고서**

구 분	내 용
5대 사회악(The Five Giant Evils)	결핍(want), 질병(disease), 무지(ignorance), 불결(squalor), 나태(idleness)
사회보장 프로그램	① 통일적이며 종합적이고 적절한 사회보험 프로그램 ② 사회보험급여를 통해 충분히 보호받지 못한 사람을 위한 공공부조 프로그램 ③ 아동수당 지급 ④ 전 국민에 대한 종합적인 건강 및 재활서비스 ⑤ 실업방지를 위해 공공사업을 통한 완전고용 유지
사회보험의 전제조건	① 완전고용(full employment) ② 포괄적 보건서비스(comprehensive health service) ③ 가족수당(family allowances)
사회보험 운영원칙	① 행정의 통합화(principle of the administrative uniformity) -산만한 사회보험을 하나의 체계로 통합하여 행정 운영의 낭비 최소화 ② 적용범위의 포괄화(principle of the comprehensiveness) -노동자집단에 자영업자까지 적용범위를 넓혀 포괄적으로 사회보험 운영 ③ 기여의 균일화(principle of the flat rate contribution) -사회보험의 기여는 누구나 예외 없이 똑같이 균등하게 갹출 ④ 급여의 균일화(principle of the flat rate benefit) -균등한 기여와 함께 균등한 급여 지급 ⑤ 급여의 적절화(principle of the benefit adequacy) -급여수준과 급여지급기간은 수혜자의 기본적 욕구를 충족할 정도로 제공 ⑥ 피보험자의 분류(principle of the classification) -6가지 범주로 구성(노인, 아동, 자영자, 피용자, 무직자, 주부)

출처: Beveridge, William(1942), *Social Insurance and Allied Services*, London, HMSO에서 재구성.

영국은 베버리지 보고서를 근거로 1944년에 사회보장청을 설치하였고 1945년에는 가족수당법을(Family Allowances Act), 1946년에는 국민보험법(National Insurance Act)과 국민보건서비스법(National Health Service Act; NHS), 그리고 1948년 국민산업재해법(National Insurance (Industrial Injuries) Act)을 제정하였다. 1948년에는 국가부조법(National Assistance Act)을 제정함으로써 300년 이상의 긴 역사를 가진 빈민법이 폐지되었다.

베버리지 보고서는 최저생활수준 보장을 권리로 규정하고 생존권을 처음으로 사회보장제도에 받아들여 구빈법 사상을 근본적으로 전환시켰으며, 적용자 범위를 전 국민에게까지 확대한 것도 획기적이었다. 이로서 제2차 세계대전 후 '요람에서 무덤까지'라는 영국사회보장제도 확립의 기초가 되었고, 세계 자본주의 국가들의 사회보장제도 확립에도 큰 영향을 주었다.

② **미국의 사회보장법**(Social Security Act of 1935)

1929년 10월 미국에서 경제대공황이 일어나자 루즈벨드(Franklin Delano Roosevelt) 대통령은 케인즈(John Maynard Keynes 1883-1946) 이론을 기반으로 하는 자본과 노동 사이의 '뉴딜정책'(New Deal Policy)을 발표했다. 미국은 자유주의와 개인주의를 강조하는 국가로서 국가가 국민 개개인의 삶에 일률적으로 관여하여 통제한다는 것은 있을 수 없는 일이었다. 그러나 1929년 경제대공황은 미국 국민들의 생존권을 뒤흔들었고 결국 국가가 대공황의 극복을 위한 정책(뉴딜정책)을 통해 전면적으로 개입하기 시작하였다.

루즈벨트 대통령은 경제부흥을 위한 뉴딜정책의 실시와 함께 그 일환으로 1935년 8월 14일 세계 최초의 사회보장법(Social Security Act, 1935)을 제정 · 공포했다. 사회보장법은 미국 최초의 연방정부 차원 복지프로그램으로, 미국 사회보장제도의 역사적 근간이 되었다.

미국의 대공황과 사회보장법

미국은 전통적으로 자유주의 시장경제를 채택하고 개인의 생계는 스스로 책임지는 사회적 가치를 신봉하는 사회였다. 그러나 1929년의 대공황(Great Depression)은 미국인의 이러한 가치를 변화시키는 계기가 되었다. 루즈벨트 대통령은 1933-1939년 7년에 걸친 뉴딜정책(New Deal)을 바탕으로 기업을 통한 취업 촉진은 물론 정부주도의 대규모 사회간접자본(SOC) 투자를 주장하였다. 이러한 제안들이 반영되어 제정된 사회보장법은 처음으로 '사회보장(social security)'이란 용어를 공식적으로 사용한 법이기도 하다.

사회보장법은 연방정부가 재정보조와 운영을 맡는 사회보험 프로그램과 연방정부가 재정을 보조하고 주정부가 관장하는 공공부조 프로그램 그리고 사회복지서비스로 구성되어 있다.

㉮ 사회보험법(노령연금(universal retirement pensions)과 실업보험(unemployment insurance)으로 구성

㉯ 공공부조법(65세 이상 빈곤노인, 요보호맹인, 요보호아동 등 3개 집단의 소득보장)

㉰ 보건 및 복지서비스 프로그램(모자보건 · 아동복지서비스, 직업재활 및 공중보건서비스)

당시 사회보험법 구성내용에 산재보험은 1908년에 이미 제정되어 있어 포함할 필요가 없었으며, 의료보험은 보험회사와 의사들의 강력한 반발로 포함하지 못하였다.

(2) 복지국가의 확대기(1945-1975)

제2차 세계대전이 종결된 1945-1975년까지의 약 30년간은 경제적 번영에 힘입어 역사적으로 사회복지가 가장 발전한 '복지국가 황금기'(Golden Age)가 전개되

었다. 이 시기에는 소득보장 및 건강보장제도, 사회서비스 프로그램의 확대로 1970년대 중반의 사회복지비가 GDP대비 유럽은 25%, 미국은 20%까지 증가했다. 따라서 복지제도의 포괄성, 복지수혜자의 보편성, 복지혜택의 적절성으로 복지국가의 절정기라고 할 수 있다.

〈표 3-3〉 국가별 복지정책 확대 내용

국가	내 용
영국	1960년대 중반부터 가족수당의 확대, 저소득층에 대한 임금보충, 최저임금제의 정책들이 법제화되기 시작함
미국	존슨 대통령의 '빈곤과의 전쟁' 선언 후 1961년 AFDC(요부양아동가족부조제도)가 제정되고, 1965년 Medicare(고령자 의료보장)와 Medicaid(장애인 및 빈곤층 의료보장) 등의 프로그램들이 제정됨
스웨덴	동일노동 · 동일임금정책, 적극적 노동시장정책, 높은 수준의 사회복지정책으로 복지국가 모델이 됨

(3) 복지국가의 위기와 재편기(1975년 이후)

① 복지국가 위기

제2차 세계대전과 경제대공황 이후 고도성장에 힘입어 급성장했던 복지국가는 국민의 사회적 욕구해결을 하나의 권리로 인정하면서 포괄적인 사회보장제도를 유지하기 위해 필요한 재원을 충분히 제공할 수 있었다. 그러나 1973년에 오일쇼크(경제성장률 : 5%대 → 2%대, 실업률 : 2%대 → 5%대, 인플레 : 5%대 → 8%대)가 일어났다. 경제성장률 하락으로 고실업 현상이 나타나는 경기침체 현상인 스테그네이션(stagnation)과 물가가 상승하는 인플레이션(inflation)이 같이 나타나는 스테그플레이션(stagflation)이 발생하자 그동안 고도성장에 힘입어 급성장했던 복지국가 체제(국가-자본-노동의 화해적 정치구조)의 결정적 위기를 가져옴으로써 각 국가는 극심한 재정적자에 빠지게 되었다.

② 복지국가의 재편

복지국가의 위기에 대하여 신자유주의자 및 보수주의자들은 유가상승뿐만 아니라 국가의 경제개입 및 복지개입의 확대가 원인이 되었다고 하며 복지정책의 변화를 주장하였다. 그들은 국가개입의 축소와 복지지출의 감소를 주장하였다.

- 수급요건 강화 : 장애심사 강화, 퇴직연령 상향, 질병보험 및 실업보험 대기기간 연장
- 급여수준(소득대체율)의 하향조정
- 급여기간의 단축
- 수급조건 부과(근로연계복지, 적극적 구직활동) : 복지수급기피 유도

이러한 우파 주도의 복지국가 재편은 영국과 미국, 유럽 여러 나라에서도 보수회귀의 물결이 터져 나옴으로써 전개되었다.

㉮ 영국

영국은 필요 이상의 복지혜택으로 인한 재정의 비효율성과 노동의 비능률성 문제가 제기되면서 소위 '영국병'으로 불리는 고복지, 고비용, 저효율의 문제에 따른 경기침체를 경험하게 되었다. 과도한 복지지출로 인해 복지지출은 정부 예산의 40%가 넘게 되고, 1973년 오일쇼크 직후인 1976년에 IMF의 구제금융을 받게 되었다. 이에 1979년 노동당 정부 실각, 대처(M. Thatcher)의 보수당 정부가 들어서면서 복지개혁(대처리즘)을 단행했다. 이후 노동당의 토니 블레어(Tony Blair) 정부도 복지축소 노력을 이어갔다('제3의 길'로 중도노선).

㉯ 미국

미국은 뉴딜정책의 결과로 여러 가지 노동입법, 연방정부 주도의 결제보장제도

의 수립 등으로 미국도 초기의 보충적 관점에서 제도적 관점에서의 사회복지정책과 공적 사회복지체계가 급격하게 강화됨에 따라 지나친 과세와 정부지출의 문제가 발생하게 되었다. 이에 1981년에 민주당 정부가 실각하고 레이건(R. Reagan) 공화당 정부가 수립되면서 복지국가 개혁(레이거노믹스 Reaganomics)을 단행했다.

이후 민주당의 클린턴(Bill Clinton) 정부에서도 복지제도에 대한 의존을 줄이고 개인의 책임과 노동을 통한 자활을 주요 내용으로 하는 '개인책임 및 노동기회조정법'(Personal Responsibility and Work Opportunity Reconciliation Act, 1996)이 제정되면서 여러 가지 복지개혁이 실시되었다(AFDC가 TANF로 변화).

AFDC (Aid to Families with Dependent Children, 1962)	⇒	TANF (Temporary Assistance for Needy Families, 1996)
• 요부양아동가족부조제도 • 모자가정으로 아동이 18세가 될 때까지 지원 • 지급기간이 제한되어 있지 않고 소득기준만 충족하면 수급자로 지정됨		• 빈곤가구한시부조제도 • 부양아동이 있는 한부모가족에 대해 급여를 제공 • 지급기간을 기존의 무기한에서 평생 60개월로 부조를 제한함(24개월 내에 직업을 가져야 지원함) • 미혼모의 노동활동 요구와 결혼을 장려함 • 십대 부모들(teens parents)은 부모와 함께 거주하거나 성인의 통제를 받아야 함

https://en.wikipedia.org/wiki/Aid_to_Families_with_Dependent_Children
https://en.wikipedia.org/wiki/Temporary_Assistance_for_Needy_Families

③ 복지국가의 재편방식

복지국가의 위기에 대한 각 국의 재편방식은 크게 다음의 세 가지로 나누어 볼 수 있다.

첫째, 이미 성공적으로 달성한 소득유지 프로그램을 밑바탕으로 하여 적극적 노동시장정책, 사회서비스의 확대, 남녀평등을 중심으로 하는 생산주의적, 사회투자전략을 통한 '스칸디나비아의 길'(스웨덴, 노르웨이 등 스칸디나비아 국가들)

둘째, 시장원칙에 대한 강조와 긴축재정, 국가복지의 축소, 노동시장의 유연성(flexibility)과 탈규제화(deregulation)의 활성화를 통한 '신자유주의의 길'(미국, 영국, 뉴질랜드 등)

셋째, 사회보장수준을 유지하면서 노동공급의 감축을 유도하는 '노동 감축의 길'(독일, 프랑스, 이탈리아 등 유럽대륙 국가들)

〈표 3-4〉 우파와 좌파의 복지국가 재편 방향

우파 주도의 복지국가 재편	좌파 주도의 복지국가 재편 : 제3의 길
• 신자유주의 : 자유로운 시장과 개인의 사적 소유권을 절대적 가치로 파악, 작은정부	• 새로운 중도 : 사회민주주의와 신자유주의의 사이에서 새로운 복지 패러다임 모색
• 국가의 공공부채 축소를 증세가 아닌 지출 축소, 즉 사회복지의 축소와 공공부문의 민영화를 통해 추진	• 사민주의의 비효율성과 신자유주의의 야수성 지양, 인간 중심적 자본주의 추구
• 복지국가 위기의 원인 : 정부 재정적자 누적, 성장둔화, 자본 이동 자유화로 인한 정책기반 축소 • 비판 : 복지제공으로 인해 경제성장 저해, 근로동기 약화, 가족구조 해체 등 발생했다고 봄 • 자유시장 옹호, 노조탄압, 복지국가 축소, 세금인하 추진 • 노동시장 유연화(규제 완화) • 실제 대처 시기 영국의 복지지출 축소되지 않고, 실업자, 빈곤층 증가 등 부작용 커짐	• 생산적 복지, 사회투자국가 등 : 경제성장과 사회복지의 동시 유지 발전추구 • workfare : 국민들을 복지 수급자에서 노동시장에서의 생산적 활동 참여자가 되도록 적극적으로 유도(노동의 질은 책임지지 않음) • 대처 시기에 급증한 빈곤층에 대한 국가 지원 확대. 단, 교육, 훈련, 노동을 조건으로 하는 공공부조, 일자리 제공 강조 • 많은 국가재정에 소요되는 노령연금 축소 • 한국 : 자활지원, 근로장려세제 등의 근로 유인 제공 프로그램
• 미국의 레이건, 영국의 대처	• 1990년대 영국의 블레어, 독일의 슈뢰더

2. 복지국가 발전의 주요 국가별 흐름과 특징

1) 독일

19세기 초 · 중반 이후 독일의 노동사계급(the proletariat)은 그 조직력이나 혁명적 열기에서 세계 최고 수준이었다. 노동자계급은 정치적으로 사회주의노동당을 결성하였고, 이들에 대한 정치적 지지도는 매우 높았다.

이런 노동자계급의 급속한 정치적 발전에 비스마르크는 탄압과 회유라는 두 가지 전술을 채택하게 되었다. 탄압은 1878년에 제정된 사회주의자진압법을 의미하고, 회유는 노동자들이 국가에 복종하게 하는 사회복지정책을 의미한다.

비스마르크는 노동자들이 국가에 충성할 것을 원했으며, 자본주의의 진전으로 새로이 출현한 노동자계급을 기존의 정치질서 내에 포섭해 안정된 사회기반을 구축하고자 새로운 사회복지정책인 사회보험을 도입하였다. 독일 사회복지정책의 핵심은 사회보험과 노동법이고 크게 네 가지 특징을 가지고 있다.

① 프로그램의 분열 : 지역별 · 직종별 · 정부부처별로 분산 관장됨
② 현금급여에 중점 : 교육을 제외한 대부분 급여는 현금급여
③ 사회보험에 의존 : 사회보험의 피보험자로서만 소득 유지
④ 노동법의 중요성 : 노동조건을 규제하는 노동법이 사회프로그램에서 차지하는 비중이 높음

2) 영국

영국은 사회복지정책이 가장 먼저 발달하기 시작한 국가로 1940년대에 사회보

장제도가 확립되었다. 근대적 사회복지정책은 1900년대 자유당 정부의 일련의 사회개혁 입법과 1911년의 국민보험법에서 시작되었다.

영국의 사회복지정책은 1 · 2차 세계대전을 거치면서 자유주의적이고 진보적인 사회서비스정책으로 발전하였다. 영국은 관대하고 보편적인 보건의료서비스인 '국민보건서비스'(National Health Service; NHS) 제도를 가지고 있으며, 주택을 사회복지정책의 한 분야로 포함시키고 있다. 대처정부 이후 사회서비스는 보편적인 형태로 제공되기보다는 공공부조 형태로 실시되었으며, 소득보장도 저소득층을 중심으로 이루어졌다.

3) 미국

미국의 사회복지정책의 이념은 보충적(subsidiary) 관점이었으나 1929년의 대공황을 계기로 제도적(institutional) 관점의 사회복지정책을 수용하게 되었다. 루스벨트 대통령은 뉴딜정책을 통해 실업자를 위한 공공지출과 공공사업을 실시함으로써 여러 가지 노동입법, 연방정부 주도의 경제보장제도의 수립, 그리고 사회보장법(1935년)이 제정되었다. 미국의 사회보장은 '시민의 생활보장', 즉 생활 곤란에 빠진 시민들을 위한 고용기회와 주택 및 생활변동에 대한 대비책이라는 의미가 강했다.

4) 스칸디나비아 국가들

보편주의적이고 평등주의적이며 연대성을 중시하는 스칸디나비아 국가의 사회복지정책은 그 진보성과 관대함 때문에 복지국가의 최고 단계, 또는 복지국가의 이상형(ideal type)으로 평가된다.

스칸디나비아의 사회복지정책은 직업을 불문하고 모든 시민을 대상으로 평등한 정액 급여를 제공하며, 재정의 상당 부분을 조세에 의존하는 특징이 있다. 이들 국가의 사회보험은 유럽 다른 나라들과 같이 1930년대나 제2차 세계대전 후가 아닌 이미 19세기 말에 입법화가 이루어졌다(1891년에 덴마크에서, 1913년에는 스웨덴에서의 무갹출연금 제도가 시행됨). 이후 스웨덴은 1946년에, 덴마크에서는 1964년에 자산조사를 폐지하고 부유층으로까지 그 대상을 확대하여 명실상부한 보편주의제도로 자리 잡았다.

스웨덴 모델은 자본과 노동 간의 역사적 대타협이라고 하는 1938년의 '살츠요바덴(Saltjobaden) 협정'에 그 기원을 두고 있다. 협정의 핵심 내용은 '생산 관련 결정은 자본가계급에게 일임하되 실질임금의 보장과 완전고용 등의 정책결정 환경은 국가와 노조가 강력하게 통제하는 체제를 만든다'는 것이다.

살츠요바덴(Saltsjobaden) 협약과 사회적 대화

살츠요바덴 협약은 1938년 스웨덴 노총과 경영자단체 간에 이루어진 협약이다. 이 협약을 통해 기본적으로 노동사와 사용자 간의 문제는 정부 개입 없이 당사자가 자율적인 협상을 통해 해결하기로 하였다. 이때 사용자는 노조를 교섭상대로 인정하고, 노조는 사용자의 배타적 경영권을 인정한다. 고용주에게는 근로자를 해고할 권리가 있으며, 근로계약은 종료될 수 있다고 본다. 또한 근로자들은 중앙 차원에서 단체교섭권을 확보할 수 있었다. 따라서 회원 노조들은 근로계약과 쟁의해결을 위한 협상권을 노총에 위임하고, 모든 분쟁 조정은 노총 차원에서 해결하도록 하였다. 만일 노총의 제안을 거절하는 산별 노조가 있다면 이에 대한 지원을 중지하게 된다. 노조원의 일정비율 이상이 파업에 반대하거나 공장 폐쇄 등의 위험이 있는 경우에는 쟁의행위가 제한된다. 단체협약이 체결된 이후 협약의 기간은 1년을 기준으로 한다. 노 · 사는 중앙 차원의 임금결정과 산업평화에 대해 책임을 지고, 정부는 적극적 노동시장 정책을 통해 완전고용을 달성하고 복지정책을 강화할 수 있도록 최선을 다해야 한다.

이러한 살츠요바덴 협약은 스웨덴 노사관계 모델의 토대가 되었다. 살츠요바덴 협약이 체결된 1938년 이후 40년 동안 다양한 사회적 이슈에 대한 협약이 체결되었다. 1942년 산업안정 협약, 1946년 작업장 위원회, 1947년 직업 훈련 협약이 체결되었으며, 1951년 정부의 노동시장 정책으로 랜 · 마이드너 모델이 채택되었다. 이처럼 스웨덴 노사협약 모델은 사전에 세밀한 계획에 따라 이루어진 것이 아니라 여러 번에 걸친 역사적 · 전략적 타협을 통해 각종 정책들이 하나의 시스템으로 발전되었다.

스웨덴은 50년대부터 랜 · 마이드너 모델을 근간으로 하는 경제정책을 펼치고 있다. 생산성의 증가가 실질임금의 상승과 복지국가 발전에 핵심적인 전제조건이 된다고 보고 경제정책을 추진하고 있다. 이 모델은 노총의 경제학자 랜(Rehn)과 마이드너(Meidner)가 제안한 모델로 연대임금정책과 적극적 노동시장정책을 특징으로 한다. 연대임금정책은 동일직무-동일노동-동일임금을 원칙으로 하여 임금은 노동 성격에 의해 결정되어야 한다고는 논리이다. 이에 의하면 임금수준은 동종 업계에서 상대적으로 임금이 높은 기업에 맞추어 설정한다. 생산성이 높은 기업은 임금을 효율적으로 통제하여 경쟁력을 향상시킬 수 있으며, 생산성이 낮은 기업은 스스로 철저한 기업 혁신을 통해 생존하기 위해 노력하게 된다. 이러한 연대임금정책은 임금억제를 요구하는 정부와 기업, 기업 간 임금격차 해소를 요구하는 저임금 노동자들의 불만 해결 타결책으로 작용하여 사회적 연대와 평등에 크게 기여했다는 평가를 받고 있다. 연대임금정책의 결과 결정된 임금수준을 맞추지 못하는 기업에 대해 정부는 각종 교육 훈련 프로그램을 제공하여 생산성을 높일 수 있게 지원한다. 만일 기업이 퇴출되어 실업자가 발생하는 경우 평균임금의 70~80%의 실업급여를 지원하고 즉각적인 재훈련 프로그램을 통해 새로운 일자리를 찾도록 한다. 이것이 적극적 노동시장 정책이다. 노조는 중앙 임금교섭을 통해 무분별한 임금 상승 압박을 지양하고 훈련 정책에 참여하는 등 정부정책에 적극 협력하였다.

1970년대 산업민주주의와 관련된 여러 법령이 제정되면서 살츠요바덴 협약이 파기된다. 특히 공동의사결정법이 1976년에 제정되었는데, 경영자측은 이 법이 배타적 경영권으로 인정하는 살츠요바덴 협약에 위배된다고 반발하면서 협약을 파기하였다. 이후 살츠요바덴 협약의 기본정신을 살리려는 시도가 있었으나, 세계화 및 사용자의 고용유연화에 대한 요구 등으로 쉽지 않았다. 이후 80년대 복지병을 겪으면서 스웨덴 모델이 실패했다는 인식도 있었으나, 90년대 중반 이후로 경기가 회복되고 연대임금이 부분적으로 복원되면서 다시 살아나고 있다.

출처: http://www.esdc.go.kr/mailing/mail/files/201406/2_6.pdf

3. 우리나라 사회복지정책의 발달과 특징

1) 사회복지의 태동기

(1) 삼국시대

삼국시대의 왕들은 각종 재해로 인한 이재민을 구제함과 더불어 환과고독(鰥寡孤獨)의 사궁(홀아비, 과부, 고아, 자식 없는 노인)에 대한 구제를 실시했다.

① 고구려 고국천왕 : 진대법(춘궁기에 곡식을 대여하고, 추수기에 납입케 함)

② 고려 예종 : 구제도감 설치

③ 고려 성종 : 의창(관곡의 잉여분을 비축하였다가 춘궁기에 굶주린 백성에게 대여)

④ 조선시대

- 비황제도 : 상평창, 의창, 사창
- 구황제도 : 사궁에 대한 보호, 진휼 및 진대사업 등
- 구료제도 : 혜민서(태조), 의학교 및 대한의원(고종)

(2) 일제강점기와 미군정 시대

일제강점기에 수행된 사회사업으로 고아사업, 연소노동자 교육사업, 맹아교육사업, 의료사업, 빈민구제사업, 양로사업, 갱생보호사업, 인사상담사업, 인보사업, 숙박구호사업, 직업소개사업 등이 있었다.

1944년 3월 1일에 조선구호령을 제정하여 공공부조를 실시했다. 대상은 65세 이상 노인, 13세 이하 아동, 임산부, 장애로 일할 수 없는 자 등이다. 미군정 시대의 사회복지입법은 구호법규, 아동노동법규(미성년자노동보호법) 등과 같이 시대

적 환경에 대응하는 임시변통적인 구조정책이 주류를 차지하였고, 복지행정대책이 크게 부족하여 무계획적인 민간구호단체와 시설이 증가하였으며, 외국자선단체와 기관들이 많이 들어왔다.

2) 사회복지의 정착기

(1) 군사정부 및 박정희 정부(1960-1979)

군사정부는 절대빈곤을 해소하기 위해 경제개발계획을 수립하고 1963년 제3공화국을 출범했다.

- 제3공화국 헌법(제5차 개정) : 헌법에 인간다운 생활을 할 생존권이 신설(헌법 제34조 제1항)되었다.
- 1960년 공무원연금법 제정
- 1961년 생활보호법 제정(1944년의 조선구호령을 폐지하고 최초의 공공부조법이 제정됨)
- 1961년 아동복리법 제정(1981년 아동복지법으로 개정)
- 1961년 윤락행위방지법 제정
- 1963년 군인연금법 제정(공무원 연금법에서 분리됨)
- 1963년 산업재해보상보험법 제정, 사회보장에 관한 법률 제정, 의료보험법 제정(임의가입)
- 1970년 사회복지사업법 제정
- 1973년 국민복지연금법 제정(석유파동으로 시행 연기)
- 1976년 의료보험법 개정(500인 이상 사업장 근로자 강제적용), 의료보호법 제정

(2) 전두환 정부(1980–1987)

- 제5공화국 헌법(제8차 개정) : 사회보장의 국가책임을 명확히 했다. "국가는 사회보장 · 사회복지의 증진에 노력할 의무를 진다"(헌법 제43조 제2항)
- 1981년 아동복리법 → 아동복지법으로 개정(요보호아동에서 일반아동으로 대상 확대)
- 1981년 심신장애자복지법 제정, 노인복지법 제정
- 1983년 사회복지사업법 개정(복지증진의 책임이 국가와 지방자치단체에 있음을 명문화함, 사회복지사 자격제도 도입)
- 1986년 국민복지연금법을 국민연금법으로 개정, 최저임금법 제정

(3) 노태우 정부(1988–1993)

- 1988년 국민연금법 실시, 최저임금법 실시
- 1989년 전 국민 의료보험체제 확립, 심신장애자복지법이 장애인복지법으로 개정
- 1991년 청소년 기본법 제정
- 1992년 사회복지사업법 개정(사회복지전담공무원과 전담기구 법적규정 마련)

(4) 김영삼 문민정부(1993–1997)

- 1993년 고용보험법 제정(1995년 실시)
- 1995년 사회보장기본법 제정
- 1997년 국민의료보험법 제정, 사회복지공동모금법 제정

3) 사회복지의 확장기

(1) 김대중 국민의 정부(1998-2002)

- 1999년 국민기초생활보장법 제정(2000년 실시, 생활보호법 폐지)
- 1999년 국민건강보험법 제정(국민의료보험법 폐지)
- 1999년 국민연금의 전 국민 개보험
- 2000년 아동복지법 개정(아동복지지도원을 별정직공무원에서 사회복지전담공무원으로 변경, 아동학대에 대한 신고를 의무화, 긴급전화 설치 및 학대아동에 대한 보호체계 구축)
- 2001년 의료보호법이 의료급여법으로 개정

(2) 노무현 참여정부(2003-2007)

- 2003년 사회복지사업법 개정(시 · 군 · 구에 지역사회복지협의체 설치, 지역사회복지계획 수립 · 시행)
- 2003년 건강가정기본법 제정
- 2005년 긴급복지지원법 제정, 저출산 · 고령사회기본법 제정
- 2007년 기초노령연금법 제정(2008년 1월 시행), 노인장기요양보험법 제정(2008년 7월 시행)

(3) 이명박 정부(2008-2012)

- 2008년 노인장기요양보험법 시행
- 2010년 장애인연금법 제정
- 2011년 장애인활동지원에 관한 법률 제정

(4) 박근혜 정부(2013-2017)

- 2014년 기초연금법 제정(기초노령연금법 폐지), 5월에 제정해서 7월에 시행
- 2014년 국민기초생활보장법 개정 : 생애주기별 맞춤형 통합복지 구현했다(선정기준을 최저생계비기준에서 중위소득기준으로 변경)
- 2015년 국민연금법 개정(18세 미만 사업자 동의 없이 가입, 구직급여기간의 실업크레딧 제공)

(5) 문재인 정부(2017-2022)

- 2017년 치매국가책임제 : 2017년부터 전국 256개의 보건소에 치매안심센터와 치매안심병원을 확충하고, 2018년부터 중증치매 환자 본인 부담을 낮추고, 고비용 진단검사 급여화 등 시행
- 2017년 건강보험 보장성 강화 : 초음파, MRI 검사 등 치료에 필요한 비급여 항목에 대해 단계적으로 건강보험 적용, 간호 · 간병 통합서비스 확대, 선택진료비 폐지, 아동과 노인 등 취약계층 의료비 부담 완화 등 건강보험보장률을 높여 가계의 병원비 부담 감소
- 2018년 아동수당 도입 : 만 7세 미만 아동에게 매월 10만원 지급으로 시작하여 2023년 기준 가구소득과 상관없이 만 8세 미만에게 지급하고 있음

(6) 윤석열 정부(2022-현재)

- 윤석열 정부의 복지정책은 지속 가능한 복지국가 개혁, 맞춤형 기초보장 강화, 사회서비스 혁신을 통한 복지와 돌봄서비스 고도화, 100세 시대 일자리 · 건강 · 돌봄체계강화 등을 국정과제로 두고 있다. 이를 실천하기 위한 구체적 제도로는 다음과 같은 정책들이 계획되었다.
  - 국민연금의 지속 가능성, 공정성 제고와 노후소득보장 강화를 위한 사회적 합의과정을 통한 상생의 연금 개혁 추진

- 국민기초생활보장제도의 생계급여 선정기준을 기준중위소득 35%를 목표로 단계적 인상, 재산기준 완화
- 노인일자리 확대 및 내실화, 지역사회통합돌봄 강화, 4차 산업혁명기반의 생활밀착형 돌봄 확산 기반 조성

• 따뜻한 동행, 모두가 행복한 사회를 구현하기 위해서는 안전하고 질 높은 양육환경 조성, 장애인맞춤형 통합지원을 통한 차별없는 사회실현, 누구하나 소외되지 않는 가족 등을 추진한다.

- 부모급여를 신설하고 단계적으로 확대한다. 2023년부터 만 0세 아동은 월 70만원(보육료 바우처 사용 시 차액 지급)을 지급받으며 월 100만원까지 단계적으로 인상 추진
- 마을돌봄 활용, 아이돌봄서비스 정부지원 확대 등 촘촘한 아동돌봄체계 마련
- 장애인 대상 복지서비스 선택권을 강화하는 개인계산제 도입, 장애인 콜택시 법정 대수 상향, 장애인 바우처 택시 확대 등 이동권 확대
- 학교 밖 청소년, 위기청소년 등 학업중단 청소년 정보 연계 강화, 청소년부모 · 1인가구 등 다양한 가족 지원 강화

〈표 3-5〉 주요 사회복지입법 연혁

분야	주 요 입 법	제정연도	비 고
사회보장일반법	사회보장에 관한 법률	1963	사회보장기본법의 전신
	사회보장기본법	1995	사회보장에 관한 법률 폐지
		2012	사회보장기본법 개정(이념과 정의 수정)
	사회복지사업법	1970	* 1983년 개정 (사회복지사 용어사용, 1급-3급 자격구분)
			* 1992년 개정 (사회복지전담공무원과 복지전담기구 설치)
			* 1997년 개정 (1급 국가시험제도 도입, 2003년부터 실시) (사회복지시설운영에 대한 허가제→신고제)
			* 2000년 개정 (매년 9월 7일을 사회복지사의 날로 제정)
			* 2003년 개정 (시 · 군 · 구에 지역사회복지협의체 설치)
			* 2007년 개정 (사회복지사 보수규정 신설)
사회보험법	공무원연금법	1960	사회보험의 효시
	군인연금법	1963	공무원연금법에서 분리
	산업재해보상보험법	1963	우리나라 5대 사회보험 중 가장 먼저 제정
	의료보험법	1963	임의적용, 1976년 개정
	사립교원연금법	1973	
	국민복지연금법	1973	1986년 국민연금법으로 개정
	의료보험법(개정)	1976	1977년 강제시행(직장의보), 1989년 전국민화
	국민연금법	1986	1988년 시행, 1999년 전 국민 개 보험
	고용보험법	1993	1995년 시행
	국민의료보험법	1997	1998년 국민의료보험공단 출범
	국민건강보험법	1999	완전 통합의료보험 시행
	노인장기요양보험법	2007	2008년 시행

분야	주 요 입 법	제정연도	비 고
공공부조법	생활보호법	1961	약 40년간 공공부조의 기본이 됨
	의료보호법	1977	2001년 의료급여법으로 개정
	국민기초생활보장법	1999	2000년 실시, 기존의 생활보호법 폐지
	의료급여법	2001	
	긴급복지지원법	2005	
	기초노령연금법	2007	2008년 시행
	장애인연금법	2010	기존의 중증장애인에 대한 장애수당을 대체함
	기초연금법	2014	2014년 시행, 기초노령연금법 폐지
기타사회서비스법	아동복지법	1981	1961년 아동복리법 제정 1981년 아동복지법으로 개정
	노인복지법	1981	
	장애인복지법	1989	1981년 심신장애자복지법 제정 1989년 장애인복지법으로 개정
	한부모가족지원법	2007	1989년 모자복지법 제정 2002년 모·부자복지법으로 개정 2007년 한부모가족지원법으로 변경
	영유아보육법	1991	
	정신보건법	2000	
	입양특례법	2011	1976년 입양특례법 제정 1995년 입양촉진 및 절차에 관한 특례법 개정 2011년 입양특례법으로 전면 개정
	사회복지공동모금회법	1997	
	다문화가족지원법	2008	
	건강가정기본법	2003	

생각해 보기

1. 복지국가 시대와 이전의 빈민법 시대, 사회보험 시대의 복지정책의 차이를 비교해 봅시다.
2. 영국의 베버리지 보고서가 사회복지정책의 역사에서 차지하는 의의에 대해 생각해 봅시다.
3. 복지국가 위기 이후의 복지국가 재편의 모습에 대해 논의해 봅시다.

참고문헌

고명현(2015). 『스웨덴 복지 모델의 이해』. 아산정책연구원.

김성이(2002). 『사회복지의 발달과 사상』. 이화여자대학교출판부.

김연명(2009). 『사회투자와 한국 사회정책의 미래』. 나눔의 집.

김태성 · 성경륭(1993). 『복지국가론』. 나남.

루이살롱 저. 김병규 역(1982). 『자유주의와 사회주의』. 법문사.

박광준(2013). 『사회복지의 사상과 역사』. 양서원.

박병현(2012). 『사회복지정책론: 이론과 분석』. 학현사.

송근원 · 김태성(2008). 『사회복지정책론』. 나남.

안병영 · 정무권 외(2018). 『복지국가와 사회복지정책』. 다산출판사.

알베르토 알레시나 · 에드워드 글레이저 저. 전용범 역(2012). 『복지국가의 정치학』. 생각의 힘.

양재진 · 정형선 외(2008). 『사회정책의 제3의 길』. 백산서당.

원석조(2014). 『사회복지정책론』. 공동체.

원석조(2012). 『사회복지역사의 이해』. 양서원.

윤영관 외(2012). 『사회과학명저재발견 4』. 서울대학교출판부.

이근식(2009). 『신자유주의—하이에크 · 프리드먼 · 뷰캐넌』. 기파랑.

이근식 · 황경식(2001). 『자유주의란 무엇인가』. 삼성경제연구소.

이진숙 · 주은선 외(2016). 『사회복지정책론』. 양서원.

이준상 외(2018). 『사회복지발달사』. 학지사.

이창곤(2014). 『복지국가를 만든 사람들』. 인간과 복지.

Giddens, A.(1998). *The Third Way: The Renewal of Social Democracy*. 한상진 · 박찬욱 역 (2001). 『제3의 길』. 생각의 나무.

김보영(2015). "베버리지 복지국가에서 캐머런 정부까지–복지국가 패러다임의 변화에 있어 싱크탱크의 역할과 전략에 대한 영국 사례연구". 『한국사회복지학』, 67(2). 259-284.

이헌근(1999). "제3의 길 논의와 유럽 사민주의의 미래". 『21세기 정치학회보』, 9(2). 189-205.

지은정(2006). "베버리지 보고서의 사회보장 원칙과 가정에 대한 비판의 타당성 검토". 『한국사회복지학』, 58(1). 175-207.

살츠요바덴 협약, 라쉬 다니엘손 스웨덴 대사 노사정위 초청강연 기사. 월간노사정 2014년 6월호. http://www.esdc.go.kr/mailing/mail/files/201406/2_6.pdf

Beveridge, William(1942). *Social Insurance and Allied Services*. London. HMSO.

Personal Responsibility and Work Opportunity Reconciliation Act(개인책임및노동기회조정법)

https://en.wikipedia.org/wiki/Personal_Responsibility_and_Work_Opportunity_Act

대한민국정책브리핑, 윤석열정부 120대 국정과제,

https://www.korea.kr/archive/govVisionList.do

https://150.newn.cam.ac.uk/feminist-radical-histories/settlement-movement/

http://contents.kocw.or.kr/KOCW/document/2015/wonkwang/ohseyoung2/11.pdf

CHAPTER 4

복지국가의 발달이론과 유형

1. 복지국가의 개념
2. 복지국가의 발달이론
3. 복지국가의 유형

1. 복지국가의 개념

1) 개념적 정의

일반적으로 복지국가(welfare state)라고 하면 사회문세에 대해 국가가 개입해서 정부 예산과 기구를 동원하여 모든 국민이 개인의 안정을 보장받도록 하는 국가를 말한다.

복지국가라는 용어는 1941년경 영국의 개혁적인 성공회 대주교 윌리엄 템플(William Temple)이 그의 책 『*Citizen and Churchman*』(1941)과 『*Christianity and the Social Order*』(1942)에서 처음 사용한 용이로, 그는 "히틀러(Adolf Hitler)의 독일은 국민을 전쟁으로 내모는 전쟁국가(warfare state 또는 power state)인데 반하여, 영국은 국민의 생활을 보살피는 복지국가(welfare state)를 뜻한다."에서 사용되었다. 윌렌스키(Harold Wilensky)는 복지국가를 모든 국민들에게 최소한의 소득, 영양, 보건, 주택 및 교육 등을 정치적 권리로서 인정하는 국가라고 규정했다(Wilensky, Harold, 1975). 티트머스(Richard Titmuss)는 민간 시장에서 제공할 수 없는 특별한 서비스를 모든 시민들에게 제공하는 국가라고 규정하고 있다. 미쉬라(Ramesh Mishra, 1990)는 정부가 제도적으로 국민최저수준의 삶(national minimum standards)을 책임지는 국가라고 정의했다.

사회복지정책의 역사적 발달과정과 학자들의 개념을 모두 종합해 보면 복지국가란 첫째, '수정자본주의' 경제제도, 둘째, '민주주의' 정치제도, 셋째, 국민최저수준의 보장, 넷째, 복지에 대한 국가의 책임 등을 주요 특징으로 갖고 있다.

2) 복지국가의 성립조건

복지국가의 성립되기 위해서는 4가지 조건이 있다.

첫째, 평화의 보장이다. 어떤 나라이든 전쟁의 위험이 있다면 국민의 복지보다 안보에 더 주력하게 될 것이다.

둘째, 민주주의의 실현이다. 민주주의 체제 하에서 신체의 자유뿐만 아니라 사상과 표현의 자유 등을 보장받아야 하며 이러한 자유를 바탕으로 개인의 생활에 영향을 미치는 사회적, 경제적, 정치적 정책결정과정에 참여할 수 있어야 한다. 그리하여 기회의 균등뿐만 아니라 교육, 법의 보호 등 복지사회가 성립될 수 있는 기본 요건들이 갖추어져서 단순한 기회의 균등을 넘어서서 배분을 통한 어느 정도의 결과의 균형까지 이루어져야 복지국가가 성립될 수 있다고 본다.

셋째, 혼합경제체제라고 볼 수 있는 수정자본주의를 경제제도로 추구하고 있다. 자본주의는 소득분배의 불균등과 빈부격차라는 사회문제를 초래하였으므로 국가가 시장경제에 개입하는 수정자본주의를 통해 자본주의의 사유재산제도와 이윤추구보장은 그대로 지속시키면서 자본과 노동 사이의 균형으로 빈부격차를 감소시키고 고용확대와 저임금 해소 등을 실천한다.

마지막으로 국가의 사회복지 관련 책임수행 정도를 고려할 때 국민 개개인의 복지증진을 목적으로 하는 사회복지에 대한 정부의 지출비용이 일정 수준 이상 되어야 할 것이다.

그러나 이상과 같은 사회적 · 정치적 · 경제적인 성립요건을 갖추었다 하더라도 복지국가로 평가받기 위해서는 다음과 같은 구성요소들을 갖추어야 한다.

첫째, 제도의 종류가 국민 개개인의 전 생애주기에 걸쳐 노출될 수 있는 다양한 사회적 위험으로부터 보호받을 수 있도록 갖추어져야 한다.

둘째, 다양한 제도가 갖추어져 있다 하더라도 혜택을 받을 수 있는 범위가 국민 전체를 포괄할 수 있는 정도인지 제도적용의 범위도 고려하여야 한다.

셋째, 제도를 통한 혜택의 수준 정도도 국민 개개인의 책임을 최소화할 정도로 충분하여야 한다.

마지막으로 사회보장제도를 통해 어느 정도의 재분배 효과를 기대할 수 있어야 한다.

2. 복지국가의 발달이론

1) 산업화 이론

산업화 이론(industrialization theory)은 경제발전이 이루어짐에 따라 사회복지도 발전하게 된다는 이론이다. 대표적인 학자로는 윌렌스키(Wilensky)와 르보(Lebeaux)가 있다. 산업화 이론은 이데올로기적 갈등은 배제하고 경제, 사회적인 면만을 강조하고 있는데, 서로 다른 정치이념과 문화를 가진 국가들도 일단 산업화가 비슷한 수준에 도달하면 사회복지정책의 구조나 내용은 유사하다는 주장이다(수렴이론). 따라서 산업화 이론에 따르면 사회복지정책의 구조와 내용에 결정적 영향을 미치는 것은 정치체제의 요소보다는 산업화 요소, 즉 경제적 요소라 할 수 있다.

산업화 이론은 복지국가 발전을 설명하는 이론들 가운데 가장 먼저 등장하였고 가장 많이 논의되는 이론이지만 동시에 가장 많은 비판을 받는 이론이기도 하다. 우선 기술 및 경제가 사회복지정책의 구조와 내용을 결정한다는 것은 지나치게 결정론적이다. 이 이론은 사회복지정책이 가치에 따른 선택일 수 있는 가능성을 배제하고 있다. 또한 산업화 이론에 따르면 경제적으로 부유한 국가와 빈곤한 국가 간의 사회복지정책의 발달 차이는 설명할 수 있지만 비슷한 경제수준을 가진 국가들 간의 사회복지 수준의 차이는 설명하지 못한다.

2) 독점자본 이론

독점자본 이론(monopoly capitalism theory)은 네오마르크스주의(neo-Marxism) 계열의 이론으로서 전통적인 마르크스주의[1]에 그 이론적 뿌리를 두고 고도화된 독점 자본주의사회에 대한 분석을 통해 복지국가의 발전을 설명한다. 독점자본 이론은 도구주의 관점과 구조주의 관점으로 나누어 설명할 수 있다.

첫째, 도구주의 관점에서 자본주의사회는 자본가들이 경제조직을 독점하기 때문에 이러한 경제 부문의 독점에 힘입어 정치조직에도 자본가들이 강력한 영향력을 발휘하게 되고, 따라서 국가의 역할은 자본가들의 이익을 수행하는 도구에 지나지 않는다고 본다. 예를 들어 대공황과 같은 경제적 위기나 전쟁과 같은 사회 혼란이 있는 경우 자본가들에게는 자본 축적의 위기가 되므로 이들이 노동력 재생산의 확보를 위해 국가에 영향력을 미쳐 사회복지정책을 형성, 발전시킨다는 것이다.

둘째, 구조주의 관점에서는 독점자본가들이 국가기구에 영향력을 행사하여 도구화하기 때문이 아니라 독점자본주의 경제의 구조 그 자체 때문에 국가의 기능은 자본가의 이익과 합치될 수밖에 없다. 자본주의사회에서 노동자계급의 도전과 확장은 자본주의에 위협적 요소가 될 수 있으므로 국가는 노동자계급을 비롯한 국민들을 포섭하고 국가 자신의 존재와 역할에 대한 정치적 정당성(legitimation)을 설파하는 것이 중요하게 된다. 국가는 사회복지정책을 통해 노동자계급을 통제하거나 분열시키게 된다.

독점자본 이론은 복지국가를 둘러싸고 누가 이익을 얻는가를 자본주의를 통해 분석하게 해준다. 또한 복지국가에 대한 거시적 이해를 가능하게 한다.

한계점으로는 첫째, 복지국가 사회복지정책 발달을 설명하는 데 지나치게 경제구조 결정론에 의지하고 있다는 것이다. 둘째, 민주정치에서 여러 행위자들의 역

1) 전통적인 마르크스주의에 의하면 국가는 주어진 자본주의 생산양식 체계를 유지하고 강화하기 위하여 자본가의 이익만을 위하여 기능하기 때문에 국가에 의한 복지확대는 불가능하다고 본다.

할을 무시하고 셋째, 고도 산업자본주의에 모두 적용될 수 있느냐의 문제가 있다. 마지막으로 이 이론에서 사용하는 개념들이 너무 거시적이며 이러한 개념들을 증명 또는 반박하는 경험적 조사에 사용하기가 어렵다는 비판을 받는다.

3) 사회민주주의 이론

사회민주주의 이론(social democratic theory)은 복지국가의 사회복지정책 발달을 독점자본 이론처럼 자본가의 이익 추구의 결과로 보는 것과 달리 노동자계급의 정치세력 확대의 결과로 보고 있다. 산업화로 인해 그 수가 급격히 늘어난 노동계급이 강하고 중앙집권화된 노동조합운동을 통해 조직화되고, 그들의 이익을 대변하는 정당을 지지하게 되면서 이 과정 속에서 사회권의 확대를 통해 복지국가 사회복지정책의 발달이 이루어진다는 것이다.

사회민주주의 이론에 의하면 복지국가가 발전하기 위해서는 7가지 요인이 충족되어야 하는데 이는 다음과 같다. ① 보통선거권 도입, 즉 노동계급으로의 선거권 확대, ② 노동계급을 대변하는 사회민주당의 발전, ③ 강하고 중앙집권화된 노동조합운동, ④ 우익정당의 약화, ⑤ 지속적인 사회민주당의 집권, ⑥ 지속적인 경제성장, ⑦ 노동자의 강한 계급의식과 종교, 언어, 인종적 분열의 약화가 그것이다.

사회민주주의 이론은 복지국가 발전에 있어서 정치적 요소들에 대한 분석이 중요하다는 것을 보여주어 산업화 이론, 독점자본 이론에서 경제적 변수에 의존하는 것에서 벗어나 설명을 폭을 넓혔다고 볼 수 있다.

그러나 한계점으로 많은 나라에서 실제적으로 사회복지정책의 프로그램들은 사회민주주의 세력이 아니라 반대세력(자유주의 또는 보수주의)에 의해 시작되었다는 것을 들 수 있다. 또한 현대에 들어 노동자들의 동질성이 약화되고 노동자들 사이에서도 다양성과 분화가 일어나고 있어 과연 전통적인 노동자계급만을 위한 정당이 존재할 수 있는가에 의문을 갖게 한다.

4) 이익집단정치 이론

이익집단정치 이론(interest group politics theory)은 다양한 이익집단들의 정치적인 힘에 초점을 맞춘다. 즉, 사회복지정책의 발달은 다양한 이익집단들 사이에서 사회적 자원의 배분을 둘러싼 치열한 경쟁에서 관련 이해 집단들의 정치적인 힘을 국가가 중재하는 과정에서 비롯된다고 본다. 이익집단들은 자기들의 이익에 부합하는 프로그램들을 지지하는 정치가들과 그들의 표를 맞바꾸는데, 즉 정부의 사회복지 지출은 이러한 민주주의 제도 하에서 각기의 자기 이익을 추구하는 이익집단 활동들의 정치적 과정의 결과로 볼 수 있다. 국가는 이러한 다양하고 상충된 이익집단들의 이해관계를 조정하기 위해 중재라는 중요한 역할을 담당하기 때문이다.

한계점으로는 다양한 이익집단들의 정치적 힘이 상대적으로 중요한 정치적 다원주의에 기반한 미국과 같은 나라에는 설명력이 있으나 그렇지 않은 국가에서는 상대적으로 설명력이 약하다고 할 수 있다. 또한 정부의 사회복지 지출을 결정하는 것이 선거경쟁이라고 설명하지만 많은 나라에서 사회복지 지출은 점점 증가하는 경향이 있으며 선거경쟁 외에도 해당 국가의 사회적 · 경제적 여건에 의해 주로 영향을 받는다고 볼 수 있다.

5) 시민권론

시민권론(citizenship theory)은 사회구성원이라면 누구든지 사회복지를 향유할 수 있는 권리를 갖고 있다는 이론이다. 대표적 학자는 마샬(T. H. Marshall)로 그는 사회적 불평등이 어떻게 시민권으로 발전하게 되었는가에 관심을 가지면서,

시민권의 요소를 공민적, 정치적, 사회적 요소로 구분하여 설명했다.

시민권 중 공민권은 개인적 자유와 평등을 법적으로 보장받는 것으로 개인의 자유, 언론 · 사상 · 신앙의 자유, 재산과 계약의 자유 그리고 정의에 대한 권리 등을 말한다. 정치권은 선거권 등과 같은 정치적 참정권을 의미하고, 사회권은 사회 속에서 시민화된 생활과 경제적 복지를 보장받는 것이다(라메쉬 미쉬라, 남찬섭 역, 1996). 그리고 이러한 권리는 공민권에서 정치권으로 그리고 사회권의 순서로 발달한다고 보았다.

결국, 마샬은 자본주의사회에서 나타난 불평등한 계급구조 속에서 시민들은 개인의 자유와 평등을 법적으로 보장받고자 하는 욕구를 표현하게 되었고, 이러한 사회적 불평등을 해소하기 위해서 시민적 권리를 주장하게 되었다고 한다. 그러나 시민권론에 따른 평등한 분배는 자본주의 시장경제 체제에서는 개인의 능력에 따른 경쟁을 바탕으로 자원이 분배된다는 점에서 설득력의 한계를 가진다. 또한 시민권에 따른 사회복지는 법에 기초한 사회복지만을 의미할 수 있기 때문에 기업복지, 민간복지 등 다양한 형태의 사회복지정책을 포괄하지 못한다는 측면이 있다.

6) 사회양심론

사회양심론(social conscience theory)은 1950년대 영국 사회정책학에서 주로 받아들여졌던 이론으로, 인도주의 사상에 기초한 이타주의와 사회적 양심의 증대가 사회복지정책의 형성과 발전을 가져왔다고 보는 이론이다. 즉, 국민들의 사회적 양심이 성장하고 빈곤층의 열악한 경제적 · 사회적 상태가 세상에 알려지면서, 이를 개선하기 위한 사회복지정책이 개발되고 더욱 바람직한 방향으로 발전해간다고 보고 있다.

정부에 의한 사회복지정책을 이타주의에 기반한 자선활동으로 간주하는 사회양심론은 사회복지정책에 영향을 미치는 경제적 · 정치적 변수 등을 간과하여 협소한 분석을 제공한다는 한계점을 가지고 있다. 또한 사회복지정책의 인도주의적 특성을 지나치게 강조한 나머지 국가의 역할에 대해 왜곡된 견해를 갖게 하여 사회복지정책의 발달과정의 정확한 이해를 방해할 수 있다.

7) 음모 이론

음모 이론(conspiracy theory)은 사회양심론과 정반대의 입장을 가지고 있는데, 사회복지정책의 주목적이 인도주의나 양심의 실현이 아니라 지배계층이 자신들의 권력 유지를 위한 수단으로 사용하고 있다고 보는 이론이다. 대표적인 학자는 피븐(F. Piven)과 클로와드(R. Cloward)가 있으며 이들은 사회복지제도가 공공의 복지를 위해 실행되는 것이 아니라 빈민을 규제하기 위해 사용된다고 본다. 즉, 사회복지는 사회적 무질서를 해결하기 위해 빈민에 대한 억압책으로 실시되고 있다고 주장한다. 다시 말하면, 지배계층의 정당성 확보, 정치권력의 재생산을 위하여 사회복지정책이 도입되거나 확대되는 것으로 복지정책 집행의 결과는 평등의 원리와는 거리가 있다.

그러나 사회보장법이나 특수계층(장애인, 노인, 유족 등)을 위한 사회복지도 모두 사회통제의 수단으로 사용되었는가에 대하여는 의문이 있어 오히려 인도주의적 측면에서 발전되었다고 보는 것이 타당하다. 따라서 사회복지정책의 발전에 있어 일반적인 기초 이론으로 받아들이기에 한계가 있다고 볼 수 있다.

8) 엘리트 이론

엘리트 이론(elite theory)은 사회복지정책이 탁월한 능력을 소유한 소수의 지도자 또는 개인에 의해 마련된다고 보는 이론으로 모스카(G. Mosca)와 파레토(V.

Pareto)가 대표적인 학자이다. 이들은 사회를 엘리트와 대중으로 구분하고 엘리트들은 특별한 인맥, 학맥 그리고 지식을 기초로 하여 정부를 통제하고 권력을 향유하면서 정책결정에 영향력을 가지고 있다고 본다. 특히 엘리트들은 서로 동류의식을 가지고 서로 은밀한 관계를 유지하면서 자신들의 이익을 위해 노력하는 집단으로 사회복지정책이 결정되는 과정에서도 자신의 선호나 가치를 따르고 사회직으로 우월한 집난에게 유리하도록 영향을 미친다는 것을 설명한다.

9) 확산 이론

확산 이론(diffusion theory)은 한 나라의 사회복지정책이 다른 나라에 영향을 미친다는 데 초점을 둔 이론으로, 사회복지정책의 발달이 국가 간의 의사소통이나 영향력, 그리고 교류에 의해 이루어진다고 본다. 즉, 사회복지정책의 도입을 모방과정의 결과로 인식하며, 각 나라들은 선진 복지국가의 노력들을 모방하는 것이다. 대표적인 학자로는 타이라와 킬비(Taira & Kilby), 콜리어와 베식(Collier & Messick)이 있다.

콜리어와 메식(Collier & Messick, 1975)은 1975년에 발표한 'Prerequisites versus Diffusion'이라는 논문에서 전 세계 59개국을 분석한 결과, 상대적으로 경제발전 수준이 낮았던 동유럽 및 남유럽 국가들이 지리적으로 가까운 유럽 선진 복지국가들의 영향을 받아 사회보장을 확대했다는 사실을 확인했다. 또한 타이라와 킬비(Taira & Kilby)는 유럽 대륙 국가들이 비유럽 국가 및 다른 선진국에 비해 앞선 시기에 사회보장 프로그램을 개발하고 구축한 것이 지리적 접근성 때문이라며 사회복지정책의 발전과 지리적 위치 간에 높은 상관관계가 있다고 주장한다.

즉, 정책의 확산에 있어서는 선진국에서 후진국으로 확산되는 위계적 확산(hierarchical diffusion)과 인접 주변국을 중심으로 확산되는 공간적 확산(spatial diffusion)이 대표적 확산의 유형이라 볼 수 있다(Collier & Messick, 1975). 그러나 예를 들어 근대화가 먼저 이루어진 영국보다 독일에서 먼저 사회보험제도가 만들어지는 등 현실에서는 확산이라고 보기 어려운 경우가 존재하여 정책의 모방을 통한 확산이 사회복지정책 발전의 근본 동기가 되는 것만은 아니라는 것을 알 수 있다.

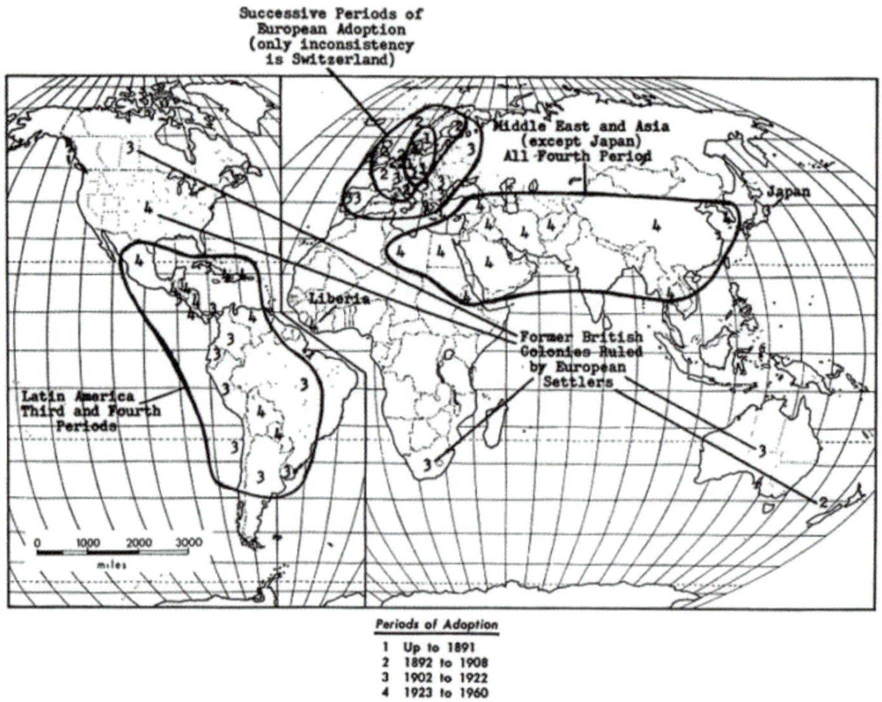

[그림 4-1] 콜리어와 메식의 사회보장 도입의 확산지도

출처: Prerequisites versus diffusion : Testing Alternative Explanations of social security adoption, The American Political Science Review, vol.69, issue 4, pp.1312.

3. 복지국가의 유형

1) 티트머스의 유형

티트머스(R. Titmuss)는 복지국가의 유형을 첫째, '잔여직' 유형, 둘째, '산업상 업적과 수행능력'(industrial achievement performance) 유형, 셋째, '제도적 재분배'(institutional redistribution) 유형으로 구분했다.

잔여적 모형은 사회복지에서 국가보다는 시장과 가족의 역할을 강조한다.

산업상 업적 및 수행능력 모형은 사회복지의 제공이 시장에서의 성취와 밀접한 관계가 있다. 즉, 일을 얼마나 많이 했는가 하는 근로실적(work record)을 사회복지 급여 제공의 기준으로 보고 일을 많이 오래 할수록 건강보호, 주택, 소득보조 등과 같은 사회복지급여를 더 많이 받게 된다.

마지막으로 제도적 재분배 모형은 보편적 복지제공을 강조했다. 사회에서 사회복지를 중요한 통합 기제로 간주하고 욕구의 원리에 입각하여 시장 외부에서의 보편적 서비스를 제공하는 것이다. 따라서 국가에서 근로실적 등의 기준보다는 국민의 욕구에 따라 권리로서 급여를 받을 수 있다.

2) 퍼니스와 틸톤의 유형

퍼니스와 틸톤(Furniss & Tilton)은 복지국가를 적극적 국가(positive state), 사회보장국가(social security state)와 사회복지국가(social welfare state)의 세 가지 유형으로 구분하였으며, 이 중 사회보장국가와 사회복지국가가 복지국가의 범주에 해당한다고 보았다.

(1) 적극적 국가

적극적 국가는 복지국가 유형 중 가장 초보 단계로서, 정부의 일차적인 역할이 경제적 안정과 재산 소유 및 이익을 보장하는 것이다. 빈곤층에 대한 정부 지원은 대체로 경제성장에 대한 장애요소로 인식되며 사회복지제도 중에서 사회보험제도가 선호된다. 사회보험제도는 본인의 기여를 바탕으로 하는 제도이므로 정부의 지출이 최대한 억제될 수 있으며, 부자와 가난한 사람의 수직적 재분재가 아닌 수평적 재분배여서 정책 시행에 부담이 덜하다는 것이다. 또한 사회보험의 가입조건인 보험료 지불을 위해서는 일을 해야 하는 근로유인을 높일 수 있다는 것이다.

(2) 사회보장국가

사회보장국가는 사회복지정책을 통해 국민생활에 대한 최저수준(national minimum)의 복지를 보장하는 국가를 말하며, 대표적인 국가로는 영국이 있다. 사회보험제도만으로는 국민들에게 최저수준의 복지를 보장해 줄 수 없기 때문에 부족분을 공공부조나 사회서비스를 통해 보충한다. 따라서 누구에게나 생존권을 보장해 준다는 점에서 적극적 복지국가 모형보다 진보된 형태로 평가된다.

(3) 사회복지국가

사회복지국가는 최저수준의 생활만을 보장하고 그 이상은 경쟁원리에 맡기는 사회보장국가를 비판하면서, 모든 국민들의 평등한 삶의 질을 추구하는 국가이다. 이를 위해 광범위한 사회복지서비스를 제공할 뿐만 아니라 평등과 정치활동 참여를 촉진한다. 정부는 노동조합과 긴밀히 협조하여 고용정책이나 임금정책을 실시하고, 사회복지제도는 최하계층의 요구를 우선적으로 수용하도록 고안되어 있다. 가장 대표적인 사회복지국가로 스웨덴이 있다.

3) 미쉬라의 유형

미쉬라(R. Mishra)는 복지국가 유형을 '분화된 복지국가'(differentiated welfare state)와 '통합된 복지국가'(integrated welfare state)로 구분한다. 그는 영국과 미국을 서로 다른 복지국가 유형으로 구분한 티트머스의 주장을 반박하면서 영국과 미국 모두 '분화된 복지국가'로 보았다. 즉, 양국 모두 자유시장경제의 지배를 받고 있고, 이익집단들이 정치적 의사결정과정에 영향을 미치기 위해 서로 경쟁하는 다원주의 정치체제를 지니고 있으며 이들 국가에서는 경제와 복지는 구분되어 있다고 보았다. 그리고 영국 외의 유럽 국가들은 조합주의라고 알려져 있는 정치 · 경제체제를 지니고 있다고 보았고, 이러한 국가에서는 정부, 사용자, 노동자가 상호 협력하여 경제를 규제하고 사회복지를 종합적인 경제 및 사회정책의 일부로 통합적으로 운영하고 있다. 오스트리아와 스웨덴 등이 가장 대표적인 통합된 복지국가로 볼 수 있다.

4) 에스핑-앤더슨의 복지국가 유형

에스핑-앤더슨(Esping-Andersen)은 그가 개념화한 탈상품화(decommodification) 정도, 계층화(stratification) 정도를 기준으로 복지국가를 '자유주의 복지국가'(liberal welfare state), '보수주의 복지국가'(conservative welfare state), 그리고 '사회민주주의 복지국가'(social democratic welfare state)의 세 가지로 구분한다.

'탈상품화'란 노동자가 자신의 노동력을 상품으로 시장에 내다팔지 않고서도 일정 수준의 삶의 질을 유지할 수 있는 정도이다. 탈상품화 지수는 연금, 건강보장, 실업보장 제도들에 대해 ① 평균임금 대비 최저 급여액의 비율, ② 평균임금 대비 평균급여액의 비율(소득대체율을 의미), ③ 급여 수급자격 요건(요구 가입기간), ④ 전체 재정 중 수급자 부담의 비중, ⑤ 전체 인구 중 실제 수급자 비율 등으로 구성된다.

'계층화'란 '복지제도는 사회관계를 배열하는 힘이 있다'라고 전제하고 복지제도 이후의 재배열된 사회관계를 의미한다.

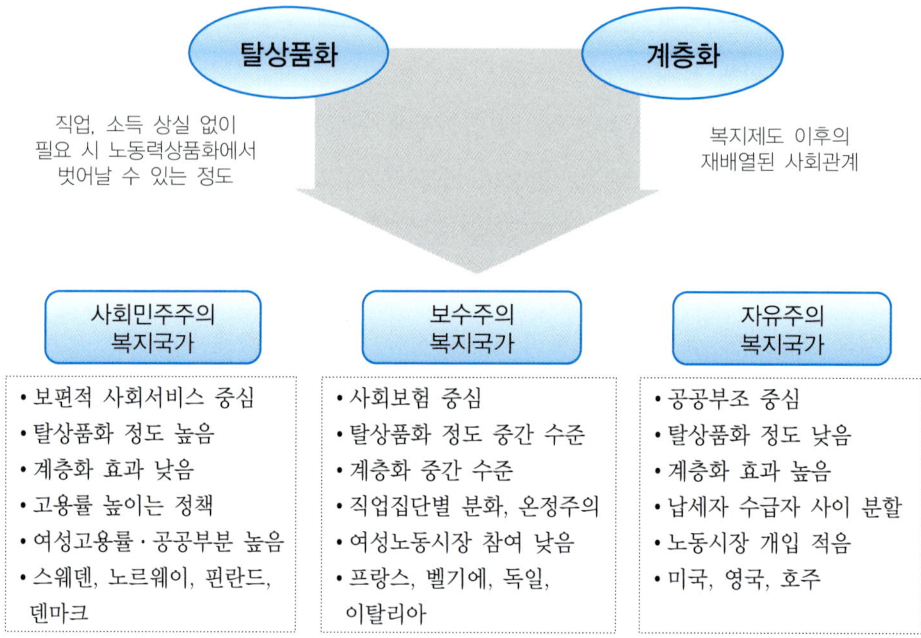

(1) 자유주의 복지국가

자유주의 복지국가는 탈상품화의 효과가 최소화된 국가로서 미국, 영국, 캐나다, 호주 등이 있다. 자유주의 복지국가는 고전적인 자본주의 모습에 가장 부합하는데, 시장의 역할이 중심적이고 사회복지서비스는 제한되어 있어 탈상품화와 복지재분배의 효과가 미약하다.

(2) 보수주의 복지국가

보수주의 복지국가는 가족주의적 요소가 강하여 사회적 연대의 진원지는 가족이고 국가는 이러한 가족의 특성을 지원하고 보완하는 역할이다. 보수주의 국가에는 오스트리아, 프랑스, 독일, 이탈리아 등이 있다.

(3) 사회민주주의 복지국가

사회민주주의 복지국가는 보편주의적 원칙과 사회권을 통한 탈상품화 효과가 가장 크고, 복지의 재분배적 기능이 가장 강하며 스웨덴, 오스트리아, 벨기에, 덴마크, 노르웨이 등을 예로 들 수 있다.

5) 성인지적 관점에서 본 복지국가 유형론

성인지적 관점(gender sensitive perspective)은 복지국가 유형의 분석단위로서 젠더관계를 고려하는 연구시각이다. 젠더(gender)는 남성과 여성을 구별하면서 동시에 사회적으로 구성된 성별관계를 중요시하는 개념이다.

(1) 에스핑-앤더슨 유형 분류에 대한 비판과 대안

성인지적 관점을 주장하는 학자들은 에스핑-앤더슨의 탈상품화 개념은 국가의 복지정책이 성별에 관계없이 모든 노동자에게 미치는 영향을 이해하는 데에는 부정확한 개념이라고 주장한다. 다시 말해 성인지적 관점을 결여함으로써 여성의 다양한 지위를 반영하지 못하고 있다는 것이다. 여성주의자들인 앤 올로프(A. S. Orloff)나 메리 데일리(Mary Daly)가 대표적 학자들이다.

올로프(A. S. Orloff)는 탈상품화 기제가 정상취업노동자를 중심으로 한 남성 생활주기에 기초한다는 것에 주목했다. 시장 밖 여성이나, 집단으로서 가족이나 가구 등을 대상으로 하는 프로그램은 탈상품화 개념으로 설명할 수 없음을 지적했으며 나아가 남성을 비롯한 사회구성원의 노동시장 참여는 여성의 무임금 재생산노동 때문에 가능하다는 사실이 인식되어야 함을 주장한다.

이러한 비판을 바탕으로 에스핑-앤더슨은 1999년 저서에서 여성의 가족의존성을 완화하고 경제적 자율성을 지원하는 정도를 의미하는 탈가족화 개념을 추가하였다. 그리고 저소득층의 구매력을 고려하여 시장에 의한 탈가족화보다 국가에 의한 탈가족화가 더 바람직하다고 주장하였다.

(2) 성인지적 관점에서의 복지국가 유형 분류

에스핑-앤더슨이 후에 탈가족화라는 지표를 추가한 것에 비하여 여성주의 학자들은 젠더를 고려하여 성인지적 관점에서 새로운 복지국가 유형을 제시하기도 하였다. 이러한 새로운 유형 분류에 있어 첫 번째 기준은 사회정책적 행위로서 소득보장과 대인복지서비스 제공 근거가 어디에 있느냐를 보는 것이다. 즉, 소득보장과 대인복지서비스 제공 근거가 시민으로서 권리인지, 노동시장 참여의 대가인지, 혼인에 의한 것인지, 가족을 구성했기 때문인지, 사회구성원으로서 갖는 욕구 중 어느 것인지를 살펴봐야 한다. 두 번째 기준은 서비스 제공 결과 여성이 시장과 결혼으로부터 독립하여 독자적 가구를 형성, 유지할 수 있는 능력 제고를 복지국가체제가 지원하는가 하는 것, 세 번째 기준은 유급노동에 대한 접근성, 돌봄노동 및 가사노동과 취업을 병행할 수 있는 지원체제 여부 및 지원수준에 대한 내용이다.

① 루이스와 오스트너(Lewis & Ostner)의 복지국가 유형 분류

루이스와 오스트너는 복지국가들을 국가의 부양규범, 즉 성역할에 대한 관념의 강약의 정도에 따라 강한 부양자모델, 온건한 부양자모델, 약한 부양자모델의 세 가지 유형으로 분류하였다.

부양규범의 유형	해당국가	여성과 돌봄노동에 대한 태도
강한 부양자	영국, 독일 등	여성은 시민으로서 지위보다는 시민남성에 의존적 존재로 규정됨
온건한 부양자	프랑스	여성은 시민이나 노동자로서의 지위로 규정됨 여성의 노동참여를 고취하는 동시에 가족에 대한 강한 지원
약한 부양자	스웨덴, 덴마크 등	이중부양규범의 지지에 따라 여성은 노동자이자 어머니로서의 지위를 보장받고 보상됨

② 세인스베리(Sainsbury)의 복지국가 유형 분류

세인스베리는 부양규범과 함께 돌봄 노동을 기준으로 남성 생계부양자 유형, 성별역할분리 유형, 임금노동자–돌봄노동자 유형으로 구분하였다.

	남성 생계부양자 (male breadwinner)	성별역할분리 (separate gender roles)	개인으로서의 임금노동자–돌봄노동자 (individual earner–carer)
이데올로기	엄격한 성별노동분업	엄격한 성별노동분업	부부간 역할공유
수급권	배우자 간 불평등	성별역할에 의한 차이	평등
수급권의 기초	남성부양	가족책임	시민권으로서의 권리
복지수급자	가장 피부양자에 대한 보충적 급여	가족부양자로서의 남성 돌봄노동자로서의 여성	개인
노동시장정책	남성에 우선	남성에 우선	양성을 목표로
돌봄제공	개별적	개별적	강력한 국가개입
돌봄노동에 대한 보상	없음	가정내돌봄노동자에 대한 유급보상	가정, 사회의 구분없이 돌봄제공자에 대해 유급보상
해당국가	독일, 미국 등	노르웨이	스웨덴, 핀란드 등

③ 파우-에핑어(Pfau-Effinger)의 복지국가 유형 분류

파우-에핑어는 성역할분업의 평등 정도에 따라 가족경제모델, 남성부양자 전업주부모델, 여성파트타임 돌봄제공자모델, 이중부양자/국가돌봄제공모델, 이중부양자/이중돌봄제공자모델로 구분하였다.

가족경제모델	전산업화 농경제 사회, 성별역할분업이 있으나 남녀 모두 노동
남성부양자 전업주부모델	산업사회 이후 공적(노동), 사적 영역(재생산)의 분리
여성파트타임 돌봄제공모델	아동양육 이후 불완전 취업
이중부양자 국가돌봄제공모델	여성, 남성의 노동시장 진출, 돌봄의 책임은 국가가
이중부양자 이중돌봄제공자모델	노동, 공동육아를 위해 국가가 구조적으로 반영

생각해 보기

1. 다양한 복지국가 발달이론의 장점과 한계점에 대해 논의해 봅시다.
2. 에스핑-앤더슨의 복지국가 유형분류의 기준이 되는 탈상품화 개념과 각 유형에 따른 탈상품화 정도를 설명해 봅시다.
3. 에스핑-앤더슨의 복지국가 유형론에 대한 비판점들에 대해 논의해 봅시다.

참 고 문 헌

G. 에스핑 앤더슨 저. 박시종 역(2007). 『복지자본주의의 세가지 세계』. 성균관대학교출판부.

G. 에스핑 앤더슨 저. 박시종 역(2007). 『복지체제의 위기와 대응』. 성균관대학교출판부.

G. 에스핑 앤더슨 저. 한국사회복지학연구회 역(2005). 『변화하는 복지국가』. 인간과복지.

강희경(2007). "탈상품화개념에 대한 비판적 검토". 『가족과 문화』, 19(1). 1-27.

공미혜 · 성정현 · 이진숙 외(2015). 『여성복지론』. 신정.

김교성 · 유희원(2015). "복지국가의 변화: 신 · 구 사회정책에 기초한 이념형 분석". 『사회복지연구』, 46(1). 433-467.

김태성 · 성경륭(1993). 『복지국가론』. 나남.

노혜진 · 김송이(2011). "(탈)상품화와 (탈)가족화를 중심으로 본 가족정책의 변화와 한계: 프랑스와 독일을 중심으로". 『한국가족복지학』, 33. 259-290.

라메쉬 미쉬라 저. 남찬섭 역(1996). 『복지국가의 사상과 이론』. 한울.

루이살롱 저. 김병규 역(1982). 『자유주의와 사회주의』. 법문사.

류지성(2019). 『정책학』. 대영문화사.

박병현(2012). 『사회복지정책론: 이론과 분석』. 학현사.

송근원 · 김태성(2008). 『사회복지정책론』. 나남.

양재진 · 김영순 외(2008). 『한국의 복지정책 결정과정』. 나남.

원석조(2014). 『사회복지정책론』. 공동체.

윤영관 외(2012). 『사회과학명저재발견 4』. 서울대학교출판부.

이근식 · 황경식(2001). 『자유주의란 무엇인가』. 삼성경제연구소.

이진숙 · 주은선 외(2016). 『사회복지정책론』. 양서원.

Collier. D., & Messick. R. E.(1975). "Prerequisites Versus Diffusion: Testing Alternative Explanations of Social Security Adoption." *The American Political Science Review*, vol.69. Issue 4. 1299-1315.

Ramesh Mishra(1990). *The Welfare State in Capitalist Society: Policies of Retrenchment and Maintenance in Europe, North America and Australia*. Harvester Wheatsheaf.

Wilensky, Harold(1975). *The Welfare State and Equality*. Berkeley: University of California Press.

CHAPTER 5

사회복지정책의 목표와 가치

1. 사회복지정책의 목표

1) 목표의 개념

정책을 구상하거나 또는 분석을 함에 있어서 가장 중요한 것은 과연 정책을 하고자 하는 목표가 무엇인가? 하는 것이다. 정책의 목표가 명확하지 못하면 정책의 내용이 혼란스러워지며, 따라서 정책에 대한 평가도 어려워진다.

정책의 목표를 명확히 설정하기 위해서는 첫째, 목표와 목적의 구분이 되어야 한다. 일반적으로 정책의 목적은 일반적이고 추상적이며 광범위한 반면 정책의 목표는 세부적이고 구체적·조작적이어서 직접 측정이 가능하다. 예시는 다음과 같다.

- 정책 목적 : '고용안정성 제고와 소득 양극화 해소'
- 정책 목표 : '5년 안에 청년 취업률을 ㅇㅇ%까지 증가시키고 비정규직 비율을 ㅇㅇ%까지 낮추어 고용안정성을 높이고 월소득을 ㅇㅇ 이상으로 향상시킨다'

둘째, 구체적인 대상 집단의 명확해야 한다. 마지막으로, 정책의 목표와 수단이 구별될 필요성이 있다. 정책목표를 설정함에 있어 이러한 측면의 이해가 선행되어야 할 것이다.

2) 목표의 다양한 유형들

(1) 장기적 목표와 단기적 목표

정책에는 장기적 목표와 단기적 목표가 존재한다. 장기적 목표는 그 실현에 많은 시간이 요구되므로 장기적 목표는 정책 산출과 관련된 여러 가지 변화 요인들에 관해 미리 정확히 판단하고, 장기적이고 거시적 관점에서 설정되어야 한다. 단기적 목표는 매우 구체적이고, 실현 가능하도록 구상되어야 하며, 단기적 목표들의 실현을 통해 장기적 목표가 달성될 수 있도록 장기적 목표와의 연관 속에서 기획되어야 한다.

(2) 공표된 목표와 숨어 있는 목표

정책의 목표는 공표된 목표(manifest objectives)와 잠재적으로 숨어 있는 목표(latent objectives)로 구분된다. 공표된 목표는 정책이 명확히 제시하고 있는 명목적 목표를 의미하는데, 정책을 이해하기 위해 공표된 목표만을 분석할 경우에는 정책 성격을 이해하는 데에 한계를 갖게 될 수 있다. 한편 숨어 있는 목표는 정책이 명시적으로 목표를 표출하고 있지 않아 표면적으로 파악하기 어려운 목표를 의미한다.

(3) 의도한 목표와 의도하지 않은 목표

정책의 목표는 의도한 목표(intended objectives)와 의도하지 않은 목표(unintended objectives) 두 가지로 구분할 수 있다. 의도한 목표는 특정한 정책의 대상, 효과 등과 관련하여 정책입안 초기에 미리 의도했던 목표를 의미하며, 의도하지 않은 목표는 정책집행과정에서 마치 예상하지 못한 정책의 집행과정에서 나타난 부수적인 결과로 확인 가능한 것을 의미한다.

2. 사회적 가치들

1) 가치의 개념

정책학의 대가 중 한 사람인 해롤드 라스웰(Harold Dwight Lasswell, 1902-1978)은 정책은 "목적가치와 실행을 투사한 계획(course of action)"이라 정의했다.

사전적으로는 가치(Value)는 크게 두 가지로 구분하여 정의될 수 있는데, 윤리적 측면과 경제적 측면에서의 정의가 가능하다. 우선 윤리적 측면(ethics)에서 가치는 '어떤 것의 도덕적, 윤리적인 중요성의 정도'(something's degree of importance in ethics)로 정의되며. 경제학적 측면(economics)에서는 가치란 '재화나 서비스로부터 획득되는 이익의 수단'(a measure of the benefit that may be gained from goods or service)으로 정의된다(출처: https://en.wikipedia.org/wiki/Value).

2) 사회복지정책과 가치의 연관성

사회문제는 분야를 가리지 않고 모두 정책의 개입영역에 해당되는데, 그 중에서도 자원을 어떻게 배분할 것인가라는 문제와 사회질서를 어떻게 유지할 것인가라는 주제가 정책에서는 가장 중요하게 여겨져 왔다. 그러므로 정책은 사회가 지향해야 할 가치의 우선순위를 어떻게 정해야 할 것인가와 관련된 행위라고 볼 수 있다. 그런 우선순위를 놓고 다양한 사회집단들은 갈등을 보일 수밖에 없고, 그 갈등을 조정하는 것이 좁은 의미에서의 정치라고 할 수 있으며, 그러한 갈등조정의 결과가 정책이라고 할 수 있다.

이스턴(David Easton)은 1965년에 발간된 『*A Framework for Political Analysis*』(Englewood Cliffs: Prentice-Hall)에서 "정치는 사회를 위한 가치의 권위적인 배분이

다(Politics is the authoritative allocation of values for a society).”라고 하였다.

과거의 정책은 빈민법 시대를 통해 살펴봤듯이 피지배층을 통제하는 것에 중점을 두었으나, 근대에 들어서부터 다양한 정책들 중에서 경제정책의 비중이 높아졌고, 특히 민주주의 사회에서는 사회계층 간의 분쟁을 조정하고 의견을 수렴하는 것을 중요시 한다. 그런 측면에서 정책은 사회적 가치의 권위적 배분이라고 정의될 수 있는 것이다. 즉, 정책은 세금, 교육, 국방 등 국민이 원하는 사회적 가치를 조세나 각종 법질서 등을 통해 권위적으로 결정 · 배분하는 활동이라고 볼 수 있다.

정부는 법과 제도 등의 정책들을 통해 희소한 가치들을 배분하는데, ‘권위적 배분’이란 모든 사람이 배분 결과를 당연히 받아들이게 하는 정당성과 구속력을 지닌 정부의 활동이다.

3) 대표적인 사회적 가치들

일반적으로 사회복지정책을 포함하는 사회정책에서 중요시되는 가치들로는 전통적으로는 자유와 평등이 있고, 복지국가의 위기 이후에는 효율을 대표적인 가치로 들 수 있다.

(1) 자유(Liberty)

일반적으로 시장에서의 거래에 의한 자원의 배분은 거래 당사자들의 자유로운 선택인 반면 사회복지정책에 의한 자원의 배분은 개인의 자유로운 선택을 제한하여 이루어짐으로써 개인의 자유를 침해한다는 비판을 받고 있다. 사회복지정책에서 ‘자유’는 보통 소극적 자유와 적극적 자유, 이 두 가지 개념으로 구분되는데 이 가운데 사회복지정책이 두 가지 측면의 자유 중 어느 것을 강조하는가에 따라 개인의 자유를 침해하는가의 논쟁이 된다.

18세기 유럽의 계몽에 주도적 영향을 미친 장-자크 루소(Jean-Jacques Rousseau, 1712-1778)는 "자유를 포기한다는 것은 인간임을 포기하는 것이며, 인간으로서의 권리뿐만 아니라 의무까지도 단념하는 것이라고 하였다. 영국 출신의 사회학자로, 사회진화론으로 유명한 허버트 스펜서(Herbert Spencer, 1820-1903)는 타인이 지니는 대등한 자유를 범하지 않는 한, 각자는 그 바라는 바를 행하는 것이 자유라고 정의한다. 19세기 영국의 대표적인 경제학자인 존 스튜어트 밀(John S. Mill) 또한 사람들은 남에게 해를 끼치지 않는 한 원하는 것은 무엇이든 자유롭게 할 수 있어야 한다고 주장했다. 그리고 정부는 개인의 자유를 간섭하면서 개인을 보호하려 들거나 다수가 믿는 최선의 삶을 개인에게 강요하지 않아야 하며, 개인이 사회에 책임을 져야 하는 유일한 행동은 타인에게 영향을 미치는 행동이라는 게 밀의 논지이다(Sandel, Michael, 2010: 74-76 재인용).

영국의 철학자인 이사야 벌린(Isaiah Berlin, 1909-97, Four Essays on Liberty (Oxford University Press, 1969))에 의하면 자유의 개념은 두 가지로 구분되는데 (Two Concepts of Liberty)

1) 단순히 '외부로부터 속박이 없는 상태' 즉, '~로부터의 자유'를 가리키는 소극적 의미의 자유(부정적 자유, negative liberty)와
2) '자신이 하고자 하는 바를 적극적으로 할 수 있는 상태'를 의미하고 '~에 대한 자유'를 가리키는 '적극적 의미'(긍정적 자유, positive liberty)의 자유로 구분된다.

부정적 자유는 '벗어나는 자유'(freedom from)로서 제약에서 벗어나고 다른 사람의 지시에서 벗어나는 소극적 자유이다. 긍정적인 자유는 '할 수 있는 자유'(freedom to)로서 자신의 삶을 통제하고 의미 있는 삶으로 만들 수 있는 능력을 뜻한다. 이러한 자유의 두 차원을 고려해 볼 때 집합적 목적을 지향하는 사회가 추구해야 하는 사회적 자유는 긍정적(적극적) 자유에 가깝다고 할 수 있다. 즉, 사회적 자유는 사회구성원들이 집단적 가치를 추구하면서 스스로의 자율성과 통제에 기

반하여 사회 전체의 능력을 증대시키기 위해 노력하는 측면에서의 자유이다.

〈표 5-1〉 자유의 두 개념

자 유	
부정적(소극적) 자유	긍정적(적극적) 자유
- 자신이 하고 싶은 바를 간섭받지 않고 하거나, 하지 않을 자유 - 개인과 국가의 관계에서 국가의 간섭이 없거나 최소한에 그칠 것	- 자신의 의지를 마음대로 통제할 수 있는 자유 - 최소한의 인간다운 삶의 보장을 위해 국가의 적극적 간섭을 요구

고전적 자유주의의 대표인 로크(J. Locke)의 자유사상을 중심으로 자유의 개념을 살펴보면 그 특성은 아래와 같이 정리될 수 있다.

첫째, 자유주의의 자유는 철저히 자유롭고 평등한 존재로서 독립된 인격체로 규정되는 개인, 곧 더 이상 쪼갤 수 없는 궁극적 사회의 단위인 개인이 타인의 의지로부터 절대적으로 독립된 자유를 만끽하는 것을 전제한다. 개인의 자유는 현실 속에서 항상 주변과의 관계 속에서 타인의 자유를 침해하지 않아야 한다는 명제와 모순된다.

둘째, 자유주의의 자유는 사실상 재산 소유의 자유를 의미한다. 자유주의적 자유는 근본적으로 개인의 재산 혹은 획득활동의 자유를 의미하는 것으로 타인은 물론 국가조차도 개인의 자유로운 부와 재산 축적활동을 방해할 수 없다. 따라서 자유시장과 자유방임 논리가 지지된다.

셋째, 재산보호를 위해 국가를 도구적으로 인식하는 자유주의적 자유는 정치적인 면에서는 국가나 정치체계로부터 간섭받지 않을 자유를 의미한다(안외순, 2005: 355-357).

사전적 의미에서 자유란 말 그대로 '스스로 말미암다'는 것으로서 외부로부터 강제와 억압이 없는 상태이다. 그러나 이러한 개념은 방임의 성격을 띠고 있으므로 둘 이상이 모여 있는 사회에서 서로 다른 내용의 자유 추구로 인해 갈등을 초래한다. 이러한 문제를 방지하기 위해 많은 사상가들은 자유의 개념을 일정한 원칙에 의해 스스로를 책임지는 행위의 의미로 확대했다. 따라서 일반적으로 자유란 개인이 다른 사람이나 조직 등 외부로부터 부당한 간섭이나 구속을 받지 않는 상태에서 자신의 행위를 자율적으로 결정하는 것을 의미한다.

자유주의자들은 기본적으로 자유와 평등을 양립불가능의 관계로 본다. 그들이 추구하는 자유는 어떤 특정한 목적을 적극적으로 추구하려는 적극적인 자유가 아니라 소극적인 자유이다.

공동체주의자들은 자유주의자들이 지나치게 개인의 '고립성'과 '분리성'에 초점을 맞춤으로써 인간의 삶에서 지니는 '공동체성'이 지니는 중요성을 간과하고 있는 것으로 생각한다. 그들은 성숙한 인간의 존재양식이란 고립적이거나 분리적인 것이 아니고 참다운 자유 또한 자신을 남으로부터 분리시킴으로써 얻어지는 것이 아니라 공동체 안에서의 연대와 협력을 통하여 실현되는 것으로 생각한다. 그리고 '자아정체성' 또한 진공 속에서 형성되는 것이 아니라 공동체 내에서 상호작용을 통해 형성된다. 따라서 그들은 개인이 먼저 있고 사회적 관계가 뒤에 있는 것이 아니라 개인이란 구체적인 공동체 안에서 항상 주변 환경과 깊게 관계하면서 만들어지는 것으로 생각한다. 즉, 그들은 자아는 사회가 있기 전부터 주어진 '독립적 실체'가 아니라 사회와의 과정을 거쳐 형성되는 사회적 존재로 보고 있다.

(2) 평등

사전적으로 평등(平等)은 인간의 존엄, 권리, 인격, 가치, 행복의 추구 등에 있어 차별이 없이 같은 상태를 말한다. 평등은 다양한 의미를 내포하고 있어 사용하는 사람의 사상과 철학에 따라 중층적 의미를 띠고 있다(https://ko.wikipedia.org/wiki/%ED%8F%89%EB%93%B1). 평등의 개념은 통상 수량적 평등(numerical equality), 비례적 평등(proportional equality) 또는 공평(equity), 기회의 평등(equal opportunity)으로 구분된다.

① 수량적 평등

평등의 개념 중 가장 적극적인 것으로 결과의 평등(equality of result)이라고도 한다. 모든 사람이 자신의 욕구나 능력의 차이와 상관없이 똑같이 대우받고 사회적 자원을 똑같이 분배하는 것을 의미한다. 많은 사회복지정책들이 부분적으로 결과의 평등을 달성하기 위해 빈자 등에게 사회적 기여나 능력에 관계없이 사회적 자원을 배분하여 빈부 격차를 줄이려고 노력한다.

② 비례적 평등 또는 공평

개인의 능력, 기여 정도에 따라 사회적 자원의 배분을 달리 하는 것으로 공평(equity)이라고도 한다. 비례적 평등은 자본주의사회에서 현실적으로 가장 널리 사용되는 개념으로 결과의 평등에 비해서 상대적으로 불평등의 존재를 용인한다. 예를 들어 사회보험에서 기여금을 낸 것에 비례하여 급여액의 차등을 인정하는 것은 비례적 평등의 가치를 반영한 것 이다. 공공부조정책의 기본원칙이라 할 수 있는 '열등처우의 원칙' 역시 이러한 가치를 강조한 것이다.

③ 기회의 평등

기회의 평등은 가장 소극적인 평등 개념이다. 기회의 평등은 결과에는 전혀 관심을 갖지 않고 결과를 얻을 수 있는 과정에서 기회를 똑같이 제공함으로써 달성될 수 있다. 그러나 기회의 평등은 결과의 불평등을 완전히 무시함으로써 수많은 불평등한 결과를 정당화할 수 있다.

〈표 5-2〉 평등 개념의 다양한 차원

	개념	정책 사례
수량적 평등	사회적 자원 동일량 분배	아동수당
비례적 평등	능력, 기여 등에 비례한 자원 배분	사회보험급여의 기여와 급여 연계
기회의 평등	자원획득 기회 제공의 평등	농어촌학생 대학입학 특례

(3) 효율

일반적 의미에서 효율이란 최소한의 자원을 투입하여 최대한의 결과를 얻는 것을 의미한다. 인간의 욕구에 비해 사회에 존재하는 자원은 제한되어 있기 때문에 어떤 사회복지정책도 사회 · 경제적 비용을 무시할 수는 없다. 따라서 사회복지정책의 일차적 목표인 평등의 가치를 구현한다 하더라도 효율의 가치 또한 함께 고려해야 한다. 그러나 이런 의미에서의 효율은 궁극적인 목표를 달성하기 위한 수단 차원의 의미를 가지며 효율 그 자체가 주된 목표가 되어서는 안 된다. 효율은 평등을 위한 여러 사회복지정책을 실행하는 데 더욱 적은 자원으로 더 많은 평등을 이루어낼 수 있는가를 판단하는 기준일 뿐인 것이다.

사회복지정책을 평가하는 데 수단 차원의 효율성 개념으로 많이 언급되는 것으로 운영효율성과 목표효율성이 있다. 목표효율성이란 정책이 목표로 하는 대상들에게 그 정책에 사용되는 자원이 얼마나 집중적으로 할당되는가로 판단된다. 반면에, 운영효율성은 정책을 관리 운영하는 비용이 얼마가 적게 투여되는가로 판단된다.

〈표 5-3〉 효율 개념의 다양한 차원

궁극적 목표로서 효율	적은 자원으로 더 많은 평등을 이루어낼 수 있는가
수단으로서 효율	목표효율성 : 목표한 대상자와 실제 수급자 비교를 통해 판단
	운영효율성 : 산출 대비 관리운영비 비교를 통해 판단

존 롤즈(J. Rawls)의 정의론

사회복지의 중요한 가치인 배분적 가치와 관련하여 존 롤즈의 정의의 원리를 그 기준으로 참고할 수 있다. 롤즈는 정의의 원리를 도출하기 위한 발견적 장치로서 순수절차상의 정의가 보장되는 '원초적 입장'을 가정하고(무지(無知)의 베일(veil of ignorance))이라는 그러한 가정 하에서 합의되는 일련의 원칙이 곧 사회 정의의 원칙으로서 다음과 같은 정의의 원칙이 합의되리라고 한다. 롤즈에 따르면 원초적 입장에서는 우선 첫째로, 평등한 자유(equal liberty)의 극대화에 합의할 것이고, 둘째로 최소수혜자를 위시한 모든 사람들의 처지를 개선해 준다는 조건부 차등을 허용하는 데 합의할 것이라고 한다.

정의론 표지사진

(출처: https://www.hundreader.com/ko/book/1235196)

첫째, 정의의 제1원칙은 '평등한 자유의 원칙'(Principle of Equal Liberty)'으로서 모든 사람은 다른 사람의 유사한 자유와 상충되지 않는 한도 내에서 평등한 기본적 자유에 대해 동등한 권리를 갖는다.

둘째, 정의의 제2원칙은 '차등의 원칙'(Difference Principle)으로서 사회적, 경제적으로 인정될 수 있는 정당한 불평등은 다음과 같은 조건을 만족시켜야 한다는 것이다.

(1) 불평등의 모체가 되는 직위와 직무는 모든 사람에게 균등하게 공개되어야 한다(기회 균등의 원칙).

(2) 불평등이 최소 수혜자에게 최대한의 이익이 되어야 한다(차등의 원칙).

롤즈는 사회정의의 문제가 크게 두 가지 측면을 가지고 있는 것으로 보았다. 하나는 국민의 기본적 자유에 관한 문제요, 다른 하나는 사회적 및 경제적 가치들의 분배에 관한 문제이다. 첫째의 원리는 인간의 기본적 자유에 대하여 모든 국민이 동등한 권리를 누려야 한다는 것을 규정하고 있다. 여기에서의 기본적 자유는 투표권 및 피선거권을 포함한 정치적 자유, 언론과 집회의 자유, 양심과 사상의 자유, 인신(人身)에의 자유와 재산소유의 자유 등으로 민주주의의 이념과 일치하는 것이다. 둘째의 원리는 사회적 및 경제적 가치의 분배에 관한 원리로서 정당성을 인정받을 수 있는 불평등(justifiable inequality)의 기준을 밝히기 위한 원칙이다.

그런데 롤즈는 이들 세 가지 원칙들 사이의 우선순위에 대한 갈등을 방지하기 위하여 이들 세 가지 원칙들 사이에 축차적 우선순위(lexical order)원칙을 적용한다. 그리하여 평등한 자유의 원칙을 밝힌 제1원칙이 제2원칙에 우선한다. 따라서 첫째 원칙에 의하여 규정되는 인간의 기본적 자유와 권리는 둘째 원칙에 의해 발생하는 어떠한 사회적 또는 경제적 이익과도 교환될 수 없다. 롤즈는 이를 '자유 우선성'(priority of liberty)의 원칙으로 설명한다. 단 롤즈에 의하면 자유가 제한되는 경우는 오직 보다 큰 자유를 위해서만 허용된다. 즉, a) 모든 사람이 공유하는 자유의 전 체계를 강화하기 위해서라면 어떠한 자유에 제한을 가하여도 무방하다. 또한 b) 자유의 불평등이 그 불평등에 있어서 자유를 적게 가진 자들에게 자발적으로 받아들여지는 경우가 그러하다.

한편, 정의의 제2원칙은 정당한 불평등의 기준의 문제, 즉 불평등이 정당성을 인정받을 수 있는 조건은 어느 경우인가의 문제이다. 롤즈에 의하면 첫째로, 그 불평등한 분배에 있어서 보다 큰 몫을 차지할 수 있는 지위나 직무는 기회 균등의 원칙에 의하여 모든 사람에게 접근이 가능해야 한다. 둘째로는 그 불평등으로 말미암아 모든 사람에게 이익이 되리라는 것이 사리에 따라 예견되어야 한다. 즉, 그 사회에 있어서 가장 불리한 처지에 놓인 사람들까지도 그 불평등한 분배로 인하여 결과적으로 도리어 이익을 얻을 수 있으리라고 당연히 기대할 수 있는 그러한 내용과 정도의 불평등이어야 한다.

롤즈의 축차적 우선순위의 원칙은 제2원칙 사이에도 적용된다. 즉, 제2원칙 (1)의 기회균등의 원칙이 (2)의 차등의 원칙에 우선하여 적용된다. 나아가서 이러한 제2원칙은 효율성이나 공리의 원칙보다 우선적으로 적용되어야 한다는 것이다.

결국 롤즈의 축차적 우선순위의 원칙이 의미하는 바는 제1원칙이 제2원칙에 우선함으로써 제1원칙이 요구하는 평등한 자유의 제도로부터의 이탈이 보다 큰 사회적 및 경제적 이득에 의하여 정당화되거나 보상될 수 없으며, 사회적 · 경제적으로 정당한 불평등은 기회균등이 보장이 된 전제하에서 그것이 모든 사람에게 이익이 될 때 생각될 수 있다는 것이다.

출처: 한국행정학회 행정학전자사전 http://www.kapa21.or.kr/data/kapa_dictionary_view.php?num=125&page=1&term_cate=&term_word=정의론&term_key=&term_auth=

3. 사회복지정책과 관련 가치들

1) 자유의 제한에 대한 정당성

개인이 타인의 의지 혹은 간섭으로부터 자유로울 수 있는 권리는 무한한 것이 아니며 타인 또는 사회에 해를 주는가에 의해 자신의 의지에 의한 행위, 즉 자유가 제한될 수 있다. 이때 개인의 소극적 자유를 제한하는 기준은 두 가지로 그 하나는 개인에게 미치는 해이며 다른 하나는 사회에 미치는 해이다.

(1) 개인에게 미치는 해

개인에게 미치는 해를 구체적으로 정의하면 다음과 같다. '신체적 해'는 어떤 사람의 행위로 인하여 다른 사람이 신체적인 해를 당하는 경우로서 이 경우 행위를 한 사람의 자유는 제한된다. '물질적 해'는 특정인의 행위로 인하여 다른 사람에게 물질적인 손해를 주는 것을 말하는데 인간의 생명은 무엇보다도 소중하기 때문에 일반적으로 물질적인 해는 신체적인 해에 비하여 개인의 자유를 제한할 수 있는 근거가 상대적으로 약하다. 신체적 · 물리적인 해는 비교적 측정이 용이하지만 정서적 · 심리적인 해의 경우는 객관적으로 측정하기가 불가능하며 신체적 · 물질적인 해의 경우는 비교적 객관적이고 과학적으로 결정되는 반면 정서적 · 심리적인 해의 경우는 정치적이고 문화적으로 결정되며 개인의 자유를 제한하는 데 상대적으로 많은 논란이 따른다. 그렇다고 정서적 · 심리적인 해를 간과할 수는 없으며 더구나 오늘날과 같은 고도의 산업화 사회일수록 정서적 해는 더욱 중요하다.

(2) 사회에 미치는 해

한 개인의 자유가 사회 전체에 대하여 집합적으로 해를 줄 수 있음을 전제로 할 때 사회에 미치는 해는 사회복지정책의 영역에서 특정한 행위를 제한할 수 있는 중요한 근거로서 작용한다.

사회에 미치는 해는 크게 세 가지로 분류할 수 있다. 그 첫 번째는 어떤 행위가 공동사회로서 기능하는 능력에 훼손을 주는 경우로 특정한 행위가 개별 사회구성원에게는 해를 주지 않더라도 사회 전체적으로는 해가 되는 경우를 말한다. 두 번째, 개별적인 사람들의 행위가 개별적으로는 해가 되지 않으나 많은 사람들이 그러한 행위를 하게 되면 해가 되는 경우로 이는 축적된 해(accumulative harms)라고도 한다. 마지막으로는 성차별, 인종차별과 같이 개별적인 사람들에게 미치는 해의 결과가 집단 전체에 해를 주는 경우이다.

축적된 해를 막기 위한 조치

- 사회보험 의무 가입 규정 : 한두 사람이 사회보험에 가입하지 않는 것은 보험제도 존립에 영향을 미치지 않으나, 많은 사람들이 사회보험에 가입하지 않는다면, 대규모로 위험을 분산시켜 위험에 대한 보장과 재분배라는 사회보험의 기능을 수행할 수 없게 된다. 즉, 의무가입 규정이 없다면 제도의 존립이 어려워진다. 이에 축적된 해를 막기 위해 사회보험 가입은 의무화되어 있다.

일반적으로 사회복지정책은 개인들의 자유로운 선택의 기회를 제한하여 특정한 사람들의 소극적 자유를 줄이도록 하여 사회적 약자들에게는 원하는 것을 할 수 있도록 적극적 자유를 증가시킨다.

이러한 상황을 우리는 어떻게 바라보아야 할 것인가? 이러한 행위가 정당화되는 근거는 첫째, 적극적 자유는 소극적 자유의 가치를 높일 수 있다. 둘째, 적극적 자유로부터 증가되는 효용이 소극적 자유로부터 감소되는 효용보다 더 클 수 있다. 이를 '자유의 한계효용체감의 원리'라고 하는데, 사회적 약자에게 생계비를 지급하기 위해 개인이 가진 사유재산권의 행사를 제한하는 것을 생각해 볼 수 있다. 일부 사람들이 소극적 자유를 잃어버리더라도 적은 자유를 갖고 있던 사람의 적극적 자유가 그보다 늘어난다면 사회 전체가 갖고 있는 자유의 양은 커지게 되어 사회적으로 바람직한 상태가 된다.

2) 자유와 평등 그리고 효율의 관계

자유와 평등, 효율의 관계가 대립되는 경우가 존재한다. 즉, 개인의 자유나 효율을 강조하다 보면 평등이 손상되기 쉽고, 평등을 강조하다 보면 자유나 효율이 위축될 수 있다. 이와 같은 이유로 자유와 평등 그리고 효율의 조화가 요구된다. 즉, 자유는 대체로 개인주의, 다원성, 경제적 효율, 생산성, 창의성, 실적주의(實績主義) 등의 개념과 밀접하게 연결되어 있는 반면 평등은 집단주의, 사회 통합, 배분적 정의, 복지, 공동체 등의 개념과 가깝게 연계되어 있다. 따라서 양자의 조화를 이룩할 수 있는 적절한 질서와 준칙을 마련하는 것이 바람직하다.

자유와 평등 그리고 효율 간의 관계에 있어서 특히 평등과 효율의 관계는 현대 복지국가에서 중요한 쟁점이 되고 있다. 복지국가의 위기 이후에 사회복지정책은 평등을 궁극적인 목적적으로 추구하면서도 효율을 간과할 수 없기 때문이다. 그럼에도 불구하고 효율과 평등, 이 두 가치는 언제나 함께 거론되는 주요 쟁점이다. 이때 평등과 동등한 차원에서 목표로서 언급되는 효율은 배분적 효율을 의미한다.

우리에게 20대 80 원칙(The Pareto Principle, The 80/20 Rule)으로 잘 알려져 있는 이탈리아의 경제학자 파레토(Vilfredo Federico Damaso Pareto, 1848-1923)는 효율을 '다른 사람의 효용을 저해하지 않고서는 특정 사람의 효용을 높이는 것이 불가능한 상태'로 규정한다. 즉, A의 효용이 증가하려면 B의 효용이 감소해야만 하는 것이 파레토 효율적인 배분 상태로서, 이 상태에서는 추가적인 교환만으로 A와 B의 효용이 동시에 증가할 수 없다. 다시 말하면 파레토의 효율적인 배분 상태는 자원배분 상태를 변화시켜서 모든 경제주체의 효용을 동시에 증가시키는 것이 불가능하다. 이를 우리는 '파레토 효율'(Pareto Efficiency)이라 한다.

그러나 현실에서 파레토 효율을 충족시키는 완전시장의 조건들은 성립 불가능하다. 시장기제를 통한 자원 배분이 비효율적일 수 있다는 것, 즉 소위 시장실패(market failure)가 발생하는 이유는 다양하다.

첫째, 시장경제를 통한 자원배분이 효율적이기 위해서는 재화의 소비가 경쟁적이고 배타적이어야 한다. 현실에는 재화소비에 비경쟁적이며 비배타적인 특성의 공공재가 존재한다. 이 경우 선호를 숨기고 비용을 전혀 지불하지 않으면서 혜택을 누리는 무임승차 현상이 발생하기 쉽다.

무임승차(free-riding) 현상

공공재가 제공되면 사회구성원들에게 이익을 줄 수 있으나 개인들은 이 재화의 특성을 이용하여 일단 자신들의 선호를 숨긴 채 재화가 공급되기를 기다려 비용을 전혀 지불하지 않고 혜택을 누리려고 하는 현상

둘째, 외부효과(externality) 문제가 있다. 특정한 행위가 시장가격의 변동 없이 다른 사람의 복지에 영향을 주거나 받을 수 있는데 이를 시장 '외부'에서 타인의 복지에 영향을 미친다는 의미에서 외부효과라고 한다.

셋째, 충분한 정보를 전제로 한 합리적인 선택이 사실상 어렵다는 것이다. 현대 사회에서 수많은 종류의 재화나 서비스 대해 미리 충분한 정보를 구하는 것은 어려운 일이고, 선택의 측면에서도 과연 개인의 순전한 자발적이고 합리적인 선택이라는 것이 성립하는가 하는 문제를 의미한다. 개인의 선택은 광고, 친구나 가족 등과의 관계, 관습과 전통, 심지어는 강제에 의해서도 이루어지기도 한다. 따라서 위와 같은 원인 때문에 시장기제를 통한 자원배분이 사회복지정책을 통한 사회적 자원의 분배보다 반드시 더 효율적인 것이라고 보기는 어렵다.

사회복지정책은 시장기제에서 결정된 배분을 수정하여 평등의 가치를 구현하는 것을 목표로 한다. 이러한 목표를 추구하는 과정에서 특정한 사람들의 효용을 높이기 위해서는 다른 사람들의 효용을 줄여야 하기 때문에 파레토 효율의 정의에서 보면 사회복지정책에 의한 재분배는 비효율적인 것이 되며 사회적 자원의 배분이 평등적이면서 동시에 파레토 효율적이지 않는 한 사회복지정책이 추구하는 평등과 효율의 관계는 대체적일 수밖에 없을 수 있다.

그렇다면 사회복지정책은 왜 비효율적이라는 것일까? 이에 대한 비판적 검증사례들은 다음과 같다.

① 근로동기의 약화

사회복지정책은 기본적으로 소득을 대분배하는 것이 목표이므로 사회복지정책의 발전이 사람들의 근로동기를 약화시킬 수 있다는 주장이 있다. 그러나 사회복지정책을 통해 국민의 인적 자본이 향상되고, 경제안정을 이룰 수 있으므로 근로동기에 미치는 영향이 크다고 볼 수 없으며 무엇보다 사람들의 근로동기는 다양한 요인들에 의해 영향을 받는다고 볼 수 있다.

② 저축과 투자동기의 약화

평등을 추구하는 사회복지정책의 확대는 개인의 저축 및 투자동기를 약화시켜 자본축적을 어렵게 하고 결과적으로 생산성을 약화시킨다는 비판이 있다. 사회복지정책의 확대로 조세부담이 증가하며 가계의 가처분소득의 감소로 저축 및 투자능력이 감소할 수 있다는 것이다. 그러나 현실적으로 대부분의 사람들의 소비와 저축 행위는 먼 미래보다는 가까운 현실을 고려해서 결정되며 저축 동기에 영향을 미치는 요소들은 다양하게 나타난다.

③ 소비자 선택의 왜곡

사회복지정책의 급여가 현물이나 서비스의 형태로 이루어질 때 소비자의 선택에 왜곡현상을 일으킬 수 있으므로 시장기제에서 소비자들에게 적정하게 배분되는 양 이상으로 불필요하게 많이 배분되는 자원낭비가 발생할 수 있다. 그러나 현물이나 서비스로 제공되는 재화들이 국민들의 생활에 기본적인 것이므로 현물이나 서비스가 적정한 배분으로 이용된다 하더라도 모두 낭비라고 할 수 없으며 사회적으로 바람직한 쪽으로 사용되는 낭비는 허용될 수 있는 것이다.

④ 생산부문 자원투입 축소

평등을 추구하는 사회복지정책이 효율을 저해한다는 또 다른 관점은 사회의 한정된 자원을 고려할 때 사회복지정책의 확대로 생산부문에서 사용할 수 있는 자원이 줄어 경제성장의 둔화현상을 초래할 수 있다고 주장한다. 그러나 사회복지정책에서 사용되는 인력과 자본이 반드시 비생산적인 것은 아니며, 한편으로는 사회복지정책이 인적 자본 향상을 위한 투자의 성격을 가지고 있기 때문에 장기적으로 오히려 생산성을 높이는 역할을 할 수 있다.

생각해 보기

1. 소극적 자유, 적극적 자유의 추구와 사회복지정책과의 관계에 대해 논의해 봅시다.
2. 다양한 평등 개념에 대해 설명하고 사회복지정책이 추구할 수 있는 평등에 대해 생각해 봅시다.
3. 사회복지정책에 있어서 자유와 평등이 관계에 대해 생각헤 봅시다.

참 고 문 헌

김정수(2016). 『정책학입문』. 문우사.

김태성 · 성경륭(1993). 『복지국가론』. 나남.

루이살롱 저. 김병규 역(1982). 『자유주의와 사회주의』. 법문사.

류지성(2019). 『정책학』. 대영문화사.

박병현(2012). 『사회복지정책론: 이론과 분석』. 학현사.

송근원 · 김태성(2008). 『사회복지정책론』. 나남.

안외순(2005). "세계화, 정보화 시대 동아시아 선통가치의 계승과 변용: 유교와 자유주의를 중심으로". 『동양철학연구』, 제41집. 349-375.

양재진 · 김영순 외(2008). 『한국의 복지정책 결정과정』. 나남.

원석조(2014). 『사회복지정책론』. 공동체.

이근식 · 황경식(2001). 『자유주의란 무엇인가』. 삼성경제연구소.

이진숙 · 주은선 외(2016). 『사회복지정책론』. 양서원.

장 자크 루소 저. 정성환 역(2007). 『사회계약론』. 홍신문화사.

정철현(2003). 『행정이론의 발전』. 다산출판사.

한국행정학회 행정학전자사전 http://www.kapa21.or.kr/data/kapa_dictionary_view.php?num=125&page=1&term_cate=&term_word=정의론&term_key=&term_auth=

David Easton(1965). *A Framework for Political Analysis*. Englewood Cliffs: Prentice-Hall.

Friedman, M. & Friedman, R.(1990). *Free to choose: A Personal Statement*. Mariner Books. 민

병균 역(2009). 『선택할 자유』. 자유기업원.

Gilbert, N. & Terrell, P.(2005). *Dimensions of social welfare policy*(6th ed.). Boston: Pearson Education.

Gilbert, Neil(2004). *Dimensions of Social Welfare Policy*. Allyn & Bacon. 남찬섭 역(2007). 『사회복지정책론 : 분석의 틀과 선택의 차원』. 나눔의 집.

Isaiah Berlin(1969). *Four Essays on Liberty*. http://readme.kr/?page_id=2114

Isaiah Berlin(1969). *Four Essays on Liberty*. Oxford University Press.

Sandel, M.(2010). *Justice: What's the right thing to do?* 이창신 역. 『정의란 무엇인가』. 김영사.

http://www.kaspa.co.kr/10_community/qna_view.asp?search=&search_str=&search_cond=&idx=117828&page=69

CHAPTER 6

사회복지정책의 내용적 구성요소 1

1. 사회복지정책의 구성요소
2. 급여의 대상 : 사회적 할당
3. 급여의 형태

1. 사회복지정책의 구성요소

길버트(Neil Gilbert)와 스펙트(Harry Specht)는 1974년에 『*Dimensions of Social Welfare Policy*』(Englewood Cliffs: Prentice Hall, Inc.)를 썼고, 이 책 제4판(Dimensions of Social Welfare Policy(4th edition)(Boston: Allyn and Bacon, 1998))부터는 길버트(Neil Gilbert)과 테렐(Paul Terrell)로 저자가 변경되어 제8판(Neil Gilbert and Paul Terrell, Dimensions of Social Welfare Policy(8th edition)(Boston: Pearson, 2013))까지 발간되었다. 이 책은 행위 경로를 택해야 하는 사안을 네 가지 묶음으로 묶어 이를 선택의 차원(dimensions of choice), 즉 선택이 이루어져야 할 정책적 측면들로 제시하고 있다.

구체적으로는 길버트와 스펙트 그리고 테렐은 사회복지정책을 급여와 할당의 틀 내에서 어떤 급여를 누구에게 제공할 것이며, 이들 급여는 어떻게 전달될 것인가를 결정하는 원칙 혹은 지침들 사이의 선택으로 간주한다. 그리하여 이들은 사회복지정책의 분석틀을 이와 같은 네 가지 선택의 차원들에 따라 구성하여 이를 다음의 질문 형태로 표현한다.

첫째, 누구에게 급여를 지급할 것인가(What are the bases of social allocations?)

둘째, 급여의 형태는 무엇인가(What are the types of social provisions to be allocated?)

셋째, 급여를 어떻게 전달할 것인가(What are the strategies for the delivery of these provisions?)

넷째, 재정은 어떻게 마련할 것인가(What are the ways to finance these provisions?)

또한 이들은 사회복지정책의 내용을 파악하고자 분석할 때에 기본적으로 고려되어야 하는 가치 차원으로 다음 세 가지, 즉 평등성, 형평성 및 사회적 적절성을 꼽고 있다. 그리고 이 세 가지 가치와 네 가지 분석영역을 실천하는 과정에서 발생하는 상대적, 대항적 가치 지향을 개인주의적 가치 지향과 집단주의적 가치 지향으로 대비시키고 있다(N. Gilbert & P. Terrell, 남찬섭 · 유태균 역, 2007: 12).

이러한 선택의 차원에 대한 기본이론을 통해 이들은 일반적으로 정책이 결정될 때에는 각 네 가지 선택의 영역, 즉 할당, 급여, 전달, 재정에 대해 각기 관련된 원칙들 중 어느 것을 선택하는가에 따라 정책이 달라질 수 있음을 보여 주고 있다. 각각의 선택영역과 구체적인 선택의 원칙 또는 기준들은 다음의 표에서 정리된 바와 같다.

〈표 6-1〉 내용적 구성요소

정책선택의 차원	내용	구체적인 선택
할당(allocation)	누구에게 급여를 지급할 것인가?	보편주의와 선택주의 귀속적 욕구, 보상, 등급분류, 자산조사욕구
급여(benefits)	급여의 형태는 무엇인가?	현물과 현금 기회, 서비스, 재화, 상환권 · 요금감면, 현금급여, 권력
전달(delivery)	급여를 어떻게 전달할 것인가?	공공전달체계와 민간전달체계 민영화와 상업화
재정(finance)	재정은 어떻게 마련할 것인가?	조세, 자발적 기여, 이용자부담

출처: Gilbert and Terrell(2002), *Dimensions of Social Welfare Policy*, Allyn and Bacon.

2. 급여의 대상 : 사회적 할당

사회복지정책의 혜택은 모든 국민에게 동등하게 분배되는 것이 아니므로 사회복지정책의 실시로 인해 복지가 향상될 대상(수혜자)이 누가 될 것인가를 반드시 규정해 놓아야 한다(Gilbert, N. & Terrell, P. 2005). 따라서 대상을 누구로 할 것인가에 대한 문제가 중요하며, 그와 연관된 용어가 '할당'이다.

할당이란 '몫을 갈라 나누다'라는 뜻의 사전적 의미가 있는데, 사회복지정책에 있어 몫을 나눌 대상은 특정 개인으로부터 사회 전체 또는 국민 전체에 이르기까지 그 범위와 구분이 매우 다양하고 복잡하다. 누구에게 사회복지정책의 혜택을 줄 것인가를 결정하는 데 적용되는 원칙은 매우 다양하고, 사회적 할당(social allocation)이란 바로 이들 다양한 기준에 내재되어 있는 일반적인 원리를 가리킨다. 사회적 할당(social allocation)을 정할 때 적용되는 원칙으로는 보편주의(universalism)와 선별주의(selectivism)라는 전통적인 원칙이 가장 일반적으로 많이 활용된다. 그 밖에 학자들이 제시한 대표적인 원칙들로는 길버트와 테렐(2005)의 네 가지 원칙과 국내에서는 송근원과 김태성(2003)이 여섯 가지로 세분하여 설명한 할당의 자격조건이 있다.

1) 전통적 할당의 원칙

(1) 보편주의와 선별주의의 대립적 특성

사회복지정책 대상자 수급자격에 관련된 원칙은 보편주의와 선별주의라는 이분법(the universal-selective dichotomy)에서 시작된다.

보편주의는 급여가 사회적 권리로서 모든 사람에게 주어져야 한다는 원리고, 선별주의는 급여가 개인의 욕구에 기초하여 주어져야 한다는 원리이다. 역사적으로 보편주의를 옹호하는 사람들과 선별주의를 옹호하는 사람들 간의 끊임없는 논쟁이 있어왔다.

'보편주의자'들은 사회정책을 사회구성원 모두가 당면한 문제 – 즉, 빈민이나 장애인 또는 특별한 곤경에 처한 사람들만 당면하는 문제가 아니라 – 에 대한 사회 전체의 대응이라고 생각한다. 보편주의자들은 우리가 정치적 권리를 당연시하듯이 이들 욕구를 충족하기 위해 공적인 제도로부터 혜택을 받을 수 있는 자격을 하나의 당연한 사회적 권리로서 모든 사람에게 부여해야 한다고 주장한다. 반면에 '선별주의자'들은 사회복지 혜택을 받기를 원하는 개인과 가족은 그러한 혜택을 받을 욕구가 있음을 증명해야 한다고 생각한다. 선별주의자들은 보편적인 수급자격을 부여하는 급여보다는 빈민 – 즉, 욕구가 증명된 사람 – 만을 대상으로 하는 급여를 선호한다.

〈표 6-2〉 **보편주의와 선별주의**

구분	보편주의(universalism)	선별주의(selectivism)
의미	• 전 국민을 사회복지의 대상으로 삼는 것	• 사회복지 대상자들을 기준에 따라 구분하여 서비스 제공
원칙	• 권리보장(소득에 관계없이 모든 시민에게 복지권을 부여함) • 사회통합(기여자와 수급자를 구분하지 않음)	• 자산조사를 통해 대상자 선정 • 개인의 욕구가 대상자 선정기준
대상	• 모든 시민	• 자산조사에 의해 원조가 필요하다고 인정되는 사람
장점	• 최저소득 보장(빈곤예방) • 수혜자에게 낙인을 가하지 않음 • 행정 절차 용이 • 시혜의 균일성 유지 • 정치적 장점 중시	• 필요한 사람에게 서비스 집중 • 자원낭비를 줄임 • 적은 비용 : 비용의 효율성
단점	• 한정된 자원을 꼭 필요한 부분에 효과적으로 사용하는데 한계	• 수급자에게 심리적·사회적인 낙인을 줄 수 있음

출처: 원석조(2014), 『사회복지정책론』, 공동체, p.50.

(2) 보편주의 vs. 선별주의 논쟁의 구체적 쟁점으로서의 사회적 효과성 vs. 비용효과성

보편주의와 선별주의와 같은 추상적인 원리들이 구체적인 정책선택 문제에 적용될 때 그 둘 간의 논쟁은 대개 어느 것이 사회적 효과성 또는 비용효과성이 있는가, 사회적 효과성과 비용효과성이라는 두 가지를 어떻게 정의할 것인가 그리고 이 두 가치의 실현을 촉진 또는 저해하는 정책요소와 관련된 가정들은 어떤 것인가 하는 문제를 중심으로 전개된다.

2) 길버트와 테렐(Gilbert & Terrell)의 할당 원칙

보편주의와 선별수의라는 이분법은 대상자 선정문제를 단순화 시켜 이해를 편하게 한다는 장점이 있으나 현실은 이런 이분법으로 대상자를 파악하기 힘든 경우가 있다. 이러한 점을 고려하여 길버트와 테렐(Gilbert & Terrell, 2005)은 사회복지대상지 선정의 기준을 귀속적 욕구, 보상, 진단적 차등, 자산조사욕구의 네 가지로 나누었다.

(1) 귀속적 욕구(attributed needs)

귀속적 욕구(attributed needs)에 의한 할당원리는 시장에 존재하는 기존의 제도에 의해서는 충족되지 않는 욕구를 공통적으로 가진 사람들(집단)에 속할 것을 조건으로 하는 할당원리이다. 이러한 욕구는 규범적 기준에 의해 정해진다. 중학교까지 의무교육 등과 같이 모든 국민을 대상으로 할 수도 있고, 노동자 · 아동과 같이 특정한 집단구성원을 대상으로 할 수도 있다.

(2) 보상(compensation)

보상(compensation)에 의한 할당원리는 사회적 · 경제적으로 공헌을 한 사람들의 집단이나 사회로부터 부당한 피해를 입은 사람들의 집단에 속할 것을 조건으로 하는 할당원리이다. 전자는 퇴역군인이나 사회보험에 보험료를 납부한 사람들 등, 후자는 사회로부터 부당한 피해를 입은 사람들, 도시 재개발에 의해 피해를 입은 사람들, 고엽제 피해자 등이 해당된다.

(3) 진단적 차등(diagnostic differentiations)

진단적 차등(diagnostic differentiations)에 근거한 할당원리는 전문가의 판단에 의한 대상선정을 의미한다. 즉, 각 개별사례에 대해 전문가가 어떤 재화 혹은 서비스를 특별히 필요로 하는가를 판단할 것으로 조건으로 하는 할당원리이다.

(4) 자산조사에 의한 욕구(means-tested needs)

자산조사에 의한 욕구(means-tested needs)에 기초한 자격조건이란 한 개인이 필요한 재화나 서비스를 구입할 능력이 없음을 나타내는 증거에 기초하여 수급자격을 판정하는 것을 말한다. 사회적 급여를 받을 수 있는지의 여부는 주로 경제적 조건에 의해 결정된다. 예를 들어, 국민기초생활보장법에서의 수급자나 의료급여 대상자들이 해당된다.

〈표 6-3〉 대상자 선정과 욕구판단 기준

구 분	대 상 자	욕구판단 기준	사 례
귀속적 욕구	특정한 집단, 계층, 지역구성원	전문가 기준의 규범적 판단	노령수당과 아동수당 영국의 NHS
보 상	사회보험 가입자 국가유공자 등	형평성에 입각한 규범적 판단	사회보험과 각종 보훈제도
진단적 차등	장애인 등	전문적 등급 분류	장기요양보험 장애인활동지원
자산조사욕구	빈곤층	경제적 기준	국민기초생활보장급여

길버트와 테렐은 이러한 대상자 선정의 네 가지 원칙을 사회복지의 제도적 개념과 잔여적 개념에 대입하여 기술한다. 〈표 6-3〉에서 보듯 귀속적 욕구는 사회제도가 부적절하게 작용할 경우 정상적인 과정으로서 욕구가 발생한다고 보는데, 이 경우 급여자격은 특별한 상태나 장애에 대한 세밀한 조사에 기초하기보다는 아동·지역주민 등과 같은 지위에 따라서 결정된다. 보상은 사회복지의 제도적 개념에, 진단적 차등과 자산조사욕구는 사회복지의 잔여적 개념에 가깝다. 보상은 급여자격이 개인의 조직 내 지위에 따라 정해지고, 진단적 차등과 자산조사욕구는 급여자격이 개인의 장애 여부나 소득규모에 의해 결정되기 때문이다.

〈표 6-4〉 할당의 원리와 사회복지의 개념

귀속적 욕구	보상	진단적 차등	자산조사욕구
사회복지의 제도적 개념 ←→ 사회복지의 잔여적 개념			

출처: Gilbert & Terrell(2005).

3) 급여대상의 자격조건

할당의 원칙을 송근원과 김태성(2004)은 아래와 같이 여섯 가지로 세분하여 할당의 자격조건에 대해 설명한다.

(1) 자격조건의 형태

① 거주 여부, 거주기간, 그리고 시민권

급여의 자격조건 가운데 가장 기본적인 것은 한 나라 혹은 한 지역의 거주 여부이다. 이것은 크게 다음의 두 가지로 구분되는데, 하나는 거주 여부가 유일한 자격조건인 경우와, 또 다른 하나는 거주 여부가 다른 자격조건과 더불어 필요한 경우다.

② 인구학적 조건

사회복지 급여자격의 두 번째 조건은 인구학적 조건으로 이것도 크게 둘로 분류할 수 있다. 하나는 인구학적 조건만 갖추면 급여를 받을 수 있는 경우이고, 다른 하나는 다른 조건을 함께 갖추어야만 하는 경우가 있다. 전자의 경우 노인이면 누구나 급여자격을 주는 보편적 연금 등이 있고 후자의 예로는 소득/자산조사의 조건도 필요한 범주적 공적 부조 프로그램과 기여의 조건도 필요한 사회보험을 들 수 있다.

③ 기여

사회복지 급여의 자격조건으로 또 하나 중요한 조건은 기여이다. 이것은 두 가지로 나눌 수 있는데, 하나는 사회보험 프로그램에 보험료 납부라는 형태의 기여이고 다른 하나는 사회에 대한 경제적·사회적 기여를 말한다.

④ 근로능력

사회복지정책의 역사적 발전과정을 볼 때, 가장 먼저 그리고 가장 널리 사용된 자격조건은 근로능력 여부이다. 1601년 영국의 빈민법에서도 사회복지 급여의 자격조건은 근로능력 여부를 사용했다.

근로능력과 관련하여 세 가지 쟁점이 존재한다. 첫째, 국가에 따라 근로능력 여부에 대한 기준이 다르다는 것이다. 둘째, 근로능력 여부가 사회복지정책 급여자격이 될 수 있는 것도 두 가지로 나눌 수 있는데, 하나는 근로능력이 없는 것이 자격의 유일한 조건이 되는 경우이고, 다른 하나는 다른 조건이 겸비되어야 하는 경우가 있다. 셋째, 위와는 반대로 '근로능력이 있어야만' 혹은 '근로능력이 있어도' 자격이 되는 경우이다.

⑤ 소득/자산조사

국민기초생활보장제도 같은 공공부조제도는 소득과 자산조사를 통해 급여의 대상을 선정하는데, 다양한 급여자격의 소득수준을 크게 보면 두 가지 형태로 결정된다. 하나는 최소한의 '기본적 욕구'를 충족시킬 수 있는 수준을 고려하여 결정하며 다른 하나는 사회구성원 대다수가 누리는 생활수준을 고려하여 상대적으로 결정한다.

⑥ 전문적 혹은 행정적 판단

사회복지정책의 마지막 자격조건은 전문적 혹은 행정적 판단한다. 이것은 사회복지가 발달되지 않은 국가에서 많이 이용되는 방법으로 사회복지정책의 급여를 받기 위하여 다른 조건 – 대표적으로 소득/자산조사 – 뿐만 아니라 사회복지사, 의사와 같은 전문가나 행정 관료의 판단이 필요하다. 전문적 혹은 행정적 판단에 의한 자격결정은 욕구 여부가 '개별적'으로 결정된다.

〈표 6-5〉 급여자격 기준의 종류와 정책 사례

급여자격 기준	정책 사례
거주 여부	NHS(영국의 전국민보건의료서비스)
인구학적 기준	가족수당 / 아동수당
기여	각종 사회보험
근로능력	장애수당 / 직업훈련
소득 및 자산조사	국민기초생활보장급여
전문적 행정적 판단	장기요양보험급여

3. 급여의 형태

오늘날 사회복지정책에서 활용되는 급여형태들로는 현금과 현물 이외에도 바우처, 기회, 서비스, 권력을 들 수 있다.

1) 현금급여(cash benefits)

현대 복지국가들이 제공하는 사회복지 재화나 서비스 가운데 가장 비중이 큰 것은 현금 형태의 급여(cash benefits)이다. 국민연금, 공공부조, 아동수당 등은 모두 현금으로 급여가 제공된다.

현금급여의 장점은 첫째, 수급자가 '합리적 선택'을 하여 자신의 효용을 극대화할 수 있다. 두 번째, 수급자 선택의 자유와 소비자 주권을 보장한다. 현금급여는 수급자에게 '소비의 강제화'를 요구하지 않으므로 자유나 자기결정의 권리를 보호할 수 있다. 셋째, 인간의 존엄성을 유지시키는 데 현물급여보다 우월하다. 현물급여의 경우 급여를 받거나 소비할 때 수급자에게 치욕(stigma)이 발생할 수 있는 가능성이 있다. 넷째, 현금급여는 또한 현물급여에 비하여 프로그램 운영비용이 적게 소요된다. 이는 현물급여의 보관, 관리, 유통 등의 과정이 필요없기 때문이다.

2) 현물급여(in-kind benefits)

현물급여(in-kind benefits)는 복지국가가 발전되기 이전에는 중요한 역할을 하였으나, 이후 국가에 의한 본격적인 소득보장정책이 발전되면서 현금급여보다 상대적으로 비중이 적어졌다. 그러나 오늘날 사회복지가 발전되지 않은 나라에서는 아직도 강조되는 경향이 있다. 우리나라의 경우에는 주로 쌀이나 옷 등 의생활과 식생활 그리고 주생활 등 기본적 생활과 관련된 욕구를 충족시키기 위한 차원의 물품들이 현물로 지원되고 있다.

현물급여의 장점으로는 첫째, 정책의 목표효율성을 높일 수 있다. 현금급여의 경우 현금의 오용 또는 남용의 문제가 발생할 수 있지만 현물급여의 경우 대상자에게 필요한 것을 직접 공급함으로써 집중적으로 급여를 제공할 수 있는 장점이 있다. 둘째, 현불급여는 현금급여에 비해 정치적인 측면에서 선호된다. 현물급여의 경우는 현금급여에 비해 효과가 가시적으로 명확히 나타나기 때문에 납세자들이 선호하게 되고, 관리하는 관료의 경우도 자신들의 조직을 확대 또는 유지할 수 있어 정치적으로 채택될 가능성이 있다. 셋째, 현물급여는 현금급여보다 대량생산과 대량소비로 인한 규모의 경제효과가 커서 프로그램 비용을 줄일 수 있다.

3) 바우처(voucher)

위에서 살펴본 바와 같이 현금급여와 현물급여는 각각 장단점을 갖고 있기에 이 두 가지 급여형태를 모두 보완할 수 있는 절충적 급여형태가 바우처이다.

바우처는 일정한 용도 내에서 수급자로 하여금 원하는 재화나 서비스를 자유롭게 선택할 수 있게 하는 방법을 말한다. 그 예로 우리나라의 무상보육이나 미국의 푸드 스탬프(Food Stamp) 프로그램이 있다. 바우처는 속성상 현물급여와 현금급여 형태의 중간 성격을 갖고 있고, 재화나 서비스 공급자들 사이의 경쟁을 유발시켜 재화나 서비스의 질을 높일 수 있다. 또한 바우처는 현물급여의 장점인 정책의 목표효율성도 살릴 수 있고, 현물급여보다 수급자의 효용을 증가시킬 수 있으며, 또한 운영비용도 적게 소요된다. 그러나 바우처는 '중간적 성격'으로 인해 지지세력이 크지 않아 민주주의 사회의 정치기제에서 강한 지지를 받지 못해 선택되기 어려운 측면도 있다.

4) 기회(opportunities)

기회(opportunities)는 현물이나 현금처럼 어떠한 상품가치가 있는 것이 아닌 무형의 급여형태이고 매우 포괄적인 개념으로 명확한 정의를 내리기가 쉽지 않다. 다만 사회생활을 하는 데 있어 개인적으로 부족한 것으로 인해 받지 못하는 기회불평등을 제거하자는 의미로 받아들일 수 있다. 따라서 기회급여 형태는 어떤 집단이 접근하지 못했던 부분에 대해 접근 가능성을 높여줌으로써 불평등한 처우를 받고 있다는 인식에서 벗어날 수 있도록 하고, 기회를 통해 보다 나은 생활을 유지할 수 있도록 하는데 정책적 목표를 두고 있는 급여형태라고 할 수 있다.

5) 서비스(service)

서비스(service)란 클라이언트의 문제해결을 위한 거택보호, 상담, 사례관리, 직업훈련 등과 같은 제반활동을 뜻한다. 서비스는 무형의 급여이기 때문에 표준화하기 어렵고 서비스 제공 시기 또는 서비스 제공자의 가치관이나 전문성에 따라 서비스의 내용과 질이 달라질 수 있다.

6) 권력(power)

권력(power)이란 권력이란 재화와 자원을 통제할 수 있는 영향력을 의미한다. 권력은 재화나 서비스와 같이 수급자가 직접적으로 소비할 수 있는 것도 아니고 현금처럼 쓰이지도 않지만 현물, 서비스, 기회의 형태보다는 폭넓은 사회경제적 선택을 제공한다. 이런 의미에서 권력은 유동적인 교환가치를 지니고 있다고 할 수 있다.

〈표 6-6〉 급여형태들의 특성

급여형태	의 미	장 점	단 점
현금	• 급여가 금전으로 제공됨 • 국민연금급여, 공공부조급여	• 수급자 효용 극대화 • 자기결정권 보호 • 인간의 존엄성 유지 • 운영효율성이 높음	• 용도외 사용가능성
현물	• 현금 이외의 형태로 제공되는 물품급여	• 정책 목표효율성 높음 • 납세자의 정치적 지지 • 규모의 경제효과 발생	• 선택의 자유 제한 • 많은 운영비용 소요 • 낙인감
바우처(증서)	• 정해진 용도 내에서 원하는 재화나 서비스를 자유롭게 이용하는 이용권 • 미국이 시픔권(Food Stamp) 장애인활동지원 바우처 산모도우미 바우처 등	• 서비스 공급자 간의 효율적 경쟁 유발하고, 수요자 선택권 보장 • 현금과 현물의 장점 (소비자선택권+목표효율성) • 용도 외 사용을 막음	• 중간재 성격으로 정치적 지지 낮음
기회	• 사회생활의 기회제공 및 불평등 제기(고용, 교육) • 장애인 의무고용, 특별입학	• 접근가능성을 높임	• 기득권자들의 합리화를 위한 수단에 이용
서비스	• 클리이인드의 문제해결을 위해 제공되는 활동 • 거택보호, 상담, 사례 관리, 직업훈련 등	• 수급자의 욕구 휴먼서비스(human service)를 통해 충족	• 표준화, 질(quality)관리의 어려움
권력	• 재화와 자원통제의 영향력의 재분배(의사결정 참여)	• 정책의 내용이 수급자에게 유리하도록 결정	• 명목적 참여에 그칠 우려

생각해 보기

1. 전통적 할당의 원칙인 보편주의와 선별주의의 장점과 단점을 비교해 봅시다.
2. 사회복지정책의 대표적 급여형태인 현금과 현물의 장점과 단점에 대해 논의해 봅시다.
3. 사회복지서비스와 함께 많이 활용되는 바우처(voucher)에 대해 설명해 봅시다.

참고문헌

김정수(2016). 『정책학입문』. 문우사.

류지성(2019). 『정책학』. 대영문화사.

박병현(2012). 『사회복지정책론: 이론과 분석』. 학현사.

송근원 · 김태성(2008). 『사회복지정책론』. 나남.

양재진 · 김영순 외(2008). 『한국의 복지정책 결정과정』. 나남.

원석조(2014). 『사회복지정책론』. 공동체.

윤홍식(2011). "보편주의를 둘러싼 주요쟁점-보편주의 복지정책을 위한 시론". 『한국사회복지학』, 63(2). 57-79.

이재원(2012). "사회서비스 정책의 전개과정과 정책과제－보건복지부 사회서비스 전자바우처 사업을 중심으로". 『지방정부연구』, 15(4). 333-359.

이진숙 · 주은선 외(2016). 『사회복지정책론』. 양서원.

정철현(2003). 『행정이론의 발전』. 다산출판사.

Gilbert, N. & Terrell, P.(2005). *Dimensions of social welfare policy*(6th ed.). Boston: Pearson Education.

Gilbert, Neil. *Dimensions of Social Welfare Policy*. Allyn & Bacon. 남찬섭 · 유태균 역(2007). 『사회복지정책론 : 분석의 틀과 선택의 차원』. 나눔의 집.

CHAPTER 7

사회복지정책의 내용적 구성요소 2

1. 사회복지정책의 재원
2. 사회복지정책의 전달체계

1. 사회복지정책의 재원

1) 개요

사회복지정책은 국가의 재정상태와 절대적인 함수관계에 있다. 사회복지정책을 실행하는 데 가장 중요한 것은 정책수행에 필요한 자원을 어디에서(재원) 얼마나 확보하고 어떻게 사용할 것인가를 결정하는 것이기 때문이다.

사회복지의 재정은 세 가지 기능을 가지고 있다.

첫째, 시장 실패를 보전하는 자원배분의 조정기능이다.

둘째, 빈부의 격차를 완화하여 사회적 안정화를 도모하는 소득의 공평분배 기능이다.

셋째, 경기변동을 완화해 국민경제의 안정적 성장을 지속시키는 경제의 안정화 기능이다.

재정의 원천인 재원의 종류는 크게 조세, 사회보험료 등의 공공재원과 민간재원으로 구분된다.

〈표 7-1〉 사회복지 재원의 종류

<table>
<tr><td rowspan="7">공공부문</td><td rowspan="6">조세</td><td rowspan="2">소득세</td><td>개인소득세</td></tr>
<tr><td>법인소득세</td></tr>
<tr><td rowspan="2">소비세</td><td>일반소비세(부가가치세)</td></tr>
<tr><td>특별소비세</td></tr>
<tr><td>부(富)세</td><td>재산세, 증여세 등</td></tr>
<tr><td colspan="2">조세지출(조세비용, 조세감면)</td></tr>
<tr><td colspan="3">사회보험료(사회보장성 조세)</td></tr>
<tr><td rowspan="4">민간부문</td><td colspan="3">이용자 부담</td></tr>
<tr><td colspan="3">기업복지</td></tr>
<tr><td colspan="3">자발적 기부</td></tr>
<tr><td colspan="3">가족 간 이전</td></tr>
</table>

2) 공공부문 재원

(1) 조세(revenue)

공공부문에서 조달되는 사회복지정책 재원 중 가장 큰 부분을 차지하는 것이 조세와 사회보험료(사회보장성 조세)이다.

일반적으로 조세방식을 통해 사회복지재정을 충당하는 데에는 다음과 같은 근거가 있다.

첫째, 국가가 저소득층의 생존권을 보장하여야 할 의무를 수행해야 한다는 데 근거한다. 따라서 국가는 국민들이 납부한 세금을 통해 사회복지정책을 수행할 수 있게 된다.

둘째, 사회복지정책은 그 자체가 하나의 공공재로서의 성격을 갖는다는 것이다. 일반적으로 특정한 재화를 시장에서 생산하게 되는 경우 생산에 소요되는 비용은 그 재화를 소비하는 소비자가 지불하도록 되어있지만 공공재는 가격을 지불하지 않는 사람도 해당 재화 소비의 편익(benefit)을 누릴 수 있는 특성이 있으며 외부효과를 배제하기 힘들다는 문제가 있다. 따라서 이러한 공공재적 성격을 지니는 사회복지 또한 국가의 재정으로 공급하는 것이 필요하다.

셋째, 사회복지정책은 기본적으로 소득을 재분배하는 기능을 가진다. 자본주의 사회에서 시장임금에 의해 발생된 불평등은 국가의 각종 조세제도에 의해 완화되고, 조세를 통해 실시되는 사회복지정책들은 이차적인 소득분배 효과를 가져와 궁극적으로 소득불평등을 완화하는 효과가 있다.

넷째, 대상자의 폭을 넓힐 수 있다는 장점이 있다. 조세방식에 의한 사회복지정책은 국민들을 대상으로 하여 급여의 보편성이 증가하게 된다. 특히 저소득층에 대한 급여를 위해서는 조세방식의 재정이 필수적이다.

〈표 7-2〉 공공재(public goods)와 외부효과(externality)

공공재	• 소비의 비경합성과 비배재성을 특징으로 하는 재화로 국가가 일괄 제공하는 것이 바람직하다고 여겨져 정부의 재정에 의해 국가와 공기업 등이 이윤을 목적으로 하지 않고 공급하는 재화(등대, 국방서비스 등) • 시장에서 이루어질 경우 무임승차 현상이 일어날 수 있으므로 불충분하거나 제공되지 않을 수 있음 ① 경합성 : 한 사람이 어떤 재화를 소비함으로써 다른 사람이 소비할 수 있는 양이 얼마나 줄어느는가를 의미 ② 배제성 : 다른 사람이 재화를 소비하는 것을 얼마나 막을 수 있는가를 의미하는 것으로 소유권 또는 재산권에 의해 보장됨
외부효과	• 어떤 경제활동과 관련하여 제3자에게 의도하지 않은 혜택 또는 손해를 가져다주면서도 이에 대한 대가를 받지도 지불하지도 않는 것 ① 긍정적 외부효과 : 어떤 사람의 행위를 통하여 다른 사람이 대가를 지불하지 않고도 이득을 보는 경우(공원조성, 전염병 치료 등) ② 부정적 외부효과 : 한 사람의 행위가 그 행위에 대한 비용을 지불하지 않고 다른 사람들의 복지에 해를 주는 것(공장 폐기물 무단 방류, 자동차 매연→국가가 규제, 별도의 세금징수)

① 소득세(income tax)

소득세는 개인이 얻은 소득에 대하여 부과하는 소세이다.

소득세는 일반예산을 구성하는 조세들 가운데 누진성을 높이는데 가장 크게 기여하는 조세이다.

소득세는 개인소득세(소득세법)와 법인소득세(법인세법)로 나누어지는데 특히 개인소득세는 소득재분효과가 높다. 그 이유는 첫째, 기본적으로 부담능력의 원칙에 따라 부과되므로 저소득층보다 고소득층의 세율이 높다.

둘째, 개인소득세는 각종의 조세감면으로 저소득층의 조세부담을 면제, 감면해 주기 때문이다.

셋째, 개인소득세가 일반예산을 구성하는 조세 가운데 가장 규모가 크고 누진적이기 때문이다.

② 소비세(consumption tax)

소비세는 상품을 소비할 때 부과하는 조세로 간접세라 할 수 있다. 따라서 소비주체들의 부담능력을 고려하지 않고 상품에 대해 똑같이 부과하기 때문에 소득세에 비해 고소득층의 조세부담률이 저소득층보다 상대적으로 적을 수 있다.

소비세는 일반소비세인 부가가치세와 특별소비세로 나눌 수 있는데 특히 일반소비세의 경우 역진성이 문제 될 수 있다.

〈표 7-3〉 소비세의 종류

구분	내용
일반소비세 (부가가치세)	• 생산에서 소비에 이르는 각 단계의 부가가치에 대해 부과하는 세금 • 현재 우리나라는 10%로의 단일세율 적용하므로 세 부담에 역진성 문제[1]
특별소비세	• 고소득자가 주로 소비하는 소비품에 주로 부과함(사치품, 고가품, 호화주택) • 부가가치세의 역진성을 극복하기 위한 조치

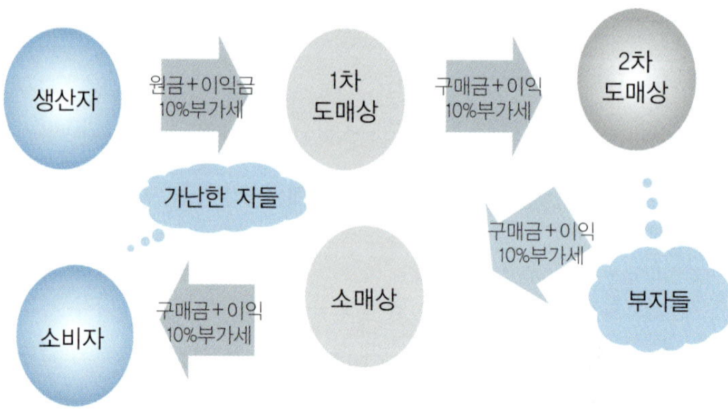

[그림 7-1] 부가가치세 부과단계

출처: 박석돈(2015) 『사회보장론』, 양서원.

1) 부자들은 다량의 물품을 도매시장에서 구매하고, 가난한 사람들은 소량의 물품을 소매시장에서 구매하므로 한 단계 이상 더 부가가치세를 납부하게 됨

③ **부세**(富稅)

부세란 개인이 소유하는 부에 대해 부과하는 조세로 누진세로 부과한다.

재산세, 상속세, 증여세 등 여러 형태가 있는데 가장 중요한 조세는 재산세이다. 상속세와 증여세의 경우는 이러한 세를 내는 사람도 소수 있고 면제범위가 있어 전체 일반예산에서 차지하는 비중은 크지 않다 볼 수 있다.

④ **조세지출**(tax expenditure, 조세비용, 조세감면)

조세지출은 국가가 세금을 거둬들이는 대신에 감면해 주는 것이다. 세금을 거두어들여 다시 집행하는 단계를 거치는 대신 감면시킴으로써 사회복지정책의 목표를 이루는 방법이다.

아동이나 부양가족의 수에 따라서 소득공제를 하거나, 근로소득에 대한 면세점을 높이는 것 등이 그 예라 할 수 있다.

조세지출의 가장 큰 장점은 조세를 부과하고 이것을 다시 대상자를 선별해 급여하는 데 드는 비용을 줄임으로써 국가운영의 효율성을 높일 수 있다.

그러나 조세감면의 경우 일반적으로 감면할 수 있는 소득이 있어야 하므로 납세액이 많은 고소득층에게 많은 이득을 주기 때문에 소득분배에 역진적인 특성을 가진다.

(2) 사회보험료(social insurance fee)

사회복지정책 재정에서 중요한 역할을 하는 것이 사회보험료이다.

사회보험료는 강제성을 띠며(사회보험 가입이 강제됨), 사회보장을 위한 목적세의 특징을 가지고 있어 사회보장성 조세(social security tax)로 분류하기도 한다.

사회보험료의 경우 다른 국가정책 지출과 독립적으로 활용함으로써 재정운영의 안정성을 도모할 수 있으며 본인의 기여분이 되어 향후 사회적 위험 발생 시 사회보장 및 소득보장에 사용하기 때문에 조세에 비해 저항이 약하다.

(3) 민간부문 재원

① 이용자 부담(user fee)

이용자 부담은 사회복지서비스의 이용료 중 본인이 일정한 액수를 부담하는 부분이다.

이용자 부담이 필요한 이유는

첫째, 사회복지서비스의 남용을 막을 수 있다. 예를 들어 건강보험의 경우 이용자의 부담부분은 건강보험의 불필요한 의료서비스 이용을 감소시킬 수 있다.

둘째, 정부부담 한계를 극복하는 방법으로 필요하다. 이용자의 부담금이 사회복지재정의 안정에 큰 도움을 줄 수 있다.

셋째, 이용자 부담금으로 형성되는 재정을 통해 사회복지서비스의 질을 높일 수 있다.

넷째, 자존심의 손상을 줄이고 자기존중(self-respect)을 높일 수 있다.

그러나 이용자 부담의 문제점도 있다.

첫째, 저소득층의 부담이 고소득층에 비해 상대적으로 커 소득재분배를 악화시킬 수 있다.

둘째, 부담액수가 크지 않더라도 저소득층에게 부담이 되어 필요한 서비스의 이용이 제한될 수 있다.

② 자발적 기여(voluntary contribution)

자발적 기여는 민간(개인, 재단, 기업 등)의 자발적인 기부금으로서 기부자가 직접 자선단체에 기부하거나 공동모금단체를 통해 기부한다. 자발적 기여는 국가에 의한 사회복지정책이 발전되기 전에는 박애적 동기에서 바탕으로 중요한 역할을 하였으나 현대에 들어서는 국가에 따라 혹은 사회복지정책의 영역에 따라 그 중요성이 달라지고 있다.

자발적 기여의 주된 동기는 자선이나 박애지만 정부의 기부금에 대해 세금을 면제해주는 정책이 큰 뒷받침이 되고 있는 것이다. 물론 이러한 측면에서는 자발적 기여가 중상위계층에서 주로 이루어지기 때문에 조세감면도 이들 계층에 적용되는 역진적 문제가 발생한다. 또한 기부자의 경제적 상황에 따라 기부액수의 변화가 있으므로 안정적인 재원이 되기 어려운 측면도 있다.

③ 기업복지(occupational welfare)

기업복지는 직원의 후생복지를 위한 사용자의 지출로 기업연금, 법정퇴직금, 출산휴가, 장학금, 사내 탁아제도 등이 있다.

기업복지가 민간재원에서 중요한 위치를 차지하는 이유는

첫째, 피고용자에게 임금을 지급하는 대신에 기업복지 급여를 지급하는 것이 세제상 유리하기 때문이다.

둘째, 기업복지의 제공을 통하여 우수한 인력을 유치할 수 있고 피고용자의 기업에 대한 소속감과 관심을 높일 수 있다.

물론 기업의 후생복지가 안정된 직장에서 높은 임금을 받고 있는 근로자를 대상으로 하는 경우도 저임금근로자, 비정규직근로자 등과 격차가 심화될 수 있어 또 다른 사회적 불평등을 강화할 수 있다.

④ 가족 간의 이전(inter-family transfer)

가족 간 이전은 가족, 친지, 이웃 등을 통한 비공식부문의 재원으로 크게 소득이전과 비경제적인 측면에서의 서비스 이전으로 나눌 수 있다.

소득이전은 가족 간의 현금이전이나 의료비 대납, 위급한 상황에서 도움을 주는 경우 등을 들 수 있고, 서비스 이전은 자식들의 노인 부양, 자녀 돌봄, 위급한 상황에서의 지지서비스를 제공하는 경우가 대표적이다.

전통적으로 가족구성원의 부양에 대한 책임의식이 강한 문화를 가진 나라에서는 가족 간 이전이 중요한 역할을 하고 있지만 동시에 이로 인해 국가에 의한 복지제도를 발전시키는데 장애요소가 될 수도 있다. 그러나 가족구성원이 위급한 문제에 직면했을 때 시간적, 공간적으로 복지욕구를 빨리 해결해 줄 수 있다는 장점이 있다.

2. 사회복지정책의 전달체계

사회복지 정책과정에서 결정된 재화나 서비스를 수급자에게 전달하는 행정체계가 전달체계이며 이러한 전달체계는 수많은 조직과 프로그램이 체계적인 형태로 연결되어 있다. 사회복지전달체계는 매우 다양한데 미시적으로는 조직과 인력의 측면에서 분류해 볼 수 있고(Gilbert & Terrell, 2002), 거시적으로는 정부와 민간 사이의 다양한 역할 분담형태에 따라 살펴볼 수 있다.

1) 거시적 전달체계의 특징

거시적 차원의 전달체계 구분은 재원을 누가 부담하는가, 재화나 서비스는 누가 제공하는가, 누가 조정하느냐에 따른 구분으로서 크게 공공, 민간, 공공과 민간의 혼합체계로 나누어 볼 수 있다. 그 개요와 장단점을 살펴보면 다음과 같다.

〈표 7-4〉 거시적 전달체계 구분

구분	공공사회복지	민간사회복지	혼합체계
주체	• 중앙정부 또는 지방정부	• 개인, 비영리 사회단체, 기업과 같은 민간부문	• 공공부문과 민간부문의 혼합
분야	• 소득보장(사회보험과 공공부조)이 핵심이 되어 보건의료복지, 주택복지, 교육복지, 개별사회복지서비스	• 박애사업, 자선사업, 민간사회복지기관과 시설, 기업복지	• 공설민영, 민설공영

구분	공공사회복지	민간사회복지	혼합체계
	등을 포함		
운영	• 조세	• 민간자원	• 조세와 민간자원
대상	• 전 국민	• 일정 요건을 갖추어야 하는 경우가 있으나 엄격히 적용되지 않는 경우가 많음	• 전 국민
장점	• 보편적, 안정적, 지속적 서비스 제공 가능 • 국민 최저생활을 목표로 함	• 정부제공 서비스 비해당자에 대한 서비스 제공 • 정부가 제공할 수 없는 서비스 제공 • 동일 종류 서비스에 대한 선택의 기회 제공 • 민간 사회복지 참여욕구 수렴 • 정부의 사회복지 활동에 대한 압력단체 역할 • 국가의 사회복지비용 절감	• 시장원리의 장점을 극대화 : 효율성, 경제성, 선택의 자유, 접근성, 대응성, 융통성
단점	• 일선 행정체계의 획일성으로 전문성을 발휘하는 자율적 수행이 어려움 • 지역 특성과 욕구 반영이 미흡 • 대상자에 대한 중복 지원, 누락 가능성 • 급여의 효율성 및 제도 간 연계성 부족 • 전문인력 부족	• 재정과 프로그램의 취약성 • 전문가의 비율 낮음 • 서비스의 지속성 저하 • 서비스 간 연계 부족 – 통합적 서비스 제공 어려움 • 취약한 지역사회기반 • 지역사회복지관 난립	• 민간부문 시장경제의 모순 나타남 : 시장실패, 공공재 제공의 어려움, 불평등

2) 거시적 전달체계의 유형

(1) 공공부문–중앙정부

현대 복지국가에서는 중앙정부의 역할이 가장 크고, 대부분의 재화나 서비스를 제공하는 동시에 급여자격에 관한 사항과 재원, 전달체계 등에 관한 많은 부분을 직접 감독하며 독점적으로 공급하는 형태로 되어 있다.

현대 복지국가에서 중앙정부의 역할이 증대된 이유는

첫째, 사회복지 재화나 서비스는 그 속성상 공공재적인 성격(특히 의료나 교육)이 강하여 모든 국민을 대상으로 하는 것이 전체 사회의 효과성 관점에서 볼 때 유리하기 때문이다.

둘째, 사회보험 같은 특정한 재화는 객체가 되는 대상이 많을수록 위험분산 등 기술적인 측면에서 유리해진다.

셋째, 중앙정부는 사회복지정책의 가장 중요한 목표인 평등과 사회적 적절성이라는 가치를 구현하는 데 유리하다. 지방정부의 경우 지방정부의 재정자립도와 역량 등에 따라 지역 간 불평등이 발생할 수 있으며, 상대적으로 중앙정부가 전국민을 대상으로 하는 조직과 인력의 동원이 유리하기 때문이다.

넷째, 중앙정부는 다양한 복지욕구를 체계화하여 다양한 프로그램을 통합, 조정이 가능하고 지속적이고 안정적으로 재화나 서비스를 공급하는데 유리하다.

반면에 중앙정부 전달체계의 문제점은

첫째, 중앙정부가 공급하는 재화나 서비스는 수급자의 선택이 반영되기 어려운 관계로 수급자들의 효용을 극대화하기 어렵다.

둘째, 독점 공급자인 중앙정부는 경쟁이 없는 공급자이기 때문에 재화의 가치와 질이 경쟁시장과 비교해서 뒤떨어질 수 있고, 가격을 마음대로 조정할 수 있어 가격이 비싸질 수 있다.

셋째, 중앙정부는 속성상 지방정부에 비해 관료적이어서 수급자의 욕구를 반영하지 못하고 각 지역의 지역성과 특수성을 고려하지 못해 지역의 욕구에 융통성이 떨어지게 된다.

넷째, 중앙정부가 전국적으로 조직적인 전달체계를 구축하고 있다 하더라도 민간전달체계에 비하여 수급자에 대한 접근성이 떨어진다.

(2) 공공부문-지방정부

복지국가가 발전되면서 지방정부의 역할은 축소되어 왔으나, 1970년대 중반 이후 복지국가 위기론에 직면하게 되자 지방정부의 역할이 다시 커지는 경향을 보이고 있다. 미국과 영국 등은 중앙정부와 함께 지방정부가 중요한 사회복지 전달체계인 국가들이다.

지방정부 전달체계의 장점은 중앙정부 전달체계의 단점이라 볼 수 있다.

먼저 지방정부 전달체계의 경우 접근성이 좋아 지역 가까이에서 지역민들의 욕구를 더 효율적으로 해결할 수 있다.

둘째, 재화나 서비스가 지방정부에 의해 제공되면 같은 재화나 서비스를 제공하는 다른 지방정부와 경쟁이 성립하여 수급자 측면에서 가격과 질이 개선될 수 있다.

셋째, 지역의 작은 단위로 급여가 제공되므로 관료적인 중앙정부에 비해 창의적인 서비스, 실험적인 서비스를 개발하기 쉽고 수급자들의 욕구변화에 능동적으로 대처할 수 있다.

넷째, 지방정부의 정책결정에 지역의 수급자들이 참여가 쉽기 때문에 그들의 요구나 입장이 반영될 소지가 많아진다.

물론 지역 간의 편차가 큰 경우에는 불균등과 또 다른 불평등을 야기할 수 있어 사회통합의 저해요소가 될 수 있으며 재정적으로 취약한 경우 프로그램의 지속적이고 안정적인 유지가 어려워질 수 있다.

이와 같이 사회복지재화나 서비스는 중앙정부라는 전달체계, 지방정부라는 전달체계를 통해 공급될 때 각기 장점과 단점이 존재하기 때문에 재화의 속성과 각 나라가 가지고 있는 사회적 가치의 상호작용에 의해 결정된다고 할 수 있다.

(3) 중앙정부와 지방정부의 혼합

최근 복지국가의 위기 이후 현대복지국가에서는 복지국가 재조정 차원에서 중앙정부와 지방정부의 혼합체계를 강조하는 경향이 강하게 나타나고 있다.

다양한 형태 가운데 중앙정부가 지방정부에 재원을 일부 보조하여 지방정부 전달체계에 일정한 규제를 가하는 형태가 주류를 이룬다고 볼 수 있다. 이러한 규제방법을 더 자세히 살펴보면 크게 네 가지로 분류된다.

① 재정적 규제

첫째, 조건적 지원(범주적 지원)의 규제로 '무제한 매칭'(unlimited matching), '제한적 매칭'(limited matching), '넌-매칭'(non-matching)의 세 가지 방식이 있다.

구분	내용
무제한 매칭	중앙정부가 어떤 프로그램의 일정액을 지원하면 반드시 지방정부도 일정액을 부담하게 하는 방식
제한적 매칭	중앙정부가 지원하는 재정에 상한액이 있어 그 안에서 매칭이 이루어지는 방식
넌-매칭	주어진 항목에 사용하도록 단순히 일정한 액수를 지원하는 방식

둘째, 프로그램을 몇 개의 범주로 묶어서 일괄적으로 지원하는 '블럭 그랜트'(block grant) 방법으로 이는 세부적, 항목별로 지원하는 매칭방식과 대비된다. 지방정부의 독립성을 높이고 지역의 특수한 욕구에 융통성 있게 대처할 수 있고 중앙정부의 재정을 줄이는 방법으로 이용된다.

셋째, 중앙정부의 예산 가운데 일부를 아무 조건 없이 지방정부에 넘겨주는 방식으로 재정만 중앙정부에 의존하고 전달체계에 관한 전권을 지방정부가 가지게 한다. 이 방법은 지방정부의 독립성을 가장 높이고 지방정부가 가지고 있는 장점을 극대화할 수 있는 방법이다.

② 프로그램 규제

재정적 규제는 대부분 프로그램 규제를 동반하게 되어 급여형태, 수급자, 전달

형태 등에 관한 규제도 따라오게 된다. 이런 중앙정부의 규제는 명목적으로는 지방정부의 전달체계이지만 실질적으로는 중앙정부의 단독 전달체계에 가깝다고 할 수 있어 혼합체계 가운데 가장 바람직하지 않은 형태라 할 수 있다.

③ 수급자 숫자나 욕구에 따른 규제

중앙정부가 지방정부에 재정을 지원할 때 지방정부의 수급자의 숫자나 욕구를 가진 사람들의 숫자에 따라 차등 지원하는 방법이다. 지방정부의 지역 간 불평등을 해소하는데 도움이 될 수 있지만 중앙정부의 입장에서는 상당한 재정적 부담을 감수해야 한다.

④ 절차적 규제

중앙정부가 재정을 지원할 때 지방정부에 프로그램 진행 절차 등과 같은 수급과정이나 형태에 대해서 특별한 조건을 제시하는 경우이다. 이를 통해 중앙정부는 지방정부의 프로그램 운영의 남용과 오용을 막고 사회복지적 가치(평등, 인권 등)가 제대로 실현되고 있는지 조사할 수 있다.

(4) 순수 민간전달체계

현대 복지국가에서 재원과 운영 모두 순수하게 민간이 책임지고 제공하는 사례는 거의 없다. 개인부담이 큰 미국의 의료보장이나 가족 간 이전과 같은 경우에도 세제혜택을 통한 정부의 재정 부담이 존재하는 것이다.

현대사회에서 국가는 국민에 대해 무한 책임을 져야 하는 것이 사회복지국가의 의무이다.

(5) 정부와 민간부문의 혼합체계

'복지국가의 위기'라 불리는 1970년대 중반 이후 '민영화'라는 이름으로 정부와 민간부문의 혼합적 형태로 사회복지 재화나 서비스가 제공되기 시작했다. 또한 기존의 사회복지공급에 있어 경쟁과 같은 시장기제를 도입하는 '시장화'도 진행되었다. 이런 전달체계를 통해 공급되는 급여는 대부분 개별적 사회서비스들로서 이런 개별적 사회서비스는 한 국가 안에서 사회복지 지출에서 차지하는 비중이 미미하기 때문에 사회복지 전달체계 중 가장 그 규모가 작다.

정부는 왜 사회복지전달체계에 민간부문과 손을 잡으려 하는가?

그 이유 중 가장 큰 것은 민간부문의 개입으로 시장원리에서의 장점들(효율성, 경쟁성, 선택의 자유, 접근성, 대응성, 융통성)을 중앙정부와 지방정부의 혼합체계보다 더 극대화할 수 있기 때문이다.

그러나 민간부문은 시장경제에서 나타나는 모순(시장실패, 공공재 제공의 어려움, 불평등)도 상대적으로 크게 나타날 수 있어 정부와 민간부분의 혼합체계는 아직도 제한적인 측면이 많다.

3) 미시적 전달체계의 특징

길버트와 테렐은 미시적 차원의 전달체계에 있어서 먼저 전달체계가 가지는 약점을 서비스의 단편성, 비연속성, 비책임성, 비접근성으로 구분하고 이를 해결하기 위해 사회복지전달체계의 개선전략을 제시하였다.

(1) 전달체계 개선전략

① 정책결정권한을 재구조화하기 위한 전략

㉮ 조정(협조체제 구축)

통합적이고 포괄적인 서비스 전달체계를 개발하기 위해 기관 간의 관계를 바꾸는 전략으로 크게 중앙화, 연방화, 사례별 협력으로 나눌 수 있다.

• 집중화 : 행정적 통일 전략으로 사회복지 관련 업무를 통일된 전달체계로 통합

하여 서비스의 지속성과 연속성을 높일 수 있으나 접근성이 떨어질 수 있다.

- 연합화 : 지역적으로 집중화하고 행정적으로는 통합하지 않는 접근으로 기관 간의 자발적 상호호혜적 공조체제, 기관 기술, 자원, 지식, 인력공동 출자 등을 그 예로 들 수 있다.
- 협력 : 공식적이고 구조화된 서비스의 통합인 집중화나 연합화와는 달리 일선요원들이 사례별로 협력하는 방식을 의미한다.

㉯ 시민참여

기관과 클라이언트 사이의 의사결정권한 재분배 전략으로 참여를 통하여 접근용이성과 책임성을 높이려는 전략을 말한다.

- 비분배적 참여(유사참여) : 기존 권위구조의 변형은 없음. 치료, 교육
- 명목적 참여 : 의사결정권한에 시민의 영향력이 존재하나 결과는 변하지 않음
- 재분배적 참여 : 의사결정권한에 시민의 실질적 영향력 행사하도록 권위구조의 변경

② 업무분담의 재조직화

㉮ 역할부과

클라이언트와 서비스 제공자 사이의 사회계급적, 문화적, 인종적 차이로 상호이해와 접근이 용이하지 않을 경우 중계자(토착적인 사람)에게 역할 일부를 부과하는 것을 말한다. 그러나 이러한 인간연계를 통한 전달체계의 효과성을 높이는 전략은 비전문가에 의한 서비스의 수준 저하, 비전문적 보조요원에게 역할을 부과하는데 대한 전문가들의 반발, 긍정적 역할수행을 통해 서비스 전달체계의 일원으로 통합될 경우 비전문적 보조요원으로서의 장점이 훼손된다는 한계도 존재한다.

㉯ **전문적 이탈**(전문가의 조직적 상황에서의 분리)

사회복지조직의 관료적 특성으로 전문가의 전문성, 자율성을 속박할 경우 전문성과 관료성 사이의 딜레마에 빠지는 경우가 있다. 이러한 경우 개인개업을 통해 조직에서의 분리전략을 취할 수 있다.

그러나 개인개업의 경우 한 전문가가 여러 문제에 대해 대처하기가 어렵고 클라이언트의 욕구보다 전문가의 지식에 기반한 제한된 서비스만을 제공할 가능성이 있다.

③ 전달체계의 구조 변경

㉮ **전문화된 접근구조**(서비스 접근촉진 구조)

전달체계에 클라이언트가 쉽게 접근할 수 있는 구조를 추가하여 전달체계의 구성변화를 도모하는 것으로 예를 들어 단일화된 인테이크 조직을 통해 서비스에의 접근 자체를 하나의 독립된 사회서비스로 제공하려는 것을 의미한다.

그러나 클라이언트의 입장에서는 관료적 구조가 또 하나 추가된 인식을 가질 수 있으며 서비스의 지속성, 통합성 유지가 어렵다. 또한 아웃리치나 클라이언트 의뢰 서비스 필요성이 감소하여 기존에 행하던 접근서비스를 줄이는 결과를 가져올 수 있다. 마지막으로 사정 및 진단(접근)과 치료(서비스)를 분리시키게 되어 현실적으로 불편이 가중될 수 있다.

㉯ **의도적 중복**

기존 전달체계 내에서 제공하고 있는 서비스의 일부 또는 전부를 새로운 기관이 제공하거나 지리적, 교통의 장애가 있을 때 같은 서비스 조직을 접근용이한 곳에 새로 설치하는 것을 의미한다.

- 경쟁 : 클라이언트와 자원에 대해 기존 기관과 경쟁관계에 있게 될 새로운 기관을 만드는 전략. 선택의 폭을 확대하여 기관과 전문가들이 클라이언트의

욕구에 민감하도록 하는 방법이나 기관 간 불필요한 경쟁을 유발할 수 있음

- 분리 : 새로운 기관을 기존 전달체계 외부에 만들어 새로운 서비스 전달망을 구축하여 기존 전달체계가 소홀이 다루었던 문제, 비정통적인 서비스를 제공할 수 있음

생각해 보기

1. 사회복지재원 중 조세지출에 대해 설명해 봅시다.
2. 사회복지 전달체계에서 중앙정부와 지방정부의 필요성과 장단점에 대해 논의해 봅시다.
3. 최근 들어 공공과 민간의 혼합체계가 증가하는 이유에 대해 논의해 봅시다.

참 고 문 헌

강혜규(2017). 『공공서비스 이용의 최적화를 위한 복지전달체계 연구 1, 2』. 한국보건사회연구원.

길현종 · 이영수(2017). 통합적 사회서비스전달체계 구축방안－대인서비스를 중심으로. 한국노동연구원.

김정수(2016). 『정책학입문』. 문우사.

김홍배(2012). 『정책평가기법』. 나남.

류지성(2019). 『정책학』. 대영문화사.

박병현(2012). 『사회복지정책론: 이론과 분석』. 학현사.

박석돈(2015). 『사회보장론』. 양서원.

양재진 · 김영순 외(2008). 『한국의 복지정책 결정과정』. 나남.

이진숙 · 주은선 외(2016). 『사회복지정책론』. 양서원.

정철현(2003). 『행정이론의 발전』. 다산출판사.

지은구(2016). 『한국사회복지 전달체계연구』. 계명대학교출판부.

최성은(2010). 『사회복지 재정지출과 지방재정 부담에 관한 연구』. 한국보건사회연구원.

최순영(2012). 『사회복지재정의 합리화방안 연구』. 한국행정연구원.

Gilbert, Neil(2004). *Dimensions of Social Welfare Policy*. Allyn & Bacon. 남찬섭(2007). 『사회복지정책론 : 분석의 틀과 선택의 차원』. 나눔의 집.

CHAPTER 8

사회복지정책의 과정 1

1. 사회복지 정책문제의 형성과정
2. 사회복지 정책아젠다의 형성과정
3. 사회복지 정책대안의 형성과정

사회복지정책은 지속적으로 변화하는 복잡한 활동단계들을 거치면서 이루어지는데, 이렇게 정책문제의 인지로부터 대안의 분석 · 결정 · 집행 · 평가의 과정을 거쳐 정책이 종결되기까지의 과정을 다루는 이론을 정책과정론(policy process theory)이라고 한다. 학자들은 다양한 정책과정론들을 제시하면서 정책과정들을 각기 여러 단계들로 분류하고 있다.

라스웰(Harold Dwight Lasswell, 1902-1978)은 1956년에 출간된 『*The Decision Process: Seven Categories of Functional Analysis*』(College Park: University of Maryland)에서 정책과정을 정보과정, 건의과정, 처방과정, 발동과정, 적용과정, 평가과정, 그리고 종결과정 등 7단계로 구분하였고, 이러한 정책과정론은 현재에 정형화된 정책과정이론들의 근거가 되었다고 볼 수 있다.

〈표 8-1〉 Lasswell의 정책과정

단 계	내 용
정보과정	정보를 수집하여 예측하고 기획하는 단계
건의과정	정책대안을 작성하는 단계
처방과정	최종안을 선정하는 단계
발동과정	최종안을 잠정적으로 시행하는 단계
적용과정	본격적으로 집행하는 단계
평가과정	정책의 성공 여부를 판정하는 단계
종결과정	정책의 수정 또는 폐기 등을 결정하는 단계

출처: 온라인행정학전자사전(http://www.kapa21.or.kr/epadic/epadic_view.php?num=957&page=73&term_cate=&term_word=&term_key=&term_auth=).

또한 디니토는(D. Dinitto, 2000)는 정책문제의 확인, 정책대안의 형성, 정책의 정당화, 정책의 집행, 정책의 평가라는 5단계 정책형성과정으로,

길버트와 스펙트 및 테렐(Gilbert, N., Specht, H., & Terrell, P., 1993)은 문제확인, 문제분석, 공중홍보, 정책목표의 개발, 공중지지의 형성과 정당화, 프로그램 설계,

집행, 평가와 사정이라는 8단계 정책형성과정으로 구성하였다.

〈표 8-2〉 정책과정의 단계 분류

학자	Dinitto	Gilbert, Specht & Terrell
명칭	정책형성과정	정책형성과정
단계	1. 정책문제의 확인 2. 정책대안의 형성 3. 정책의 정당화 4. 정책의 집행 5. 정책의 평가	1. 문제확인 2. 문제분석 3. 공중홍보 4. 정책목표의 개발 5. 공중지지 형성과 정당화 6. 프로그램 설계 7. 집행 8. 평가와 사정

그러나 다양한 정책단계들도 공통분모를 갖고 있다. 이러한 공통점과 차이점들을 참고하여 정책과정을 정책문제의 형성, 정책아젠다의 형성, 정책대안의 형성, 정책결정, 정책집행, 정책평가의 여섯 단계로 분류하여 살펴보도록 한다.

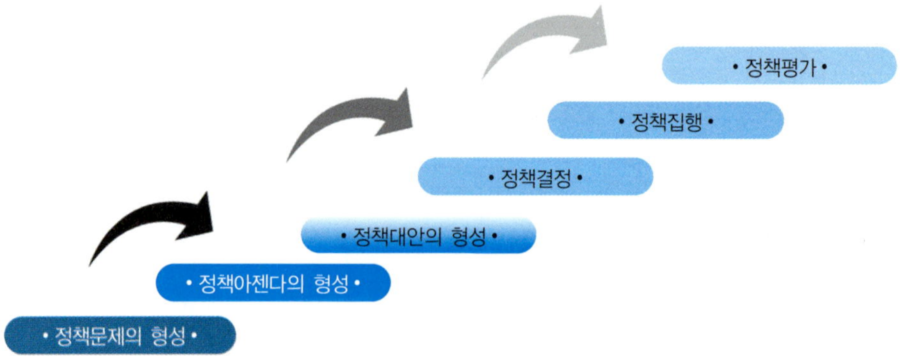

[그림 8-1] 사회복지정책의 과정

1. 사회복지 정책문제의 형성과정

1) 문제의 개념과 특성

사회복지문제는 사회복지징책을 형성토록 하는 가장 중요한 동인이자 사회복지정책의 주원료라 할 수 있다. 사회의 어떤 사건이 불특정 다수에게 반복적으로 일어나게 됨으로써, 많은 사회구성원에게서 그것을 해결해야 한다는 공론이 제기될 때 사회문제가 형성된다. 즉, 개인문제가 사회문제화되기 위해서는 ① 불특정 다수에게 ② 불만족스러운 상태가 ③ 일정 기간 이상 지속되어야 한다는 조건이 갖춰져야 한다. 여기서 불특정 다수란 누구든지 해당 사건의 당사자가 될 가능성을 갖고 있다는 것을 의미이다. 사회문제는 사회적으로 만들어진다(socially constructed). 따라서 특정 현상이 어떤 사회에서는 사회문제로 규정되지만 다른 어떤 사회에서는 전혀 사회문제가 아닐 수 있다.

〈표 8-3〉 사회문제의 정의 및 조건

정 의	① 사회적 현상들이 장시간에 걸쳐 반복적으로 일어나면서 ② 특정개인에게 한정된 것이 아니라 보편적으로 다수의 사회구성원들에게 부정적인 영향을 끼쳐 피해가 발생되거나 다수의 사람들에게 피해를 입히게 되는 것으로서 ③ 이를 해결하기 위해 어떤 조치를 취해야 한다고 사회의 다수 구성원들이 생각하는 것
조 건	① 불특정다수에게 ② 불만족스러운 상태가 ③ 일정기간 이상 지속되어야 함

2) 사회복지 정책문제의 이슈(issue)화

사회복지 정책문제의 형성과정이란 한 마디로 말해서 사회복지문제나 요구의 이슈화 과정이라고 할 수 있다. 사회복지문제나 요구가 이슈(issue)로 전환되어 쟁점으로 등장하는 경우, 일반 국민들이 이에 관심을 쏟게 되고 결국 그 문제는 공공정책상의 논점이 된다.

(1) 이슈(issue)의 개념

이슈(issue)란 상반된 이해당사자들이 서로 유리한 위치에 서기 위해 명분을 내세우고 합리화하기 위한 투쟁과정에서 나타나는 것으로서, 존스(Charles Jones)는 1984년에 간행된 『*An Introduction to the Study of Public Policy*』(Pacific Grove: Brooks/Cole. 3rd edition)에서 이슈를 '문제에 대한 개념 규정들 사이의 갈등'(conflict among problem definitions)이라고 설명한다.

넓은 의미에서 이슈란 어떤 문제(problem)나 요구(demand)가 공공의 관심을 끌어 '공공정책상의 논점'으로 제시되는 것을 의미한다. 좁은 의미에서 이슈란 어떤 문제나 요구가 공공의 관심을 끌어 공공정책상의 논점으로 제시되어 '이해갈등'이 나타나는 경우를 의미한다.

(2) 이슈화 과정

① 이슈화 과정의 의미와 성격

이슈화 과정이란 문제나 요구가 이슈화하여 일반 국민들의 관심을 끌거나, 정책행위자들의 관심을 끌게 되는 과정이다.

② 이슈제기자(issue initiator)와 이슈유발장치(triggering mechanism)

거스턴(Larry N. Gerston)은 1983년 간행된 그의 책 『*Making public policy: from conflict to resolution*』에서 어떤 문제를 해결하기 위해 그 문제를 제기하고 공론화하는 역할을 담당하는 이슈제기자(issue initiator)가 있고, 문제나 요구가 이슈화되는 과정에 도움을 주는 예기치 못한 사건으로서 이슈유발장치(triggering mechanism)가 있는데, 이슈제기자의 의도적인 노력이나 이슈유발장치에 의해 문제는 이슈화된다로 하였다.

사회복지문제를 이슈화하고자 하는 이슈제기자는 그 문제로 인하여 고통을 받고 있는 클라이언트이거나 사회복지전문가인 경우가 많은데, 일반적으로 볼 때, 사회복지문제로 고통을 받고 있는 사람들은 사회적 약자인 까닭에 이슈제기자로서 활동하지 못하는 경우가 많다.

이슈유발장치는 정치적 과정 속에서 일상적인 문제를 국민들에게 널리 인식시켜 국민적 반응을 끌어내는 데 작용한다.

3) 사회복지 정책문제의 이슈화에서 고려해야 할 전략들

(1) 사회복지문제의 정의 방법

사회복지문제를 정의할 때는 클라이언트의 입장에서 정의하되, 사회복지 이슈의 구체성, 사회적 중요성, 시간적 관련성, 유행 가능성, 전파 가능성, 이해 가능성 등 다양한 측면이 고려되어야 한다.

① 이슈상징의 사용

사회복지문제의 이슈화 과정에서 사용하는 상징은 보통 감정에 호소하는 상징과 이성에 호소하는 상징으로 나눌 수 있다. 일반적으로 볼 때, 이성에 호소하는 상징보다는 감정에 호소하는 상징의 사용이 국민들에게 사회복지문제를 각인시키는 데 유리하다.

② 이슈연계

이미 쟁점으로 등장해 있거나, 등장할 수 있는 다른 이슈와 연계해서 문제를 정의하는 경우에 쉽게 이슈화할 수 있다.

(2) 사회복지문제의 이슈제기자

① 문제당사자

사회복지문제의 당사자는 사회복지문제로 인하여 고통을 받고 있는 사람이다. 이들은 사회복지정책의 대상이 되는 사람들이며 동시에 자신이 겪고 있는 사회복지문제의 사회적 해결을 원하기 때문에 종종 사회복지문제의 이슈제기자로 나타나게 된다. 그러나 이들은 문제를 정확하게 파악할 수 있는 능력이나 지식이 결여되어 있는 경우가 많고, 이들을 이슈화할 수 있는 지식이 충분하지 못한 경우가 대부분이다.

② 사회복지전문가

사회복지전문가는 문제당사자와 늘 접촉하는 전문집단이기 때문에 당사자들의 문제에 대해서도 잘 알고 있고, 그 문제의 사회적 해결의 필요성에 관해서도 잘 알고 있으며, 그러한 문제의 해결을 지향하는 의지도 강한 사람들이다. 이들은 문제당사자의 문제를 해결하는 과정에서 가장 중요한 대리인 역할과 영향력 있는 자원을 동원하는 역할을 수행한다.

③ 언론

일반적으로 볼 때 언론은 사회복지문제의 훌륭한 이슈제기자이며, 사회복지문제의 해결을 위해 앞장서기도 하며, 무엇보다도 사회복지문제에 일반 국민들의 관심을 동원하는 데 큰 영향력을 발휘한다. 그러나 언론이 사회복지문제에 관심을 가지는 것은 대체로 사회복지문제가 어떠한 사건을 통하여 이슈화되는 경우뿐이다.

④ 정치인

사회복지문제와 관련해 정책의제 설정에 주도적 역할을 하는 정치인 역시 사회복지문제의 이슈제기자가 될 수 있다. 이들 역시 언론과 마찬가지로 늘 적극적이고 능동적인 이슈제기자는 아니지만 특히 선거기간에는 사회복지문제에 관심을 갖고 이슈화하는 경향이 있다.

(3) 사회복지문제의 제기방법

① 제도화된 수단

사회복지문제를 선거나 합법적인 이익집단의 활동 등 이미 제도화된 통로를 통하여 이슈화하는 방법으로 선거기간 동안에 후보자의 입을 통해 사회복지문제를 이슈화하거나, 이익집단으로서의 시민단체나 여성단체가 그들과 관련된 법안 개정에 대한 청원 등 합법적인 활동을 벌이는 것 등이다.

② 비제도화된 수단

비제도화된 전달수단이란 합법적으로 인정되지 않는 위협적 수단이나 폭력의 사용, 또는 시위, 파업 등과 같은 극단적 방법으로 이슈를 정부아젠다 위에 올려놓는 것이다.

2. 사회복지 정책아젠다의 형성과정

1) 아젠다(agenda)의 개념

아젠다(agenda)란 학자에 따라서 여러 가지로 정의되지만, 일반적으로 어떤 문제나 이슈가 공공의 관심을 끎으로써 또는 정책결정자들의 관심을 끎으로써, 공공정책의 형성을 위하여 논의될 수 있는 상태에 놓일 때 그 문제나 이슈가 아젠다에 위치한다고 이야기된다. 따라서 아젠다란 공공정책으로 전환되기 위하여 정책결정자들의 관심을 불러일으키고 논의될 수 있는 상태에 있는 문제나 이슈, 곧 의제들의 목록을 의미한다.

2) 사회복지 정책아젠다 형성과정에 관한 이론 모형

(1) 존스(Charles O. Jones)의 이론

존스는 정책아젠다 형성과정을 '문제의 정부귀속 단계'(problem to government)로 표현한다. 그는 이 과정을 다시 사건의 인지 및 문제의 정의 단계(perception definition), 결집 및 조직화 단계(aggregation organization), 대표 단계(representation)의 세 단계로 나눈다(An Introduction to the Study of Public Policy, Pacific Grove: Brooks/Cole, 1984).

① 사건의 인지 및 문제의 정의 단계(perception definition)

문제가 정부에서 다루어지기 위한 초기 단계가 사건에 대한 인지 및 문제에 대한 정의 단계이다.

② 결집과 조직화 단계(aggregation organization)

문제가 정의되면 문제에 대해 영향을 받거나 공통적 관심을 가진 사람들이 결집된다.

③ 대표 단계(representation)

대표란 국민과 국민들의 문제를 정부로 연결하는 활동이다.

사건의 인지 및 문제의 정의 단계	• 문제가 정부에서 다루어지기 위한 초기 단계 • 국민들에게 인식되고 해결되어야 할 문제로 규정한다.

결집과 조직화 단계	• 문제가 정의되면 좀 더 관심을 가진 사람들을 중심으로 조직화 • 조직화의 정도 및 조직의 형태 등은 정책과정에 영향을 미치는 중요한 요인으로 작용한다.

⬇

대표단계	• 국민과 국민들의 문제를 정부로 연결하는 활동이다. • 문제가 어떻게 대표되는가는 대표자와 대표된 자의 문제에 대한 인지상태 및 이들의 문제에 대한 정의 내용에 따라 달라진다. • 대표자로서 대통령, 국회의원 등의 정치인, 신문 및 방송 등의 언론기관, 그리고 사회복지전문가 및 클라이언트 집단 등을 들 수 있다.

(2) 아이스톤(Robert Eyestone)의 이론

아이스톤은 아젠다 형성과정이 여러 단계로 이루어져 있다고 보았는데 사회문제가 집단에 의하여 인지되고 다른 견해를 가진 집단들이 관여하게 되면 사회문제가 사회적 이슈(social issue)로 성립하고, 더 많은 집단들이 계속 관여함으로써 공공아젠다(public agenda)의 이슈가 되고, 공부아젠다(official agenda)의 의제로 발전한다는 것이다. 그리고 이것을 이슈의 변화라는 관점에서 보면 다음과 같은 몇 가지 단계로 나눌 수 있다고 하였다(From Social Issues to Public Policy, New York: John Wiley and Sons, 1978).

① 사회문제의 인식 단계

이 단계는 어떤 문제가 관련된 사회집단에 의하여 사회문제로 인식되고 해결이 요구되는 상태이다.

② 사회적 이슈화 단계

인식된 사회문제에 대해 반대 의사를 갖거나, 그 해결방법에 대하여 이견이 있는 집단들이 나타남으로써 사회적 합의점을 찾지 못하고 관련 집단들의 이해갈등이 야기되는 단계이다.

③ 공공아젠다 의제 단계

아이스톤은 많은 사람들이 어떤 문제에 관하여 막연히 느끼는 불안이나 걱정을 공적 근심(public worry)이라 부르고, 공공의 관심이 지속적이긴 하지만 구체성이 결핍되어 있으며 정부의 행동 대책을 위해 이미 일상적인 것이 되어버린 문제들을 기회아젠다(opportunity agenda)라 부르면서 공공아젠다와는 구별한다. 이에 반해 공공아젠다 이슈란 정책결정자들의 문제해결에 대한 행동이 집중되는 사회적 이슈들로 구성된다.

④ 공무아젠다 의제 단계

공공아젠다 이슈들 가운데 이슈기업가들의 활동에 의하여 정책결정의 대상이 되어 정책결정이 이루어지는 이슈들을 공무아젠다에 수록된 의제라 한다.

단계	내용
사회문제의 인식 단계	• 어떤 문제가 관련된 사회집단에 의하여 사회문제로 인식되고 해결이 요구되는 상태이다.
사회적 이슈화 단계	• 사회적 쟁점으로 등장하는 단계이다.
공공아젠다 의제 단계	• 정책결정자들의 문제해결에 대한 행동이 집중되는 사회적 이슈들로 구성되는 단계이다.
공무아젠다 의제 단계	• 공공아젠다 이슈들 가운데 이슈기업가들의 활동에 의하여 정책결정의 대상이 되어 정책결정이 이루어지는 단계이다.

(3) 콥과 로스(Cobb & Ross)의 이론

콥(Roger Cobb)과 로스(Jennie-Keith Ross) 그리고 로스(Mark Howard Ross)는

1976년에 발표한 논문인 Agenda building as a comparative political process(The American Political Science Review, 70(1), 126-138)에서 정책의제 형성과정에 대한 모델(Models of Agenda Building)을 외부주도 모형(outside initiative model), 동원 모형(mobilization model), 내부접근 모형(inside initiative model)의 세 모형으로 제시하였다.

① **외부주도 모형**(outside initiative model)

외부주도 모형은 공식적 정부구조의 외부에 있는 개인이나 집단에 의해 이슈가 제기되고 그것이 공공아젠다를 거쳐 정부아젠다에 오르는 경우이다.

② **동원 모형**(mobilization model)

이 모형에서는 새로운 이슈가 정부기관이나 정치지도자에 의해 먼저 창출되고 그 후에 국민들의 지지를 획득하기 위하여 공공화된다.

③ **내부접근 모형**(inside access model)

이 모형에서는 이슈가 제기되는 단계에서 이슈가 정부기관이나 정책결정자에 의해 창출된다. 그리고 이 모형에서는 관련 공중이나 일반 대중의 관심이 정책추진에 방해가 된다고 보고 이 이슈는 일반 공중에게 확산되지 않고 처리된다.

〈표 8-4〉 콥과 로스의 정책아젠다 형성모형 비교

구분	외부주도 모형	동원 모형	내부접근 모형
전개 방향	외부 → 내부	내부 → 외부	없음
공개성	높다	중간	낮다
참여도	높다	중간	낮다
사회 · 문화적 배경	민주적 평등사회	관료적 계층사회	불평등사회

3) 사회복지 정책아젠다의 형성에 영향을 미치는 요인

(1) 사회복지 아젠다 형성 참여자

① 이슈제기자(issue entrepreneur)

사회복지 정책아젠다 형성에 가장 많은 영향을 미치는 사람이 이슈제기자이다. 이슈제기자는 사회복지문제를 이슈화시켜 일반 국민들에게 인식시키고 정책행위자들로 하여금 심각하게 논의하게끔 만드는 데 적극적인 활동을 하는 사람이다.

② 이해당사자들

이해당사자들은 사회복지문제로 고통을 당하는 문제의 당사자들과 그 문제해결 비용을 부담하는 기득권자들이다.

문제당사자들은 사회복지문제가 해결되는 경우 이익을 받는 사람들인 까닭에 사회복지문제가 제기되는 경우 정책아젠다 형성에 적극적으로 지지를 보내며 사회복지정책 의제가 어떻게 논의되는가를 주시하는 집단이다. 사회복지비용 부담자는 문제해결을 위한 사회적 노력 과정에서 많은 비용을 부담하게 된다고 느끼거나 현 체제 속에서 누리는 기득권을 빼앗기게 된다고 생각하는 기득권층과 비교적 비용부담을 느끼지 못하는 일반 국민이다.

③ 정책행위자(policy actor)

정부아젠다 위에 오른 정책의제를 다루는 사람들이 정책행위자이다.

④ 사회복지전문가

사회복지전문가는 클라이언트의 문제와 그 해결방법에 관하여 잘 알고 있을 뿐만 아니라 언론 및 정치인들에게 이들의 문제를 가지고 가서 이슈화하고 정책의제로 논의하도록 만드는 경우에 클라이언트를 대리할 수 있는 위치에 있다.

(2) 정치체제

어떠한 체제든지 체제 자체는 그 체제를 구축한 기득권자들에게 유리하게 작용하도록 편향되어 있다. 그래서 샤트슈나이더(Elmer Eric Schattschneider, 1892-1971)는 체제는 '편견의 동원체'(mobilization of bias)라고 하였는데(The Semisovereign People: A Realist's View of Democracy in America, Cengage Learning; Revised edition, 1975), 이러한 체제의 편향성은 일반적으로 볼 때, 사회복지 정책아젠다의 형성을 억제하는 역할을 한다.

사회복지정책이 가진 자(haves)로부터 가지지 못한 자(have-nots)로의 소득 이전을 특징으로 하는 재분배정책으로서의 성격을 띠고 있기 때문에, 어느 사회든 기득권세력들은 사회복지 정책아젠다 형성을 합법적으로 저지할 수 있도록 체제를 구축한다. 결국 사회복지이슈의 경우 기득권세력의 기득권을 침해하지 않는 범위 안에서만 이슈화가 허용되고 정책아젠다의 형성이 이루어지는데 이때 눈에 보이지 않게 부정적인 영향을 미치고 있는 것이 바로 체제의 편향성이라 할 수 있다.

(3) 다른 이슈들의 존재

사회복지이슈는 국민 전체와 관련된 이슈 또는 흥미를 유발시키는 이슈가 등장하게 되면 아젠다 공간에서 축출되고 곧 잊혀 버리는 속성을 가진다.

3. 사회복지 정책대안의 형성과정

1) 정책대안의 의미

정책대안이란 문제의 해결방법에 관한 것으로 정책대안의 형성과정이란 엄격한 의미에서 주어진 목표 달성을 위해 어떤 문제에 대해 여러 가지 해결방안을 모색하고 개발하는 과정이다.

정책대안을 협의의 의미로 해석하는 경우 정책의 목표는 주어진 것으로 보기 때문에 목표 설정과는 전혀 관계가 없이 '주어진 목표의 달성을 위한 여러 방법들을 강구하고 이들 방법들을 비교 · 분석하는 과정'만을 의미한다.

한편 정책대안의 형성과정을 넓은 의미로 이해하는 경우에 이는 '정책문제가 무엇인지를 파악하고 문제를 둘러싼 상황을 파악하여 정책목표를 세우며, 그 목표를 달성할 수 있는 정책수단으로서의 정책대안들을 개발하여, 어떠한 정책대안이 가장 바람직한 것인가를 비교하고 분석하는 과정'을 의미한다.

2) 사회복지 정책대안 형성과정

(1) 사회복지문제와 상황의 파악

① 문제나 욕구의 원인

다루고자 하는 사회복지문제가 발생하게 된 원인이 그 문제로 인하여 고통을 받고 있는 사람 개인에게 있는지, 아니면 사회체제 또는 사회변동에 그 원인이 있는지에 대한 사람들의 견해를 파악하여야 한다.

② 문제의 영향

그 사회복지문제가 미치는 영향이 직접적으로 관련된 사람들에게만 국한되는 것인지, 아니면 다른 사람들에게도 영향을 미치는 것인지, 그리고 영향을 미친다면 어느 정도나 영향을 미치며, 영향을 받는 사람들이 어느 정도나 심각하게 그 문제의 영향을 받아들이는지를 파악하여야 한다.

③ 문제의 인지범위

그와 같은 사회복지문제를 인식하고 있는 사람들은 어느 정도이며, 어떠한 특성을 가지고 있는가, 그리고 어떠한 해결방법을 원하는가를 파악하여야 한다.

④ 문제의 해결능력

그 사회복지문제가 개인의 힘에 의해 해결할 수 없는 것인지 여부 및 사회적 해결에 드는 비용이나 자원의 조달방법은 무엇인지에 관한 견해들이다.

⑤ 문제의 성격

그 사회복지문제가 어느 정도 사회적 중요성을 띠는가, 그리고 어느 정도 정치적 성격을 띠는가에 관한 판단이 필요하며, 이러한 문제의 성격은 흔히 문제와 관련된 사람들의 이해관계에서 나타나는 갈등의 정도, 곧 이슈의 크기에 따라 영향을 받게 된다.

(2) 미래 예측 및 목표 설정

사회복지문제가 무엇인가를 파악한 다음에 해야 할 일은 미래에 관한 예측을 통한 정책목표의 설정이다. 사회복지정책의 목표 설정에서 고려해야 하는 주요 요인은 다음과 같다.

① 정책의 대상집단(target group)인 클라이언트와 비용부담자 및 지역주민들의 이해관계
② 정책문제의 특성
③ 문제해결 목표의 종류 및 성격 : 단일 목표인가, 복수 목표인가? 장기 목표와 단기 목표는 무엇인가? 거시적인 목표와 미시적인 목표는 무엇인가? 사회 전체적인 목표인가? 지역에 국한된 목표인가?
④ 다른 목표와의 관계
⑤ 목표가 기초하고 있는 가치

(3) 대안의 탐색 및 개발

정책대안을 만들기 위해서는 문제, 상황, 미래에 대한 정보를 수집하여 종합적으로 검토·분석하여야 한다.

① 과거의 정책

과거나 현 정책은 정책분석가들이 고려하는 가장 중요한 정책대안의 원천이다. 특히 점증주의적 입장에 있는 정책분석가들은 기존 정책을 약간 수정한 것이 가장 좋은 정책대안이라 생각한다. 기존 정책을 바탕으로 한 경우 결과 예측이 비교적 용이하지만 예기치 않은 사회적, 정치적 변화가 다른 결과를 가져올 수 있으므로 정확한 분석이 요구된다.

② 외국의 정책사례

정책문제로 채택된 사회복지문제에 관하여 이전의 정책 경험이 없는 경우 외국의 정책사례에서 아이디어를 얻어 정책대안을 개발할 수 있다. 이 경우에는 사회, 문화적 배경과 정치, 경제적 상황 등의 차이를 고려해야 한다.

③ 사회과학적 지식

사회복지문제를 해결하기 위한 정책대안은 사회복지학, 심리학, 경제학, 사회학, 정치학 등 사회과학적 지식이나 분석, 이론 모형에서 만들어낼 수 있다.

④ 직관적 방법

때로는 정책대안을 주관적 판단 하에 만들어내는 경우도 있다. 특히 정책대안에 관한 선례나 전문지식 및 상황에 대한 정보가 부족할 경우에 사용할 수 있다. 그러나 부정확하고 실현불가능한 대안이 될 가능성도 있으므로 관련 분야의 다양한 사람들의 의견을 수렴할 필요가 있다.

(4) 대안의 비교 분석

위와 같은 방법으로 정책대안이 만들어지면 여러 가지 기준에서 분석되고 결과를 예측하며 다른 대안들과 비교하여 평가된다.

① 기술적 실현 가능성(technical feasibility)

기술적 실현 가능성은 엄밀하게 말하면 정책대안이 가지고 있는 기술적 문제점에 관한 것을 의미하지만 보통 집행 가능성을 포함하여 논의된다.

② 정치적 실현 가능성(political feasibility)

아무리 좋은 정책대안이라 하더라도 국회에서 통과되지 않거나 대통령이 거부권을 행사한다면 또는 집행 시에 주민들의 정치적 반대가 강하다면 정책집행이 어려워지고 집행되더라도 그 효과가 낮아질 수 있다.

③ 능률성(efficiency)

능률성은 효율성을 의미하기도 하는데 정책대안의 투입과 산출을 비교하는 것이다. 즉, 투입이 일정하다면 산출을 최대한으로 만들거나, 산출이 일정하다면 투입을 최소화하는 것이 능률적일 것이다. 보통 사회복지문제에 동원할 수 있는 자원이 한정적이기 때문에 능률성이 중요한 기준이 된다.

④ 효과성(effectiveness)

자원절약이라는 측면에서는 능률성이라는 기준이 있지만, 사회복지 목표달성도와 관련하여서는 수단지향적 기준으로 효과성 기준이 있다. 효과성은 사회복지정책이 가지고 있는 목표를 어느 정도 달성했는가, 즉 산출(결과)을 최대한으로 만드는 대안을 선택하는 것이다.

⑤ 사회적 효과성(social effectiveness)

사회적 효과성은 효과성과 비슷한 기준이지만 사회적 의미에서 사회복지정책의 시행결과 사회적 유대감의 달성 등 사회복지의 사회통합적 기능을 얼마나 달성하였는가를 기준으로 삼는 것이다. 사회복지정책은 인간의 존엄성을 전제로 하는 까닭에 사회적 효과성이 논의된다.

⑥ **사회적 형평**(social equity)

이 기준은 사회복지정책이 시행되는 경우 계층상이의 불평등이 어느 정도 완화될 수 있는가에 관한 것이다. 사회계층 가운데 불리한 입장에 있는 사람들에 대한 정책적 고려를 통해 인간의 존엄과 가치라는 점에서 평등을 구현하기 위해 제기되는 기준이라 할 수 있다.

생각해 보기

1. 사회복지 정책아젠다의 개념과 정책아젠다의 설정에 영향을 미치는 요인들에 대해 생각해 봅시다.
2. 다양한 사회복지정책 대안들을 비교, 분석하는 기준들은 어떤 것들이 있는지 설명해 봅시다.

참고문헌

김정수(2016). 『정책학입문』. 문우사.

김홍배(2012). 『정책평가기법』. 나남.

류지성(2019). 『정책학』. 대영문화사.

박병현(2012). 『사회복지정책론: 이론과 분석』. 학현사.

양재진 · 김영순 외(2008). 『한국의 복지정책 결정과정』. 나남.

이진숙 · 주은선 외(2016). 『사회복지정책론』. 양서원.

정철현(2003). 『행정이론의 발전』. 다산출판사.

Charles O. Jones(1984). *An Introduction to the Study of Public Policy*. Pacific Grove: Brooks/Cole.

D. Dinitto(2000). *Social Welfare : Politics and Public Policy*(5th ed.). Boston: Allyn & Bacon.

Elmer E. Schattschneider, David Adamany(1975). *The Semisovereign People: A Realist's View of Democracy in America*. Cengage Learning: Revised edition.

Gilbert, N., Specht, H., & Terrell, P.(1993). *Dimensions of Social Policy*.

R. Cobb, J. K. Ross & M. H. Ross (1976). "Agenda building as a comparative political process". *The American Political Science Review*, 70(1), 126-138.

Robert Eyestone(1978). *From Social Issues to Public Policy*. New York: John Wiley and Sons.

CHAPTER 9

사회복지정책의 과정 2

1. 사회복지 정책결정
2. 사회복지 정책집행
3. 사회복지 정책평가

1. 사회복지 정책결정

1) 사회복지 정책결정의 의미와 성격

사회복지문제를 해결할 수 있는 정책대안들 가운데 어떤 것들은 정책결정자에 의하여 채택되고 어떤 것들은 채택되지 못하고, 또한 채택된 정책들 사이에서도 그 시행에 관한 우선순위가 논의되고 확정되는데 이러한 과정들이 바로 정책결정 과정이다.

정책결정과정은 대안의 선택과정 또는 우선순위를 확정짓는 과정이기 때문에 다른 정책과정과는 그 성격이 전혀 다르다고 볼 수 있다. 정책결정과정의 이러한 특성은 다음과 같다.

① 권위 있는 결정

정책결정은 아무나 하는 것이 아니라 정책결정을 할 수 있는 권한을 가진 사람, 곧 권위 있는 정책결정자만이 할 수 있다는 점에서 정책의제 형성이나 정책대안의 형성과는 다르다.

② 해결방안의 채택

정책결정과정은 사회세력들의 다툼 속에서 권위 있는 정책결정자에 의하여 이루어지는 해결대안의 채택이다.

③ 공익적 성격

권위 있는 정책결정자가 정책대안 가운데 하나를 선택할 때 정책결정자는 사회 전체적인 공익을 기준으로 삼아야 하며, 정책문제를 둘러싼 사회세력들의 이해를 조정하되, 어느 한편의 이익을 대변하여서는 안 되고 공익적 관점에서 결정이 이루어져야 하는 당위성을 띠고 있다.

④ 정치적 성격

사회복지정책은 사회복지문제를 둘러싼 사회세력들 사이의 타협의 산물이라고도 볼 수 있다. 이런 점에서 볼 때 사회복지정책의 결정과정은 정치적 성격을 띠며, 사회복지정책의 결정에는 한편으로 규범성이 강조되면서도 다른 한편으로는 정치적 성격이 반영된다.

⑤ 거시적 시각

논의되고 있는 해당 사회복지문제의 해결만을 고려하는 것이 아니라, 다른 정책과의 관계 및 장래의 사회적 상황 변화 등 사회 전체적인 입장에서 거시적 조망이 필요하다.

2) 사회복지 정책결정에 관한 이론 모형

(1) 다원주의 이론(pluralism theory)

다원주의 이론은 1950~60년대 다양한 이익집단(interest group)들이 권력을 갖기 위해 정책결정에 영향을 미치고자 서로 경쟁한다는 시장논리를 주장한 달(Robert Alan Dahl, 1915-2014)과 폴스비(Nelson Woolf Polsby, 1934-2007) 등에 의해 개발된 이론이다.

(2) 공공선택 이론(public choice theory)

공공선택 이론은 모든 정치행위자들(유권자, 납세자, 정치가, 행정관료, 이익집단, 정부 등)이 자신의 이익을 최대로 늘리고자 노력하는 가운데 어떠한 정책이 선택된다고 보는 이론이다.

여기서 모든 인간은 자신의 효용을 극대화하려는 이기적이고 합리적인 선택(rational choice)을 하는 존재라고 가정한다.

이와 관련하여 다이(Thomas R. Dye, 1998)는 이익집단의 경우 자신들의 이익을 위해 영향력을 행사하게 되므로, 공공정책은 경쟁에서 승리한 특정 집단만이 이익을 누리게 된다고 주장했다(Understanding Public Policy(9th edition), New Jersey: Prentice Hall).

이익집단은 자신들에게 유리한 정책이 입안되도록 정치가와 관료들을 대상으로 로비활동을 펼치는데 정치가들에게는 선거 때 표나 정치자금 제공을, 관료들에게는 자신이 속한 부처에 예산이 증대될 수 있다는 명목으로 지지를 이끌어 내고(박병현, 2012), 이렇게 해서 세 집단, 즉 정치인, 관료, 이익집단은 상호협력관계를 구축하게 되어 정책이 수립되는 결과를 얻게 된다는 것이다. 이것을 철의 삼각관계(iron triangle)라고 부르기도 한다. 따라서 공공선택 이론에서 모든 이해관계자들은 자신의 이익을 고려하여 행동한다.

(3) 합리모형(rational model)

합리모형은 인간과 조직의 합리성, 완전한 정보환경 등을 전제로 하는 이상적인 정책결정과정이다. 이 모형은 인간이 합리적 사고방식을 따르는 경제적인 인간이라는 전제하에 정책결정자가 고도의 합리성을 기반으로 문제를 분석하여 가장 합리적인 최선의 정책대안을 찾아낼 수 있다고 보는 것이 특징이다.

앞서 언급했던 다이(Thomas Dye, 1998)에 의하면 정책결정자가 합리적 정책결정을 하기 위한 조건은 다음과 같다(박병현, 2012에서 재인용).

① 사회가 선호하는 가치는 무엇이며, 그것들의 상대적 비중을 모두 알아야 한다.
② 가능한 모든 정책대안들을 알아야 한다.
③ 각 정책대안들로 인한 결과를 모두 알아야 한다.
④ 각 정책대안들을 수행할 경우 가져올 이익과 손해비율을 계산해야 한다.
⑤ 가장 효율적인 정책대안을 선택해야 한다. 이를 위해 모든 대안들에 대한

정보수집이 가능해야 하며, 정책의 대상집단과 비대상집단 모두에 미치는 현재와 미래의 이득과 비용을 계산할 수 있어야 한다.

합리적 모형은 매우 이상적인 정책결정모형이기는 하지만 다음과 같은 이유들로 인해 많은 학자들에게서 비판을 받고 있다.

① 인간의 이성 및 합리성에 대한 비판

인간에 대한 합리적 모형에서 전제로 하는 인간이 언제나 이성적이고 합리적인 것은 아니라는 것이다.

② 목표와 상황의 불확실성

정책목표라는 것이 항상 명백하게 주어지는 것은 아니며 정책상황 역시 불확실성을 띠면서 변화하고, 정책목표라는 것은 정책과정에 참여하는 관계자들 간의 타협과 협상에 의해 형성되며 정책상황에 따라 바뀔 수 있으므로 가장 합리적인 정책대안이란 처음부터 존재할 수 없다.

③ 인간능력의 한계

인간의 능력은 합리모형에서 가정하는 것처럼 언제나 완벽하지 않으므로 충분한 정보가 주어진다 하더라도 각각의 정책대안들이 가져올 결과에 대해 완전하게 파악하는 것은 불가능하다.

④ 정보 및 시간의 부족

인간의 합리성이나 인간의 능력에 관한 합리이론의 가정을 인정한다 하더라도 정책문제나 정책문제의 해결에 대한 정보가 항상 충분한 것은 아니다. 또한 문제를 해결할 수 있는 최선의 방안을 강구할 수 있는 시간적 여유나 비용이 충분하지 못하는 경우도 있다.

⑤ 매몰비용의 문제

상황에 따라서는 최선의 정책대안이 존재함에도 불구하고 이미 시행 중인 정책에 수많은 자원이 투입되어 있는 상황이라면, 매몰비용 때문에 최선의 정책대안을 새로 선택하기보다는 현재 시행 중인 정책을 계속 사용하거나 일부 수정하여 사용하는 수밖에 없는 경우도 생긴다.

매몰비용(sunk cost)

이미 지출되었기 때문에 회수가 불가능한 비용으로, 물건이 깊은 물속에 가라앉아 버리면 다시 건질 수 없듯이 과거 속으로 가라앉아 버려 현재 다시 쓸 수 없는 비용이라는 뜻이다. 경제학에 있어 매몰비용은 이미 지출되었기 때문에 합리적인 선택을 할 때 고려되어서는 안 되는 비용이다(일단 지출하고나면 회수할 수 없는 기업의 광고비용이나 R&D비용 등).

(4) 점증모형(incremental model)

점증모형은 린드블롬(Charles Edward Lindblom), 코헨(Mitchell Cohcn), 윌다브스키(Aaron Wildavsky) 등이 주장한 정책결정이론으로, 기존의 정책결정을 토대로 하여 그보다 조금 차이가 있는 정책대안을 바련하고 다시 정책결정이 이루어지면서 점증적으로 정책결정이 수정되어 나가는 과정의 모형이라 할 수 있다.

정책결정에 있어서 점증모형을 택하게 되는 이유로는,

첫째, 정책결정자가 기존 정책의 대안이 될 수 있는 모든 정책들의 비용(cost)과 편익(benefit)을 조사하는 것은 시간적 제약과 비용, 지식 부족 등으로 인해 사실상 불가능하기 때문이다.

둘째, 완전히 새로운 정책이 가져올 결과를 예상할 수 없을 때 정책결정자는 모험을 감수하기보다는 이미 실행경험이 있는 안전한 기존 정책을 더 선호하게 되는 것이다.

셋째, 매몰비용의 문제로 이미 기존 정책에 많은 자원이 투입되었을 경우로 투입된 자원에는 재정적 측면뿐만 아니라 수많은 관료, 행정조직, 정치적 명분, 국민적 합의 등이 있다.

넷째, 기존 정책에서 단순히 예산의 증감이나 프로그램 수정만 논의하면 되기 때문에 비교적 정치적 저항을 피하고 쉽게 합의를 도출할 수 있다.

점증모형의 한계와 문제점을 살펴보면,

첫째, 평가기준의 부재로서, 점증모형에 대한 가장 신랄한 비판 가운데 하나가 '점증'에 대한 확고한 기준이 없다는 것이다.

둘째, 형평성의 문제로 사회적 가치의 근본적인 재분배를 필요로 하는 정책보다는 항상 정치적으로 실현 가능한 임기응변적 정책을 모색하는 데 치중하게 된다.

셋째, 점증모형이 가지는 반쇄신적(anti-innovation) 성격으로 점증모형은 보다 합리적인 정책 결정방법을 시도하지 않는 구실로 사용될 수 있다.

넷째, 적용의 문제로 점증모형은 위기상황 시의 정책결정에 지침을 제시하지 못하기 때문에 그 대처능력을 의심받고 있다. 점증모형은 과거나 현재의 사업에 근거를 두고 이를 약간만 변화시키는 것이기 때문에, 새로운 대안을 과감히 기용하는 데 미흡할 수밖에 없다.

(5) 쓰레기통 모형(garbage can model)

쓰레기통 모형은 마치와 올슨(James G. March & Johan P. Olsen)[1]이 제시한 것으로 정책결정이 협상이나 타협과 같은 방법을 통해 이루어지는 것이 아니며 조직화된 혼란상태(organized anarchy) 속에서 몇 가지의 흐름으로 구성되어 있고, 이러한 흐름이 우연히 합쳐질 때 정책결정이 이루어진다고 본다. 그들은 정책결정에 필요한 네 가지 흐름으로서 ① 선택기회(choice opportunity)의 흐름, ② 해결되어야 할 문제(problem)의 흐름, ③ 문제에 대한 해답으로서의 해결방안

1) Cohen, M., I. March & J. Olsen(1972). A Garbage Can Model of Organizational Choice, *Administrative Science Quarterly*, 17(1), March, 1-25.

(solution)의 흐름, ④ 정책결정에의 참여자(participants)의 흐름이 있는데, 이 네 가지 흐름이 어떤 계기로 교차하여 우연히 쓰레기통 속에서 만나게 될 때 정책결정이 이루어진다고 보았다.

이들의 이론을 발전시켜 쓰레기통 모형을 제시한 학자는 킹돈(John Wells Kingdon, 1984)이다.

킹돈은 정책결정이 참여자와 과정이라는 두 가지 범주로 나눠지며, 정책결정과정에는 세 가지 흐름, 즉 ① 문제의 흐름(problem stream), ② 정책(대안)의 흐름(policy stream), ③ 정치의 흐름(political stream)이 각각 독자적으로 형성되며, 각 흐름의 주요 참여자도 다르다고 본다. 그러므로 그의 이론은 다중흐름모형(Kingdon's Multiple Stream Framework; MSF)으로 불린다.

문제의 흐름은 언론 및 클라이언트에 의해서, 정치의 흐름은 정치인 및 이익집단, 여론, 사회운동 등에 의해서, 그리고 정책(대안)의 흐름에는 관료, 전문가, 학자들의 참여에 의해서 활성화되며 평상시에는 각각 독자적으로 흘러간다.

킹돈은 이러한 세 가지 독자적 흐름이 우연한 기회에 한 곳으로 연결되면서 정책아젠다가 형성된다고 보았다. 즉, 사회의 위기나 재난, 사회지표의 커다란 변화, 기존 프로그램의 환류 등으로 인한 정책문제의 흐름, 정책체제의 분화과정, 학자나 연구자의 정책활동, 이익집단의 개입 등으로 인한 정책(대안)의 흐름, 정권교체, 국회 의석의 변화, 국민적 분위기의 변화, 여론의 변화, 이익집단의 압력 등으로 구성되는 정치의 흐름이 우연한 기회에 결합되어 의사결정이 이루어진다고 본다.

정치의 흐름과 정책의 흐름 속에 떠다니던 정책대안이 연결되는 경우 정책의 창문(policy window)이 열리면서 정책이 결정될 수 있는 기회가 오게 된다. 이때 정책대안들이 정책결정으로 연결되지 못하면 정책의 창문은 닫히게 되고 세 개의 흐름은 다시 제 각각 흘러가게 된다(이에 대해 다음의 그림을 참고할 것).

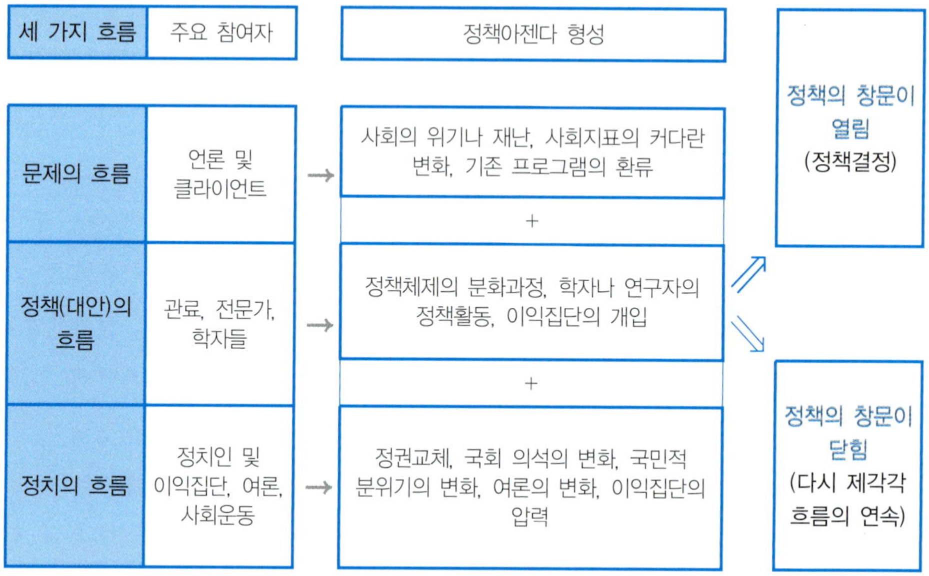

[그림 9-1] Kingdon의 정책모형

(6) 만족모형(Satisficing model)

만족모형은 사이먼과 마치(James G. March & Herbert A. Simon, 1958)가 제시한 이론으로, 의사결정에 있어 합리적인 결정이나 최적대안을 선택하는 데 있어서는 여러 가지 현실적 제약이 있기 때문에, 어느 정도 동의할 만한(agreeable) 차선의 대안을 선택함으로써 제한된 합리성을 찾을 수밖에 없다는 이론 모형이다.

만족모형의 기본적인 가정을 살펴보면

첫째, 사람은 자신의 제한된 능력과 환경적 제약으로 인해 완전한 합리성을 발휘할 수 없다. 즉, 인간은 합리적이 되고자 노력할 뿐이며, 대안의 분석에도 완벽을 기하려고 노력할 뿐이다.

둘째, 대안 선택 시에도 최소한의 만족을 유지하지 못하는 경우가 계속된다면 그에 맞추어 대안의 선택기준을 낮추어 가게 된다.

셋째, 의사결정을 하는 사람의 가치관 등 심리적 성향에 의하여 형성되는 주관적 합리성이 의사결정의 기준이 된다.

넷째, 의사결정에서 탐색활동은 만족을 줄 수 있는 대안을 찾는 데에 그 목적이 있으므로 주관적으로 좋다고 생각되는 대안을 선택하게 된다는 것이다.

이 이론의 장점은

첫째, 실제의 의사결정을 설명하고 기술하는 경험적 · 실증적 연구로서는 획기적인 것이라는 점이다.

둘째, 이 이론은 의사결정은 비용이 들어가는 작업임을 명백히 한 점이다.

이 이론이 지닌 단점은

첫째, 최선의 대안이 아니라 만족할 만한 대안을 찾은 후에 대안탐색을 중단하게 되면 검토되지 않은 대안 중에 훨씬 더 중요한 대안이 있어도 이것이 탐색되지 않고 포기하게 된다.

둘째, 만족 여부는 기대수준에 달려 있는데 이 기대수준 자체가 극히 유동적이어서 언제든 변경될 수 있다.

셋째, 차별석이고 중대한 의사결정에는 이러한 식의 의사결정이 아니라 보다 분석적 결정이 이루어질 가능성이 크다.

허버트 알렉산더 사이먼(Herbert Alexander Simon, 1916-2001)

허버트 사이먼은 독일계 미국인으로 제한된 상황에서 인간의 의사결정모델에 관한 이론으로 1978년 노벨경제학상을 수상하였다. 그는 당시에 주류 경제학이 가정하는 인간의 합리성에 대해 인간의 인지능력의 한계(제한된 합리성)라는 관점을 가지고 비판한 최초의 사회과학자였다. 사이먼의 주장은 후에 경제학과 심리학이 결합하는 행동경제학으로 꽃을 피우게 된다.

출처: https://ko.wikipedia.org/wiki/%ED%97%88%EB%B2%84%ED%8A%B8_%EC%82%AC%EC%9D%B4%EB%A8%BC

(7) 혼합모형(Mixed Model)

혼합모형은 합리모형과 점증모형의 절충이라 할 수 있는 정책결정모형으로서 합리모형의 이상주의적 성격에서 나오는 단점과 점증모형의 보수성이라는 약점을 극복할 수 있는 전략으로 제시된 모형이다. 이 이론을 지지하는 대표적인 이론가는 에치오니(Amitai Etzioni)로 그의 이론은 Mixed Scanning Model로 불린다.

혼합모형의 기본적인 결정에서는 합리성이 작용하지만 세부적인 결정에서는 점증적인 결정이 이루어진다고 본다. 즉, 정책결정에는 합리성만 작용하는 것도 아니며, 비합리적인 결정만 이루어지는 것도 아니기 때문에 결정의 범위에 따라 이 두 가지가 다 적용된다고 본다.

이 모형의 한계점은 두 개의 대립되는 극단의 모형들을 혼합 절충한 것에 지나지 않으며, 현실적이지 않다는 비판이 있다.

〈표 9-1〉 정책결정에 관한 이론 모형들

다원주의 모형	내용	• 달과 폴스비(Dahl & Polsby) 등에 의해 개발된 이론 • 기본가정은 다양한 이익집단들이 권력을 갖기 위해 정책 결정에 영향을 미치고자 서로 경쟁한다는 시장 논리에 의해 개발된 이론 • 영향력을 끼치고자 하는 모든 집단들의 주장이 동등하게 청취된다고 본다.
	비판	• 모든 집단들의 주장이 동등하게 청취되지 않는다는 점 • 상대적으로 더 많은 권력을 가지고 있는 집단이 정책결정에 더 많은 영향을 끼치게 된다.
공공선택 모형	내용	• 모든 정치적 행위자들(유권자, 납세자, 정치가, 이익집단, 정부 등)이 자신들의 이익을 최대로 늘리고자 하는 가운데 어떠한 정책이 선택된다고 보는 것 • 모든 인간은 자신의 효용을 극대화하려는 이기적이고 합리적인 선택을 하는 존재라고 가정 • 정치가들의 중도성향을 설명하기에 적절(보수성향과 진보성향의 유권자 유인) • 정책은 특히 세 집단(정치인, 관료, 이익집단)의 상호협력관계 구축으로 수립
합리모형	내용	• 인간은 이성과 합리성을 가진 '경제적 인간'이라는 것을 전제로 한 정책결정 모형 • 정책결정권자는 이성과 고도의 합리성을 가지고 있고, 주어진 목적의 달성을

		극대화하기 위해 최선의 정책대안을 찾는다고 본다. • 정책 집행에 따른 비용과 정책의 성과가 가장 긍정적일 때 합리적인 결정을 하므로 효율성을 강조한다.
	비판	• 인간의 이성 및 합리성에 대한 비판(인간은 항상 합리적이지는 않음) • 목표와 상황의 불확실성(정책상황은 타협과 협상에 따라 변화됨) • 인간능력의 한계성과 정보 및 시간의 부족 • 매몰비용(sunk cost)의 문제
점증모형	내용	• 린드블롬(Lindblom), 코헨(Cohen), 윌다브스키(Wildavsky) 등이 주장 • 기존 정책결정을 토대로 하여 기존보다 조금 차이가 있는 대안을 마련하여 점증적으로 정책결정이 수정되어 나가는 모형(과거 정책의 변형) • 현재의 정책에 대한 대안을 조사하는데 드는 시간과 지식, 재정을 줄일 수 있으며, 새로운 정책의 결과를 예상할 수 없을 때 안전함(보수적)
	비판	• 정치적으로 실현 가능한 임기응변적 정책을 모색 • 합리적인 정책을 과소평가하는 반쇄신성(anti-innovation) • 새로운 대안을 과감히 기용하는 것에 대해 미흡함(보수성)
쓰레기통 모형	내용	• 정책결정이 합리성이나 협상 및 타협과 같은 방법을 통해 이루어지는 것이 아니라 조직화된 혼란상태 속에서 몇 가지 흐름이 우연히 합쳐질 때 이루어진다고 보는 모형 • 킹돈은 정책결정과정에는 ① 문제의 흐름(problem stream), ② 정책대안의 흐름(policy stream), ③ 정치의 흐름(political stream)의 세 가지 흐름이 각각 존재하며 흘러 다닌다고 본다. • 문제의 흐름은 사회의 위기나 재난, 사회지표 변화, 기존 프로그램의 환류 등을 통해, 정책의 흐름은 정책체제의 분화과정, 학자나 연구자의 정책활동, 이익집단의 개입 등을 통해, 정치의 흐름은 정권교체, 국회의석 변화, 여론 변화, 이익집단의 협력 등을 통해 우연한 기회에 한 곳으로 연결되는 경우 정책의 아젠다로 형성될 때 정책의 창문(policy window)이 열리면서 정책결정이 이루어진다고 본다. 정책의 창문이 열리지 않을 경우 세 개의 흐름은 다시 제각각 흘러 다니게 된다.
만족모형	내용	• 제한적 합리모형이라고도 한다. • 인간의 절대적 합리성보다는 제한된 합리성에 기초하여 최적수준에 의한 최적의 대안보다는 현실적으로 만족할만한 대안을 선택한다는 이론 • 결정자의 능력에 따라 주관적으로 선택
	비판	• 만족의 정도를 결정하는 객관적인 척도가 없어 주관적이기 쉽다. • 조직에 따라 만족수준이 보수적인 성향을 지닐 가능성이 큼

혼합모형	내용	• 합리모형과 점증모형의 절충모형 • 합리모형의 비현실적 이상주의적 단점과 점증모형의 보수성이라는 약점 절충을 위한 모형
	비판	• 두 개의 극단적인 모형절충 • 유토피아적 모형으로 비현실적

3) 사회복지 정책결정에 영향을 미치는 요인들

(1) 정책과정 참여자

정책결정에 영향을 미치는 가장 큰 요인은 인적 요인이며 정책꾼들이 정책결정에 많은 영향을 미친다. 특히 이들 가운데 정책결정자의 의지가 가장 큰 영향을 미친다고 할 수 있으며, 정책결정자를 둘러싼 정책참모들의 정책 성향이나 능력 및 의지 역시 많은 영향을 미친다.

(2) 정책결정 구조

정책결정이 이루어지는 조직의 구조, 즉 구조적 특징이 정책결정에 제약적이다. 또한 조직 내 권한의 집중과 분산 정도, 의사전달의 형태, 분화나 전문화 등 행정적 요인들은 모두 정책결정에 영향을 미치는 요인들이다.

(3) 정책대안의 존재

정책대안의 존재 또한 사회복지 정책결정에 영향을 미치는 요인이다. 사회복지에 관한 정책대안은 사회복지 실무를 담당하는 사회복지전문가, 또는 사회복지정책을 연구하는 학자들의 활동에 의하여 제시되는 것이 보통이다.

(4) 다른 정책과의 관계

사회복지정책의 결정과정에 영향을 미치는 또 다른 요인으로 들 수 있는 것은 다른 정책과의 관계이다. 특히 사회복지정책의 형성과 밀접한 관계에 있는 것은 경제정책이다. 사회복지정책과 경제정책 간의 관계를 설명하는 두 가지 학설이 있는데, 우선, 경제적으로 호황인 경우에는 복지재원이 충분한 까닭에 사회복지정책이 촉진되고 경제적으로 불황인 경우라면 사회복지정책은 뒷전으로 밀리고 경제정책이 촉진된다는 학설과 이와는 반대로 경제적으로 불황일 때 정치체제는 위기를 느끼고 그것을 무마하기 위하여 사회복지정책의 형성을 촉진시킨다는 학설이 있다.

(5) 정치, 경제, 사회 상황

당시의 정치 · 경제 · 사회적 상황도 사회복지정책의 결정에 영향을 미치는 또 다른 요인들이다.

첫째, 정치적 요인으로는 정치이념을 포함한 사회의 지배적 이념, 정치 행정문화, 정치체제의 성격 및 권력구조, 정책환경으로부터의 지지와 압력, 기타 정치적 환경의 변화 등이다.

둘째, 경제적 요인으로는 국민소득, 가구소득, 실업률, 물가지수 등이다.

셋째, 사회적 요인으로는 인구구성 비율, 인구밀도, 산업화 수준, 도시화 수준, 주택 보급률, 문맹률, 교육수준, 노조 조직율 등이다.

2. 사회복지 정책집행

1) 사회복지 정책집행의 의미와 성격

정책집행이란 일반적으로 볼 때, 의도된 정책목표를 달성하기 위하여 결정된 사항들을 구체화하는 활동을 의미하지만, 이러한 일반적인 개념 이외에도 관리행태적인 측면만을 강조하는가(정치행정 이원론), 아니면 정책집행의 정치적 성격을 인정하는가에 따라 정책집행의 의미는 달라진다(정치행정 일원론).

정책집행은 결코 가치중립적인 것도 아니며, 단지 기술적인 과정에 그치는 것도 아니며, 정책집행은 여러 사회 세력들의 세력관계를 반영해 주는 과정이라고 볼 수 있으며, 정책집행과정은 이와 같이 정치적 성격을 띤다는 점에 그 특징이 있다.

2) 사회복지 정책집행에 영향을 미치는 요인들

(1) 정책환경적 요인

정책환경적 요인은 사회복지정책의 형성 및 정책참여자의 행태에 영향을 미치는 환경적 변수로서 정치, 경제, 사회적 상황의 변화와 관련된 변수들로 구성된다. 이 변수들은 정책집행과정에 직접적으로 영향을 미치기보다는 정책 자체와 정책행위자들에게 영향을 미침으로써 간접적으로 정책집행에 영향을 미친다고 볼 수 있다.

① 정치적 상황

정치적 상황의 변화, 즉 전쟁, 쿠데타, 선거주기, 대통령의 소속 정당, 의회 내 보수와 진보의원들의 세력비율의 변화 등은 사회복지정책의 내용과 정책행위자들의 행태에 영향을 미침으로써 집행과정에 많은 영향을 미친다.

② 경제적 상황

경제적 상황의 변화, 즉 개방화, 국제화, 세계화 추세는 사회복지정책보다는 경제정책에 보다 많은 관심을 기울이게 만듦으로써 사회복지정책의 실현을 지연시키는 요인으로 작용한다.

③ 사회적 상황

사회적 상황의 변화, 즉 인구구조의 변화, 산업화 및 도시화, 교육수준의 변화, 노조조직률의 변화 등은 사회복지정책의 형성 및 정책꾼들의 태도에 영향을 미침으로써 사회복지정책의 집행결과에도 영향을 미친다.

(2) 정책내재적 요인

정책내재적 요인이란 형성된 정책의 내용과 관련된 요인들을 말하는 것으로, 사회복지정책 프로그램에서 의도하는 정책목표의 타당성과 구체성, 그러한 목표의 달성을 위해 동원하는 정책수단 및 절차, 그리고 정책산물이라 할 수 있는 복지서비스의 형태에 관한 규정들을 말한다.

① 정책목표의 타당성과 구체성

정책목표의 타당성은 사회복지정책에서 해결해야 할 사회복지문제를 얼마나 잘 파악하여 정책목표를 세웠는가에 관한 것이다. 정책의 목표가 타당하고 구체적으로 세워져야 재원, 전달체계, 전달방법, 서비스 형태 등이 올바르게 결정될 수 있다.

② 정책수단 및 절차

정책의 목표가 아무리 잘 세워졌다 해도 그 목표를 달성할 수 있는 효율적인 정책수단 및 절차가 규정되어 있지 않다면 그 정책은 성공하기 어려울 수 있다.

정책집행에 가장 중요한 요인 가운데 하나가 정책집행에 사용되는 재원으로, 수립된 정책집행에 필요한 재원의 확보를 강제하는 규정이 있느냐 없느냐는 정책의 성공과 실패에 큰 영향을 미친다.

정책집행에 재원과 마찬가지로 중요한 또 하나의 요인은, 정책의 집행에 책임을 질 수 있는 정책집행기관의 존재이다.

③ 사회복지서비스의 형태

사회복지서비스의 유형은 복지서비스의 효율성에 직접적인 영향을 미치며, 복지서비스의 형태가 현물(benefits in kind)인가 현금(benefits in cash)인가에 따라, 또는 기회(opportunity)의 형태를 띠는지 용역(services)의 형태를 띠는지 아니면 신용(credit)의 형태를 띠는지에 따라 정책의 효율성은 달라진다.

④ 정책행태적 요인

이 요인은 정책 자체의 규정과는 관련이 없는 변수들로서 실제로 정책의 형성이나 집행에 관여하는 정책참여자들의 정치행태와 관련된 변수들을 말한다. 정책행태적 요인들은 정책상황에 의하여 많은 영향을 받으며 규정된 정책내용에 의하여서도 영향을 받기도 하고 결정되는 정책내용에 영향을 미치기도 한다. 정책행태적 요인들은 다음과 같다.

첫째, 정치기관 의지 여부이다.

둘째, 정책집행기관의 상급관청과 경쟁부서의 태도이다.

셋째, 사회복지정책을 시행함으로써 손해를 본다고 생각하는 이익집단의 활동이나 지역사회 주민들의 지지 또는 저항적 태도 및 일반 국민들의 관심이다.

Jeffrey L. Pressman과 Aaron Wildavsky의 집행이론

1960년대에 Johnson대통령이 이끈 美 연방정부는 경제개발을 통해 소수민족(특히 흑인)에게 상시적인 일자리 제공을 목적으로 경제개발처(Economic Development Agency; EDA)를 설치했다. 그리고 EDA 주도하의 공공사업이 농촌지역에서는 성공적이었고, 정부에서는 다른 지역에도 사업을 실시하고자 하였다. 그리하여 캘리포니아 주의 Oakland는 그와 같은 연방정부사업의 대상지로 선정되었고, 'Oakland Project'가 실시되었다. EDA에서는 1965년에 고용확대를 위한 중심사업으로 항공기 격납고($10,650,000), 항만시설($10,125,000), 항구산업공원($2,100,000), 그리고 도로건설($414,000)에 상당한 예산을 투입하였다. 그러나 집행과정(implementation process)이 점차 지연되면서 재정은 바닥을 보였지만 고용은 증대되지 않았고, 1970년대에 이 사업은 완전히 실패로 종료되었다. 이 사업이 이렇게 실패하게 된 과정을 Jeffrey L. Pressman과 Aaron Wildavsky가 연구를 통해 자세히 분석하였다. 그 결과 정책집행의 특성과 실패의 원인을 다음과 같이 분석하였다.

https://www.amazon.com/Implementation-Expectations-Washington-Programs-Foundation/dp/0520053311

① 정책의 목표는 집행활동에 영향을 미치고 집행활동은 정책의 목표에 영향을 미치기 때문에 정책의 목표와 정책의 집행활동을 분리해서 생각해서는 안 된다(Implementa- tion should not be divorced from policy).
② 정책에 규정된 정책수단대로 정책을 집행한다 하더라도 정책활동의 근거가 되는 이론상의 결함이 있는 경우 정책의 목표는 달성할 수 없다(Consider carefully the theory that underlies your actions).
③ 정책집행의 중간개입자들(intermediaries)이 많을수록 연대행동(joint action)이 필요하고 결정점(decision)이 많아지기 때문에 중간개입자들을 줄일 필요가 있다(Designers of policy must consider direct means for achieving their ends).
④ 정책집행 시에는 가능하면 단순성을 추구해야 한다. 비판적인 시선들이 개입될수록 집행의 성공은 어렵다(Simplicity in policies is much to be desired).
⑤ 정책집행과정 중에 책임자와 직원의 교체는 바람직하지 않으며, 성공적인 정책집행을 위해서는 리더십의 지속이 요구된다(Continuity of leadership is important to successful implementation).

출처: http://paissues.blogspot.kr/2011/11/pressman-and-wildavsky-policy.html
참고: Jeffrey L. Pressman과 Aaron Wildavsky의 정책집행에 대한 연구(Implementation: How Great Expectations in Washington are Dashed in Oakland : Or, why It's Amazing that Federal Programs Work at All, this Being a Saga of the Economic Development Administration as Told by Two Sympathetic Observers who Seek to Build Morals on a Foundation of Ruined Hopes. 3rd. rev. Edition, University of California Press, 1984. ISBN 0520053311, 9780520053311)

3. 사회복지 정책평가

1) 사회복지 정책평가의 의미

사회복지 정책평가는 본래의 정책목표를 달성했는가를 평가하는 것이며 또한 평가된 내용은 다시 정책과정에 영향을 주게 되므로 사회복지 정책과정에서 매우 중요한 과정이다.

정책평가란 좁은 의미로 쓰이는 경우에는 정책집행의 결과에 대한 평가, 곧 정책이 원래 의도한 문제의 해결에 얼마만큼 영향을 미쳤는가에 대한 평가활동을 의미하며, 넓은 의미의 정책평가란 정책과정 전반에 걸친 평가활동을 뜻한다. 즉, 정책결정 이전부터 정책집행 이후까지의 모든 정책과정 속에서 이루어지는 정책활동에 대한 평가를 의미한다.

2) 사회복지정책의 평가자와 평가기준

(1) 사회복지정책의 평가자

사회복지정책의 평가자는 정책평가의 질에 많은 영향을 미치고, 타당한 정책평가를 하기 위해서는 다음과 같은 자질을 갖추고 있어야 한다.

① 정책평가의 의뢰자가 원하는 것을 잘 파악할 수 있는 능력

② 정책평가 기법 및 분석기법에 관한 지식

③ 정책문제에 관한 지식

④ 정책과정에 관한 지식

⑤ 설득능력

⑥ 협력을 받아 낼 수 있는 능력

(2) 사회복지평가의 평가기준

사회복지정책의 평가기준으로 많이 쓰이는 것은 정책 프로그램의 목표나 클라이언트의 요구 또는 만족도와 관련된 기준들로써 능률성, 효과성, 사회적 형평, 반응성 등이다. 평가유형에 따라 평가를 하는 목적이 다르기 때문에 정책평가의 기준도 자연히 달라진다.

3) 사회복지 정책평가에 영향을 미치는 요인들

(1) 인적 요인

① 정책평가자

사회복지정책을 직접 평가하는 정책평가자가 정책 프로그램의 평가에 영향을 미침은 물론이고 정책평가자의 이념이나 신념 또는 가치는 사회복지정책 프로그램의 평가방향을 결정하는 데에 많은 영향을 미친다.

② 정책담당자

정책결정자나 정책집행자 역시 정책평가에 영향을 미치는데, 이들의 의도나 관심은 정책평가에 작용하고, 정책결정자나 정책집행자가 정책평가를 의뢰하는 경우, 이들은 정책프로그램을 존속시킴으로써 그 정책프로그램의 정당성을 인정받고 싶어 하는 경향이 있다.

③ 문제당사자

때로는 사회복지정책 프로그램의 클라이언트가 정책평가의 의뢰자일 수 있다. 사회복지정책의 클라이언트는 정책프로그램의 수혜자들인 까닭에 정책평가의 의뢰자이든 아니든 간에 사회복지정책 프로그램을 확대하는 방향으로 정책평가를 내리기를 원한다. 이들은 정책평가의 해석에 영향을 미치기 위해 영향력을 행사하기도 한다.

④ **주민, 일반 국민 등**

사회복지정책 프로그램에 의하여 직접적인 영향을 받는 지역주민들이나 이해관계자, 그리고 일반 국민들의 여론도 사회복지정책의 평가에 영향을 미친다.

(2) 시간적 요인

정책의 평가에는 시간을 요하는데, 충분한 시간적 여유가 없이 이루어지는 정책평가는 내용의 부정확성을 초래하는 까닭에 실패하기 쉽다.

(3) 기술적 요인

정책평가를 잘 하려면 평가를 위해 수집된 자료를 적절히 분석할 수 있는 기법이 있어야 하고, 만약 어떤 사회복지정책 프로그램을 평가하는 데 사용할 수 있는 좋은 분석기법이 이미 개발되어 있다면, 그 정책평가는 성공적으로 이루어질 수 있다.

(4) 제도적 요인

사회복지정책의 평가가 이루어지려면 정책평가에 필요한 정보나 자료의 획득이 보장되어야 하고, 원활한 평가활동을 지지해 줄 수 있도록 행정적인 뒷받침이 있어야 하며, 평가된 평가결과가 활용될 수 있는 환류장치나 제도가 마련되어야 한다.

(5) 정책 자체 요인

정책평가가 잘 이루어지기 위해서는 평가되는 정책프로그램의 목표가 뚜렷하고 그 목표를 달성하는 연계수단이 명확하여야 하고, 평가될 내용에 관한 측정이 가능해야 한다.

4) 사회복지정책 평가 종류

사회복지정책의 평가에는 대표적으로 과정평가와 총괄평가의 두 가지 종류가 있다.

(1) 과정평가(형성평가)

정책프로그램 수행 중이나, 전달과정 중에 실시하는 평가를 말한다. 정책이 어떤 경로를 거쳐서 효과를 발생하였는지를 파악하는 것으로, 정책효과를 결과로 하고 정책을 원인으로 하여 인과관계를 파악하되 개입과정에 영향을 끼치는 매개변수들을 확인한다. 정책내용의 수정, 변경, 중단, 축소 여부의 결정에 도움을 준다. 대표적으로 모니터링이 있다.

☞ **모니터링(monitoring)**

- 정책프로그램의 운영과정을 평가하는 방법으로, 정책프로그램이 계획된 대상에게 계획된 방법과 내용으로 제공되는지를 분석한다.
- 커버리지(coverage, 참여)와 바이어스(bias, 편중)로 분석하여 평가한다.

커버리지 (적용대상자 범위)	• 어떤 정책프로그램에 대한 대상 집단의 참여가 실제로 얼마나 이루어지고 있는가 하는 정도, 즉 충족도(만족도)를 말한다. • 낮은 커버리지는 정책프로그램에 대한 욕구는 있으나 아직 커버되지 않고 남아있는 대상의 비율을 말하고, 초과 커버리지는 부적절한 수급자가 많음을 의미하는 것으로 정책설계가 잘못되었음을 의미한다.
바이어스 (적용대상자 왜곡)	• 지정된 대상 집단의 각 하위집단들의 참여가 서로 다를 수 있다는 것, 즉 서로 다른 참여의 정도를 나타낸다. • 공공보육시설이용자가 전업주부들에 편중된 경우

(2) 총괄평가

정책집행이 종료된 후 정책이 사회에 미친 영향을 추정하는 평가(영향평가)이다. 정책효과뿐 아니라 부수효과나 부작용까지 포함하여 확인하는 사실 판단적인 활동이다. 효과성 평가와 효율성 평가가 있다.

<table>
<tr><td>효과성 평가</td><td colspan="2">정책목표를 어느 정도 달성하였는가?</td></tr>
<tr><td rowspan="2">효율성 평가</td><td rowspan="2">정책결과를 달성하기 위한 비용은?
효율성 = $\frac{\text{정책의 산출}(output)}{\text{정책에 대한 투입}(input)}$</td><td>비용-편익분석
(cost-benefit analysis)</td></tr>
<tr><td>비용-효과분석
(cost-effectiveness analysis)</td></tr>
</table>

① 비용-편익분석

비용과 편익을 현재가치의 화폐단위로 계량화하여 정책을 비교할 수 있도록 하는 분석방법이다.

② 비용-효과분석

총비용과 총효과를 비교하는 것으로, 두 개의 각각 다른 가치단위를 사용한다. 즉, 비용은 화폐단위로 측정되고 효과는 재화단위나 서비스 단위 또는 기타 가치 있는 효과단위로 측정된다. 화폐의 금액으로 환산하기 어려운 목적을 추구하는 프로그램을 평가하는데 적합하다.

편익(Benefit)

편익은 어떠한 비용을 지불하고 얻게 되는 편리와 이익의 만족감을 금전화한 개념을 말한다. 주관적인 만족감을 객관적으로 나타내기 위하여 화폐가치로 환산한 개념이 바로 편익이며 경제학적 용어로 효용(utility)이라고도 한다.

정책평가에서 비용-편익분석을 실시한다면 비용과 편익이 모두 평가시점인 현재를 기준으로 화폐로 환산될 수 있어야 하므로 미래에 발생할 편익이나 정책 성과도 현(現) 시점의 가치로 환산되어야 한다. 만약 편익을 화폐로 나타내거나 현재의 가치로 환산하기 어렵다면 비용-효과분석을 실시하게 된다.

출처: 이해하기 쉽게 쓴 행정학 용어사전,
https://terms.naver.com/entry.naver?docId=76679&cid=42155&categoryId=42155

생각해 보기

1. 다양한 정책결정모형들에 대해 설명해 봅시다.
2. 합리모형, 만족모형, 점증모형을 대상으로 합리성의 정도와 현실적합성이라는 측면에서 비교해 봅시다.
3. 사회복지정책의 평가가 중요한 이유와 평가(방법)의 종류에 대해 설명해 봅시다.

참 고 문 헌

김정수(2016). 『정책학입문』. 문우사.

김홍배(2012). 『정책평가기법』. 나남.

류지성(2019). 『정책학』. 대영문화사.

박병현(2012). 『사회복지정책론: 이론과 분석』. 학현사.

양재진 · 김영순 외(2008). 『한국의 복지정책 결정과정』. 나남.

이진숙 · 주은선 외(2016). 『사회복지정책론』. 양서원.

정철현(2003). 『행정이론의 발전』. 다산출판사.

행정학용어표준화연구회(2011). 『이해하기 쉽게 쓴 행정학 용어사전』. 펀앤북.

Cohen, M., I. March & J. Olsen.(1972). "A Garbage Can Model of Organizational Choice". *Administrative Science Quarterly*, 17(1), March, 1-25.

Fred I. Greenstein, Nelson W. Polsby(1975). *Handbook of Political Science: Policies and Policymaking*. Addison-Wesley Pub. Co.

James G. March & Herbert A. Simon (1958). *Organizations*. New York, N.Y.: John Wiley & Sons, Inc.

John Wells Kingdon(1984). *Agendas, Alternatives, and Public Policies*. New York: Harper and Row.

Pressman, Jeffrey. L. Wildavsky, Aron(1984). *Implementation*(3th edition). University of California Press.

Public Administration Issues, Pressman and Wildavsky : Policy Implementation. http://paissues.blogspot.com/2011/11/pressman-and-wildavsky-policy.html

Thomas R. Dye(1998). *Understanding Public Policy*(9th edition). New Jersey: Prentice Hall.

CHAPTER 10

사회복지정책의 제도들

1. 사회보험(Social Insurance)의 특성
2. 공공부조(Public Assistance)의 특성
3. 사회서비스(Social Sevice)의 특성

1. 사회보험의 특성

1) 사회보험의 특성

(1) 개념

사회보험(Social Insurance)은 사회보장 구성체계의 하나로 보험기술을 이용하여 사회정책을 실현하려는 경제 사회제도이며 질병, 노령, 장애, 실업, 사망 등으로 활동능력의 상실과 소득 감소 시 보험방식에 의해 소득을 보장하는 제도라 할 수 있다.

우리나라의 사회보장기본법(제3조 제2항)에서는 사회보험을 "국민에게 발생하는 사회적 위험을 보험방식에 의해 대처함으로써 국민의 건강과 소득을 보장하는 제도"라고 정의하고 있다.

사회보험은 거의 모든 나라에서 일차적으로 근로자를 주된 대상으로 하면서 점진적으로 국민 전체를 포함하는 방식으로 확대되어왔다.

(2) 역사

사회보장제도 중 사회보험 방식은 독일에서 가장 먼저 시작되었는데 Otto von Bismarck로 잘 알려져 있는 독일의 비스마르크(Otto Eduard Leopold Bismarck, Prince of Bismarck, Duke of Lauenburg. 1815-1898) 재상이 가장 먼저 도입하였다.

비스마르크는 독일통일에 이어 독일민족의 내부적 통일, 즉 사회통합의 필요성을 통감하고, 노동자계급을 국가 내로 통합시키기 위한 일정한 당근정책인 사회입법(Die Sozialgesetzgebung 또는 Sozialgesetze)을 통해 사회보험을 도입하였다.

비스마르크의 사회입법은 4가지 원칙이 존재했는데, 광산업, 조선소, 건축업 등에 종사하는 저소득 임금노동자를 의무적으로 가입시킨 강제보험의 원칙, 정부가

보험을 독점하고 엄격한 행정통제를 가하는 중앙통제의 원칙, 보험을 국가의 책임영역으로 간주하고 이윤동기 등이 침투하지 않도록 차단시킨 사보험회사배제의 원칙, 그리고 비용은 고용주가 부담하나 정부의 원조도 요구된 정부보조금지급의 원칙 등이 그것이다.

사회입법에 근거한 독일의 사회보험의 역사를 살펴보면, 먼저 1883년에 도입된 의료보험(Krankenversicherung)은 질병의 예방 · 치료, 소득보장을 위한 임신 · 분만에 대한 부조, 아동교육을 위한 가사부조, 사망에 따른 현금지급 등의 기능을 하였다. 일반적으로 노동자들은 보험료의 3분의 2를 부담하였고 자본가들은 3분의 1을 각각 납부하였다.

1884년에 도입된 산재보험(Unfallversicherung)은 산재 발생의 귀책사유에 관계없이 모든 재해노동자에게 적절한 수준의 보상을 제공(무과실책임주의)할 수 있도록 함으로써 보상을 받지 못했던 많은 재해노동자들의 불만을 완화시키고자 했으며, 사회민주세력의 노동자운동을 억제하려는 정치적 의도도 존재하였다고 할 수 있다.

그리고 1889년에 도입된 노령폐질연금(Alters-und Invaliditätsversicherung)은 국가의 관리나 도제를 제외한 연간소득 2천 마르크 미만인 모든 노동자를 강제 가입대상으로 하여, 70세에 달한 노동자에게는 노령연금을 제공하였고, 자신의 과오가 아닌 사유로 노동이 불가능하게 된 노동자에게는 폐질연금을 지급하도록 하였다. 보험금 부담은 노사 양측이 각각 절반씩 부담하였는데, 이는 노동자들의 불만을 감소시키고 이들을 기존질서에 편입되도록 하는 목적도 존재하였다고 볼 수 있다(출처: https://de.wikipedia.org/wiki/Sozialgesetzgebung; http://www.kapa21.or.kr/epadic/epadic_view.php?num=819).

우리나라는 1963년 산업재해보상보험법, 1976년 국민건강보험법, 1986년 국민연금법, 1993년 고용보험법, 2007년 노인장기요양보험법이 차례로 제정됨으로써 선진국에 비해 도입 시기는 늦었지만 5대 사회보험의 골격을 갖추게 되었다.

(3) 사회보험의 특성

사회보험은 다른 사회보장제도와 몇 가지 다른 특성들이 있다.

첫째, 사회보험은 사회적 위험(사망, 노령, 장애, 질병 등)으로부터 국민들을 보호하기 위한 의무제도로 강제가입 방식을 취하고 있다(가입의 강제성). 국민 전체가 가능한 한 일정 수준 이상의 생활을 유지하도록 적극적으로 국가가 개입하는 것이므로, 소득이나 직업, 지역 간의 차이에 관계없이 일정한 자격 요건을 정하여 일률적으로 그리고 강제적으로 적용하는 특성을 가지는 것이다. 강제가입에 의해 전 국민을 포괄하게 되므로 대상자의 보편성이 확보된다.

둘째, 사회보험은 일종의 빈곤예방적 소득보장의 일차적 제도라는 의미를 가진다. 공공부조제도가 이미 빈곤한 사람을 대상으로 하는 구빈적 성격을 지닌 제도라면, 사회보험제도는 빈곤문제에 봉착하기 전에 대처하여 생활의 안정과 복지 향상을 도모하는 특성을 가진다.

셋째, 사회보험은 정기적으로 가입자가 내는 기여금으로 재원이 조달되는 경우가 많고 여기에 따라 급여가 제공된다. 그러므로 사회보험 수급권은 수급자와 보험자(정부) 간의 계약에 의해 규정된 권리(contractual right)이며, 사회보장관련법에 의해 보장된 권리(statutory right)이다.

넷째, 사회보험은 보험급여 등 모든 시행이 법적으로 규정되어 있다(법정급여). 따라서 사전에 규정된 욕구에 따라 급여가 제공되고, 급여자격, 시기, 급여수준 등이 규정되어 있다. 예를 들어 연금은 모든 노인들에게 자동적으로 지급되는 것이 아니라 관련규정에 따라 연금수급연령에 도달하여야 한다는 것이다.

다섯째, 사회보험은 비영리적 국가사업으로 정부가 관장하거나 감독한다. 그러므로 국가가 운영비의 부담, 갹출금의 일부 부담, 적자액의 보전 등을 수행하기도 한다. 즉, 사회보험은 최종적인 책임은 정부가 지므로 최악의 경우 국가예산으로 지원하게 되고 그로 인해 재정의 안정성이 보장될 수 있다.

여섯째, 사회보험은 소득재분배와 국민 통합이라는 정책적 목표를 향하여 추진된다. 사회보험을 통하여 가능한 한 소득의 불평등을 축소시키고 위험을 분산시켜 생활을 보장하여 사회구성원을 사회에 통합하는 정책목표를 지향하는 것이다(G. E. Rejda, 1999).

(4) 사회보험과 민영보험(private insurance)의 차이

사회보험과 민영보험은 모두 19세기 중 · 후반에 유행했던 공제조합에 기원을 두고 있다.

공제조합

- 조합원이 상부상조하기 위하여 자주적으로 만든 상호부조 단체(mutual society)
- 17세기 중엽 이래 영국에서 발전한 우애조합(友愛組合: friendly society)이 그 원형임
- 공제조합은 노동조합운동에서의 자주적 공제(共濟) 전개에 큰 영향을 주었으며, 조합원의 갹출에 의한 상호공제 시스템은 영국 사회보험 형성의 기반으로서도 중요한 의의를 가졌음

그러나 사회보험의 위험대상은 사회적 위험(실업, 재해, 질병, 퇴직 등)이며, 민영보험의 위험대상은 개인적 위험으로 인식된다는 점에서 근본적인 차이가 있다.

또한 사회보험은 영리를 목적으로 하지 않는 반면, 민영보험은 영리를 목적으로 하고 있으므로 본질적으로 전혀 다른 제도라 할 수 있다.

그러나 사회보험과 민영보험은 상호보완적인 관계로, 사회보험은 국민의 최저생활을 보장하고 그 이상은 개인의 노력으로 민영보험을 통하여 여러 가지 위험의 발생으로 생기는 경제적 타격의 정도를 완화시키도록 하고 있다.

사회보험과 민영보험의 차이점을 구체적으로 살펴보면 다음 표와 같다.

〈표 10-1〉 사회보험과 민영보험의 차이점

	사 회 보 험	민 간 보 험
가입	강제적	자발적
보장	최저소득(기본소득) 보장	개인의 능력에 따라 고액보장 가능
적합성	사회적 적합성(복지요소)	개인적 적합성(형평성)
권리	법적 권리(법에 의해 규정)	계약적 권리(법적 계약에 의거함)
관리체계	국가 또는 국가가 위임한 기관(독점)	민영기관(자유경쟁체제)
재정방식	부분적립방식 또는 부과방식	완전적립방식(보험수리 원칙)
보험료 산정	평균적 위험이나 소득에 비례	개인적 위험의 정도
보험계약	보험계약(underwriting) 불필요	개인적 또는 집단적 보험계약
인플레이션 반영	반영(연금의 sliding system)	미반영
소득재분배 효과	있음	없음

출처: Rejda(1998), *Social Insurance and Economic Security*(6th ed.), N. J.: Prentice-HALL, p.33;
채구묵(2015), 『사회보장론』, 양서원, p.40.

〈표 10-2〉 적립방식과 부과방식

적립방식(funded system)	부과방식(pay-as-you-go system)
장래에 지급하게 될 연금급여를 가입자가 보험료를 납부하는 기간 동안 연기금으로 적립하였다가 지급하는 방식	매년 그 해의 연금급여를 예상하여 현재의 근로세대에게 보험료를 징수하여 그 해 연금급여의 지출로 모두 써버리는 방식

2. 공공부조의 특성

1) 공공부조의 개념

사회보험이 일차적, 예방적 사회안전망(social security net)이라면, 공공부조(Public Assistance)는 이차적 사회안전망이라 할 수 있다. 즉, 공공부조는 사회보험의 혜택을 받지 못해 기본생계가 보장되지 않는 사람에게 국가 및 지방자치단체가 제공하는 최종적인 경제적 보호제도이다.

우리나라 사회보장기본법(제3조 제3항)에서는 공공부조를 "국가 및 지방자치단체의 책임 하에 생활유지능력이 없거나 생활이 어려운 국민의 최저생활을 보장하고 자립을 지원하는 제도"로 정의하고 있다.

우리나라의 공공부조에는 대표적으로 1999년 제정된 국민기초생활보장제도와 그 밖에 의료급여제도, 긴급복지지원제도, 그리고 장애인연금제도와 기초연금제도가 있다.

2) 공공부조의 특성

공공부조가 가지고 있는 일반적 특징을 살펴보면 다음과 같다.

첫째, 공공부조는 빈곤에 대한 최후의 국가적 대응책이다. 자본주의사회에서 자기 자신의 삶은 스스로가 책임지는 '사적 자치의 원리'를 기반으로 하면서도, 현대사회가 특성으로 하는 빈곤의 사회적 배경을 감안하여 국가사회가 빈곤을 해결한다. 그러나 다른 제반 노력을 펼친 후 최후의 보루, 사회적 안전망으로써 기능하는 제도적 장치이므로 자산조사와 같은 자격요건의 심사가 요청된다.

둘째, 공공부조는 그 대상자를 선정하여 원조를 제공하는 제도이므로 이른바

'선택주의'(selectivity)제도라 할 수 있다.

셋째, 공공부조에 필요한 재원 조달은 일반조세를 통하여 마련한다. 공공부조의 대상자들은 별도로 경제적인 기여를 하지 않고 일방적으로 소득의 이전을 제공받는 측면이 있는데 이것을 소득의 '일방적 이전'(unilateral transference)이라고 한다.

넷째, 이러한 소득 이전을 통해 소득의 재분배적 기능을 도모할 수 있는 제도이다. 특히 중상류 계층의 조세를 통해 빈곤층과 저소득층에 공공부조 재원이 지출되므로 소득의 불평등을 완화할 수 있는 기회가 되기도 한다(현외성, 2009: 360).

3) 사회보험과 공공부조의 차이점

공공부조제도는 사회보장제도로서 사회보험제도와 함께 실시되지만 뚜렷이 구별되는 특성을 가지고 있다(현외성, 2009: 360-361).

첫째, 목적 측면에서 살펴보면, 공공부조제도는 빈곤 등의 사회적 위험이 발생한 이후 이를 해결하기 위한 사후적 대응책으로써 기능하는 한편 사회보험제도는 미래에 직면힐 수 있는 사회적 위험을 정형화하여 보험기술을 통해 미리 대비하는 제도적 장치이다.

둘째, 이념적 정향을 상대적인 관점에서 비교하면, 공공부조제도는 도움이 필요한 사람을 선정하여 개입하므로 선택주의에 입각해 있으며, 사회보험제도는 원칙적으로 모든 국민을 대상으로 하고 위험 발생 시 급여를 제공하는 점에서 보편주의를 채택하고 있다.

셋째, 양 제도의 실시와 관련하여 살펴보면, 공공부조제도는 사람들을 무차별평등하게 취급하여 일단 빈곤에 처한 모든 사람들에게 동일한 조건에서 똑같은 급여를 제공한다는 점에서 무차별평등주의라고 한다면, 사회보험제도는 특히 급여의 제공에 있어 가능한 한 기여금에 비례하거나 혹은 가입연한에 비례하여 제공하는 경향이 있다.

넷째, 대상 면에서 공공부조제도는 소수의 빈곤층이 주 대상인데 반하여 사회보험제도는 일단 국민 전체를 대상으로 규정하는 경우가 대부분이다.

다섯째, 수급자격 요건을 살펴보면, 공공부조제도는 자산조사를 통해서, 그리고 사회보험제도는 기여금의 납부와 가입기간 등을 요건으로 정하고 있다.

여섯째, 급여수준에 관한 사항으로서 공공부조제도는 근로의욕을 저하시키지 않는 수준에서, 즉 형평성을 저해하지 않는 수준에서 사회적 최저수준을 설정하고 있다.

일곱째, 수급권의 성격과 연관하여 공공부조는 권리성이 약한 데 비하여 사회보험제도는 권리성이 상대적으로 강하다.

〈표 10-3〉 공공부조와 사회보험의 차이점 비교

구분	공공부조	사회보험
목적	구빈, 사후적 대응	방빈, 사전적 대응
이념	선택주의	보편주의
원리	무차별 평등(평등주의)	비례원리 강조(형평주의)
대상	소수의 빈곤계층	국민 전체
자격요건	자산조사	기여금 등
재원	일반조세	보험료
급여수준	사회적 최소한	적정선
수급권의 성격	권리성 약함	권리성 강함

출처: 현외성(2009), 『한국사회복지법제론』, 양서원, p.361.

4) 공공부조의 기본 원리

공공부조에 의하여 보호를 받는 것은 국가의 행정시책의 결과로서 초래되는 반사적 이익이나 시혜적 은혜가 아니라, 헌법상의 생존권에 근거를 둔 구체적인 권리로서 보장받는 것이기 때문에 다음과 같은 원리를 그 기본으로 운용하게 된다.

① 공공책임의 원리

국민기초생활보장제도의 실시는 일상생활이 어려운 국민의 생존권을 보장하는 일을 국가 혹은 공공책임으로 간주하는 것이므로 이 제도에서 '보상기관'이라 함은 급여를 행하는 국가 또는 지방자치단체를 말한다고 함으로써, 공공책임을 분명히 규정하고 있다.

② 최저생활보장의 원리

최저생활보장의 원리란 공공부조제도가 수급권자에게 최저한의 생활을 보장해야 한다는 것으로 공공부조제도는 생활이 어려운 자에게 필요한 급여를 제공하여 이들의 최저생활을 보장하는 것을 목적으로 하고 있다.

국민기초생활보장법(제4조 제1항)에서는 급여의 기준으로 "이 법에 의한 급여는 건강하고 문화적인 최저생활을 유지할 수 있는 것이어야 한다."고 규정하고 있다.

③ 보충성의 원리

국민기초생활보장제도에 의한 급여는 수급자가 자신의 생활의 유지 · 향상을 위하여 그 소득 및 재산과 근로능력 등을 활용하여 최대한 노력하는 것을 전제로 이를 보충 · 발전시키는 것을 기본 원칙으로 하고 있다.

자본주의사회에서 생활의 자기책임 혹은 '사적 자치의 원칙'은 당연한 것이고, 또 때로는 부양의무자로 하여금 최대한 부양하도록 한 다음 이러한 노력이 실패로 돌아갔을 때 비로소 국가가 보충적으로 지원하는 것이 정당하다.

④ 자립지원의 원리

공공부조제도는 생활이 어려운 자들에게 최저생활을 보장해주되, 이들의 자활을 조성하는 것을 목적으로 한다.

국민기초생활보장법(제1조)에서는 "생활이 어려운 사람에게 필요한 급여를 실시하여 이들의 최저생활을 보장하고 자활을 조성하는 것을 목적으로 한다."고 규정되어 있다.

보장기관은 근로능력이 있는 수급자에게 자활에 필요한 사업에 참여할 것으로 조건으로 하여 생계급여를 지급할 수 있으며, 수급자 가구별로 자립지원계획을 수립하고 그에 따라 급여를 실시하여야 한다.

3. 사회서비스의 특성

1) 개념의 법적 변화

우리나라에서는 사회보장기본법이 1995년 12월 30일 제정된 이래, 사회보장기본법 전부개정안이 2011년 12월 29일 국회를 통과하여 2012년 1월 26일 공포되었다. 이 당시의 전부개정의 주된 방점은 '사회복지서비스' 규정이 '사회서비스'로 바뀌었다는 점이다.

현재 우리나라에서 사회서비스(social service)는 사회보험, 공공부조와 더불어 사회복지정책 영역의 핵심을 이루고 있는 것으로 사회보장기본법(제3조 제4항)에서 사회서비스는 "국가, 지방자치단체 및 민간부문의 도움을 필요로 하는 모든 국민에게 상담, 재활, 직업소개 및 지도, 사회복지시설 이용 등을 제공하여 정상적인 사회생활이 가능하도록 하는 제도"로 정의되어 있다.

동시에 사회서비스는 우리나라 사회복지사업법의 사회복지사업과도 연관되는 개념으로 볼 수 있는데 사회복지사업법(제2조 제1항)에서 사회복지사업이라 함은 "각목(공공부조 5법과 사회서비스 21법을 합한 26가지)의 법률에 따른 보호 · 선도 또는 복지에 관한 사업과 사회복지상담, 직업지원, 무료숙박, 지역사회복지, 의료복지, 재가복지(在家福祉), 사회복지관 운영, 정신질환자 및 한센병력자의 사회복귀에 관한 사업 등 각종 복지사업과 이와 관련된 자원봉사활동 및 복지시설의 운영 또는 지원을 목적으로 하는 사업을 말한다."고 정의되어 있다.

우리나라의 경우 사회서비스 영역의 프로그램은 1980년대부터 본격적인 제도 정비가 이루어졌으며, 사회보험이나 공공부조에 비하면 역사적으로는 상대적 약세에 있으나 최근 확대되고 있다.

사회서비스의 급여는 사회보험이나 공공부조와 달리 비물질적 · 심리사회적 서비스를 주된 내용으로 한다. 서비스를 전달하는 사람들의 전문적인 개입과 기술이 중요하므로 전문 인력의 전문적 자질과 실천적 윤리의식이 요구된다.

우리나라는 1961년에 아동복리법과 윤락행위등방지법의 제정을 시작으로 1970년엔 사회복지사업법, 1981년에 노인복지법과 심신장애자복지법을 제정하였고, 요보호자 중심의 아동복리법을 전체 아동을 대상으로 하는 아동복지법으로 전면 개정하였다. 또한 1989년에는 모자복지법 제정, 심신장애자복지법을 장애인복지법으로 개정하였으며, 1991년 영유아보육법 제정, 1995년 정신보건법 제정, 2003년에는 모자가정뿐만 아니라 부자가정도 지원하기 위해 모자복지법을 모 · 부자복지법으로 전면 개정하였다가 2007년부터 한부모가족지원법으로 개정하여 시행하고 있다. 2016년에는 기존의 정신보건법을 정신건강증진 및 정신질환자 복지서비스 지원에 관한 법률로 전부개정하여 사회서비스 관련 법제들을 정비하였다.

2) 사회복지서비스와 사회서비스의 개념적 차이

사회서비스는 사회복지서비스(social welfare service), 대인사회서비스(personal social service), 사회적 돌봄(social care) 등 다양한 용어들과 혼용되고 있지만 일반적으로 공공행정, 국방, 의료서비스, 교육서비스, 사회복지서비스를 포함한다. 대부분의 국가에서 노인, 장애인, 아동을 사회서비스의 주요대상으로 설정하고 하며, 서비스 내용으로는 돌봄, 기초적 의식 및 주거보장, 보건의료, 교육, 고용 등을 포함하고 있다는데 공통점이 있다.

사회서비스의 특징은 대인적 성격을 지니며 공공성과 개별성이 혼재되어 있으므로 국가의 사회서비스 제공형태도 매우 다양하게 이루어진다. 즉, 사회서비스는 대상별, 내용별, 기능별, 성격별로 다양하게 제공과 관리가 이루어져 시장과 공공부문이 적정선에서 균형이 이루어져야 한다.

3) 사회서비스의 전달체계

사회서비스 전달체계는 사회서비스의 공급자와 소비자를 연결시키기 위한 조직적 연결로 정의할 수 있다.

사회서비스 전달체계의 종류는 일반적으로 공적서비스 전달체계와 민간서비스 전달체계로 구분해볼 수 있다. 공적서비스 전달체계는 정부(중앙 및 지방)나 공공기관이 직접 관리, 운영하는 것을 말하며, 민간서비스 전달체계는 민간(민간단체)이 직접 관리, 운영하는 것을 의미한다.

현대 사회서비스 공급구조는 흔히 복지혼합(welfare mix)으로 표현되는데 복지혼합의 주요 개념은 정부는 사회서비스의 공급과 관련된 정책결정과 재정을 담당하고 서비스의 생산과 전달은 민간공급자가 담당한다는 일종의 역할분담론이라 할 수 있다. 역할분담론 하에서 사회서비스 전달의 기능을 정부에서 민간기관으로 이전하는 민영화(privatization)와 시장화(marketization)의 개념이 대두하였다.

민영화(privatization)란 효율성을 위해 국가나 공기업의 재산 등을 민간 자본에 매각하고 그 운영을 민간에 맡기는 과정이라 할 수 있다. 시장화(marketization)의 개념은 사회서비스의 민영화의 기반 위에 서비스 수요와 공급에 시장기제(예를 들어 경쟁)를 도입하는 것이 초점이며 바우처(이용권) 사업 등이 이러한 시장기제

도입의 예라 할 수 있다.

4) 사회서비스 바우처의 특성과 유형

바우처(voucher)는 정부가 제한된 상품과 서비스 중에서 이용자에게 보조금을 지원하여 구매, 선택할 수 있게 하는 급여형태를 말한다. 바우처는 보통 국가가 사회적 재화(social goods)를 직접 공급하는 것이 아니라 경쟁시장에서 구입토록 하기 위해 수요자에게 국가 재정으로 보조금을 지급하는 것이라 정의될 수 있으며, 사회적 재화 공급방식의 하나로 개인의 소비에 관련된 선택과 사회적 재화의 생산과 공급은 민간영역에서 일어나고, 재정은 거의 전적으로 공공영역이 책임지는 방식이라 할 수 있다.

전통적인 사회복지서비스 전달방식은 민간위탁 형태라 할 수 있다. 이에 비해 현실적으로 바우처는 네 가지 특성을 각기 상이한 비율로 혼합하고 있다. 첫째, 개인 혹은 가구 특성에 근거하여 수요자에게 보조금을 지급하고, 둘째, 바람직한 범주 내에서 중범위 수준의 선택권을 부여하며, 셋째, 공급자 간의 경쟁이 특징이며, 마지막으로 한계보상률 체감이 나타나는 것이다.

사회보장제도에는 사회보험, 공공부조, 사회서비스 외에도 '수당' 형태의 방식도 존재한다. 수당은 비기여, 비자산조사를 특징으로 하는 현금급여이므로 국가의 일반재정으로 운용되며 자산조사를 거치지 않는 보편적 특징을 지닌다.

o 아동수당

- 아동 양육 부담을 덜고 아동의 기본적인 권리와 복지증진을 돕기 위한 현금급여로 만 8세 미만의 아동에게 월 10만원 지급

생각해 보기

1. 사회보험과 공공부조의 차이점에 대해 논의해 봅시다.
2. 사회보험과 민간보험의 차이점에 대해 논의해 봅시다.
3. 공공부조의 기본원리에 대해 설명해 봅시다.

참 고 문 헌

박유성 · 류재린 · 김균(2018). "우리나라 사회복지제도의 재정적 지속가능성". 『사회보장연구』, 제34권 3호. 59-89.

송근원 · 김태성(2003). 『사회복지정책론』. 나남출판.

양승일(2013). "비스마르크사회입법". 한국행정학회온라인행정학전자사전, http://www.kapa21.or.kr/epadic/epadic_view.php?num=819

이용제(2019). 『사회복지법제론』. 양서원.

이진숙 외(2016). 『사회복지정책론』. 양서원.

채구묵(2017). 『사회보장론』. 양서원.

현외성(2016). 『한국사회복지법제론』. 양서원.

Rejda, G. E.(1999). *Social Insurance and Economic Security*(6th ed.). N. J.: Prentice-Hall.

4대보험 정보연계센터. http://www.4insure.or.kr/ins4/ptl/Main.do

Sozialgesetzgebung, 위키피디아. https://de.wikipedia.org/wiki/Sozialgesetzgebung

국민연금 홈페이지. https://www.nps.or.kr/jsppage/main.jsp

국민연금연구원. http://institute.nps.or.kr/jsppage/research/research_main.jsp

대통령직속저출산고령사회위원회. https://www.betterfuture.go.kr/main/mainPage.do;jsessionid=8952EF0ECBE0100E3618AB6E37622145.jvm1

보건복지부 사회복지시설정보시스템. http://www.w4c.go.kr/main/mainPage.do

사회보험통합징수포털, 국민건강보험. https://si4n.nhis.or.kr/jpza/JpZaa00101.do

어린이집 · 유치원통합정보공시. http://www.childinfo.go.kr/main.jsp

어린이집정보공개포털. http://info.childcare.go.kr/info/main.jsp
인구보건복지협회. http://www.ppfk.or.kr/main.asp
임신육아종합포털 아이사랑. http://www.childcare.go.kr/
중앙 육아종합지원센터. http://central.childcare.go.kr/ccef/main.jsp

법령집(2019, 법제처홈페이지)
사회보장기본법
사회복지사업법

CHAPTER 11

한국의 사회보험

1. 보편적 사회보험 : 국민연금(National Pension)
2. 보편적 사회보험 : 국민건강보험(National Health Insurance)
3. 임노동자를 위한 사회보험 : 산업재해보상보험(Industrial Accident Compensation Insurance)
4. 임노동자를 위한 사회보험 : 고용보험(Unemployment Insurance)
5. 노인을 위한 사회보험 : 노인장기요양보험(Long-Term Care Insurance)

1. 보편적 사회보험 : 국민연금(National Pension)

1) 국민연금제도의 의의 및 목적과 주요연혁

(1) 국민연금제도의 의의 및 목적

공적연금은 산업사회의 구조적인 변화에 대한 정책적 대응으로 등장한 노후소득보장제도라 할 수 있다. 일반적으로 장애, 노령, 퇴직, 사망 등에 의해 소득이 상실되거나 감소되는 것에 대한 대비책으로, 회복할 수 없는 장기적인 위험에 대한 소득보장제도이다. 우리나라의 국민연금법 제1조에서는 국민연금은 국민의 노령, 장애 또는 사망에 대하여 연금급여를 실시함으로써 국민의 생활안정과 복지증진에 이바지하는 것을 목적으로 한다고 명시하고 있다.

(2) 국민연금제도의 주요연혁

우리나라에서는 1960년 공무원연금제도, 1963년 군인연금제도, 1973년 사립학교교원연금제도 등의 특수직역연금이 먼저 만들어져 실시되었다. 일반 국민들을 대상으로 하는 국민연금제도는 1986년에 와서야 만들어졌다. 1988년에 시행된 국민연금제도는 처음에는 상시근로자 10인 이상의 사업장 피용자만을 대상으로 시작되었으나 2003년 7월에는 1인 이상의 사업장으로 확대되어 명실상부한 국민연금이 되었다.

또한 국민연금제도는 1988년 국민연금법이 시행된 이래 급여수준을 지속적으로 하향 조정해왔다. 처음 도입 시 평균소득자를 기준으로 40년 가입 시 급여수준이 소득대체율 70%였던 것을 단계적으로 하향조정하여 2028년부터는 40%가 되도록 하였다. 이울러 연금수급연령은 상향 조정되어 2013년부터 5년 간격으로 1세씩 상향 조정하여 2033년에는 65세가 되도록 하고 있다.

〈표 11-1〉 국민연금제도의 주요연혁

년 월	연 혁	내 용
1973.12	국민복지연금법 제정	• 석유파동으로 시행연기(15년간 사장됨)
1986.12	국민연금법 제정	• 국민복지연금법 전면 개정
1988.01	국민연금제도 실시	• 상시근로자 10인 이상 사업장에 적용 • 소득대체율 70% • 보험료는 9%로 정함(시행초기 3%에서 5년 간격으로 3%씩 상향하여 9%까지로 상향조정함)
1992.01	사업장 적용범위 확대	• 상시근로자 5인 이상 사업장에 적용
1995.07	가입대상 확대	• 농어민과 농촌지역 주민
1998.12	국민연금법 개정	① 소득대체율 하향(70%⇒60%) ② 연금수급연령상향(60세⇒65세) - 2013년부터 5년 간격으로 1세씩 상향 조정하여 2033년에는 65세가 되도록 함
1999.04	가입대상 확대	• 도시지역 자영자로 대상 확대(전 국민연금 실현)
2006.01	사업장 적용범위 확대	• 근로자 1인 이상의 전 사업장
2007.07	국민연금법 개정	① 소득대체율 하향(60%⇒40%) - 2008년 50%, 2009년부터는 매년 0.5%씩 하향 조정하여 2028년에는 40%까지 되도록 함 ② 연금크레딧제도 신설(출산크레딧, 군복무크레딧)
2008.01	완전노령연금 지급 개시	• 20년 이상 가입자의 연금수급이 개시됨
2016.08	실업크레딧 제도 시행	• 저소득 구직급여 대상자의 연금보험료 지원
2016.11	경력단절여성의 추후납부 확대	• 추납기간동안 가입기간 인정하여 연금혜택 확대

2) 국민연금제도 내용 분석

(1) 적용대상

국민연금은 국내에 거주하는 18세 이상 60세 미만의 국민이라면 가입대상이 된다. 그러나 공무원연금법, 군인연금법, 사립학교 교직원연금법의 적용을 받는 자는 별도의 연금(특수직역연금)에 가입되어 있으므로 제외된다.

특수직역연금제도

현재 한국의 공적연금제도는 국민연금 및 기초연금 외에 공무원연금, 군인연금, 사립학교 교직원연금, 별정우체국직원연금이 있다. 이 네 가지 연금은 국가와 특수한 관계에 있는 직역에 종사하는 사람들을 가입대상으로 하는 연금으로 국민연금과 별도로 독립적으로 운영되기 때문에 특수직역연금제도라고 부른다.

특수직역연금의 경우 퇴직연금을 받을 수 있는 자는 본인이 원하는 바에 따라 퇴직연금과 퇴직일시금을 선택하여 받을 수 있다. 국민연금은 퇴직연금만 받을 수 있다.

특수직역연금의 경우 공무상 부상 또는 질병으로 인한 장애상태에 대해 적절한 보상을 받을 수 있도록 되이있다. 공무상요양비, 장해급여, 장해유족연금, 유족보상금 등은 산재보험의 해당급여와 유사하여 특수직역근로자들은 산재보험의 가입대상에서 제외되고 있다.

특수직역연금은 연금보험과는 관련이 없는 부조성격의 급여(재해부조금, 사망조위금)가 지급되고 있으며 직무(공무)를 집행하다가 위해를 입고 사망한 경우 순직유족연금, 순직유족보상금 등의 급여를 받고 있다(다른 유족연금, 유적보상금에 비해 급여수준이 높음). 이러한 특수직역연금의 종합적 사회보험 성격으로 인해 특수직역연금가입자들은 연금보험, 건강보험만 가입하고 산재보험, 고용보험은 가입하지 않고 있다.

출처: 채구묵(2017), 『사회보장론』, 양서원.

국민연금의 가입자는 사업장가입자, 지역가입자, 임의가입자 및 임의계속가입자로 구분된다. 이 중 임의가입자 및 임의계속가입자는 소득이 없어 가입의무가 없거나 60세가 된 경우에도 본인이 원하는 경우 계속 가입하는 것을 의미한다.

최근 국민연금 수급권 확충 노력의 일환으로 크레딧제도와 추후납부제도가 도입되었다. 크레딧제도는 사회적으로 가치 있는 행위 혹은 불가피한 사유로 인해 보험료를 납부하지 못하는 기간이 발생하여 연금수급권이 발생하지 않거나 급여액이 적절한 수준에 미치지 못하는 것을 방지하기 위해 연금가입기간으로 인정해주는 제도이다.

〈표 11-2〉 국민연금 가입자 종류

종류		가입요건
의무가입	사업장가입자	• 1인 이상 사업장에 종사하는 18세 이상 60세 미만의 근로자와 사용자
	지역가입자	• 18세 이상 60세 미만인 자로서 사업장 가입자가 아닌 자
선택가입	임의가입자	• 18세 이상 60세 미만의 자로서 사업장 가입자 및 지역가입자 이외의 자로서 본인의 신청에 의해 가입 • 다른 공적연금에서 퇴직연금(일시금), 기초생활수급자 중 생계급여수급자, 소득활동에 종사하지 않는 사업장가입자 등의 무소득배우자 등 보험료를 납부한 사실이 없고 소득활동에 종사하지 않는 27세 미만의 자 중 가입희망자
	임의계속가입자	• 1개월 이상 가입기간이 있는 가입자 또는 가입자였던 자로서 60세에 도달하여 국민연금 가입자의 자격을 상실하였으나, 가입기간이 부족하여 연금을 받지 못하거나 가입기간을 연장 하여 더 많은 연금을 받고자 하는 경우 65세에 달할 때까지 신청에 의하여 가입

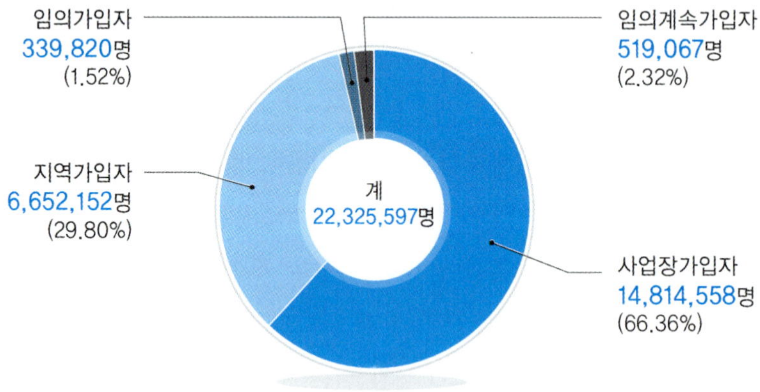

[그림 11-1] 2023년 국민연금통계 (6월말 기준)

출처: https://www.nps.or.kr/jsppage/info/resources/info_resources_03_01.jsp?cmsId=statistics_month

우리나라에서는 군복무크레딧과 출산크레딧을 도입하여 사회적 기여를 연금에 대한 기여로 간주하고 있다. 또한 실업크레딧을 실시하여 실업기간 동안 연금보험료를 일정 부분 지원해주고 있다.

추후납부제도의 경우는 경력단절여성의 경우 연금보험료를 추후에 납부하면 추후납부를 가입기간으로 인정하여 연금혜택을 확대하고 있다.

연금크레딧제도와 추후납부제도

군복무 크레딧와 출산 크레딧은 추후 연금을 신청할 때 가입기간을 추가하므로 별도 신청이 불필요하다. 출산 크레딧은 부모가 모두 가입자(였던 자)로 자녀로 인해 추가가입 기간이 발생하면 부모의 합의에 따라 2명 중 1명의 가입기간으로 산입하고, 합의가 없으면 부와 모에게 균분하여 산입한다.

① 군복무크레딧 : 노령연금 수급 시점에 6개월 인정하였으나, 2024년부터는 군 복무 기간 전체를 군 복무 완료시점부터 인정하게 된다.
② 출산크레딧 : 2자녀 12개월, 3자녀 30개월, 4자녀 48개월을 인정하여 5자녀 이상의 경우 최대 50개월까지 국민연금의 추가기간을 인정받아 노령연금액이 인상되는 효과가 있었으나 2024년부터 확대하여 첫째부터 자녀 당 12개월씩 인정하고 상한도 없애며 출산과 동시에 크레딧을 인정받게 된다.
③ 실업크레딧 : 실직 전 급여의 50%의 9%에서 75%를 국가가 부담하여 지원한다. 실업크레딧의 경우는 실업을 당했을 때 본인이 신청하여야 지원받을 수 있다(월 최대 5만원, 최대 1년까지 지원).

추후납부(추납)는 아래의 대상 기간에 해당하는 추납보험료를 전액 일시에 납부하거나 금액이 클 경우 월 단위 최대 60회 분할하여 납부할 수 있다.

- 연금보험료를 1개월 이상 납부한 날 이후 무소득 배우자 등 적용 제외된 기간
- 사업중단이나 실직 등으로 인한 납부예외기간
- 군복부 기간(1988. 1월 이후)

(2) 급여

국민연금의 급여는 노령연금, 장애연금, 유족연금, 반환일시금이 있다.

① 노령연금

노령연금은 가입자의 노후소득을 보장하기 위한 급여로 가입기간, 수급개시연령, 소득활동 등에 따라 노령연금, 조기노령연금, 특례노령연금, 분할노령연금으로 구분된다(2011년 12월 31일 개정으로 감액노령연금과 재직자노령연금이 노령연금에 통합되어 규정되었다).

노령연금

노령연금은 가입기간이 10년 이상인 가입자 또는 가입자였던 자가 60세가 된 때부터 그가 생존하는 동안 지급되는 연금이다. 노령연금의 연금수급연령은 평균수명의 연장에 따라 상향조정되며 2013년에는 61세 그 후 5년마다 1세씩 연장된다. 또한 지급의 연기에 따른 가산제도가 있다(연기연금). 노령연금의 수급권자로서 60세 이상 65세 미만인 사람이 연금지급의 연기를 희망하는 경우에 1회에 한하여 65세 전까지의 기간에 대하여 그 지급을 연기할 수 있는 제도이다(매월 0.6% 가산됨).

조기노령연금

조기노령연금은 가입기간이 10년 이상인 가입자로서 55세 이상 60세미만인 자가 소득이 있는 업무에 종사하지 아니하는 경우 본인의 희망에 의해 그가 생존하는 동안 지급되는 연금이다. 조기노령연금의 급여액은 55세의 경우 기본연금액의 70%를 지급하며 연령이 1세씩 증가할 때마다 6%씩 증가한다.

특례노령연금

특례노령연금의 경우는 국민연금의 시행초기와 확대과정에서 연령이 많은 사람이 장기간 가입할 수 없으므로 단기간(5년 이상) 가입하여도 60세에 도달하면 노령연금을 받을 수 있도록 도입한 제도이다.

분할노령연금

분할노령연금은 혼인기간(재우자의 가입기간 중의 혼인기간만 해당)이 5년 이상인 자가 이혼한 경우 배우자가 노령연금 수급권자가 되고 본인이 60세에 도달하면 혼인기간에 해당하는 연금액을 나누어 받는 연금이다(3요건 주의). 분할연금을 청구할 권리는 배우자가 노령연금 수급권자가 되고 본인이 60세에 도달한 때부터 5년 내에 신청하지 않으면 소멸된다.

② 장애연금

장애연금은 가입자가 가입기간 중에 생긴 질병이나 부상으로 완치된 후에도 신체상 또는 정신상의 장애가 있는 경우 그 장애가 계속되는 동안 장애정도에 따라 지급하는 연금이다. 가입기간 중 질병이나 부상을 입은 자가 초진일로부터 1년 6개월이 지나도 완치되지 아니하면 1년 6개월이 지난 날을 기준으로 장애정도를 결정하며 등급에 따라 장애연금액의 지급액과 방법이 달라진다.

③ 유족연금

유족연금은 노령연금의 수급권자, 가입기간이 10년 이상인 가입자였던 자, 가입자, 장애등급 2급 이상인 장애연금 수급권자가 사망한 경우 그에 의해 생계를 유지하고 있던 유족에게 지급하는 연금이다. 유족연금수급권은 배우자, 자녀, 부모, 손자녀, 조부모 순으로 지급받을 수 있으며 같은 순위의 유족이 2명 이상이면 똑같이 나누어 지급한다. 남녀 모두(성별에 관계없이) 최초 3년간 지급한 후 55세가 될 때까지 정지한다(수급권자가 장애등급 2급 이상, 19세 미만의 자녀 또는 장애등급 2급 이상의 자녀의 생계를 유지한 경우 제외).

④ 반환일시금과 사망일시금

반환일시금은 국민연금에서 지급하는 세 가지 연금(노령, 장애, 유족) 중 어느 하나도 받지 못하면서 가입자 자격을 상실하거나 다시 가입할 가능성이 희박한 경우에 가입자나 그 유족의 청구에 의해 지급한다.

사망일시금은 가입자 또는 가입자였던 자가 사망하였으나 유족연금이나 반환일시금의 수급요건을 충족하는 유족이 없는 경우 그 배우자, 자녀, 부모, 손자녀, 조부모, 형제자매 등에게 일시금을 지급하는 제도이다. 국민연금법은 유족연금이나 사망에 대한 반환일시금을 받을 수 있는 유족의 범위를 제한적으로 설정하고 있어 그 유족이 수급요건을 충족하지 못할 경우(사망 당시 배우자가 사망자에 의해 생계를 유지하고 있지 않았던 경우, 유족인 자녀의 연령이 19세 이상인 경우, 유족인 부모의 연령이 60세 미만이 경우 등) 지급되고 있다.

〈표 11-3〉 국민연금 급여 종류와 수급요건

급여 종류		수 급 요 건
노령연금	완전 노령연금	• 20년 이상 가입하고 60세[1]에 달한 때
	감액 노령연금	• 10년 이상 20년 미만 가입하고 60세에 달한 때[2]
	재 직 자 노령연금	• 10년 이상 가입하고 60세에 도달하여 노령연금을 받고 있는 자로서 월평균 소득이 A값[3]을 초과하는 소득의 업무에 종사하는 경우에 61세에서 66세 미만의 기간 동안 일정 금액의 연금액을 감액하여 지급되는 연금 ※ 연령별 지급액 61세 : 50% / 62세 : 60% / 63세 : 70% / 64세 : 80% / 65세 : 90%
	조기 노령연금	• 10년 이상 가입하고 55세 이상 60세 미만인 자로서 소득이 있는 업무에 종사하지 아니하는 경우 본인이 희망한 때 • 55세 : 70%에서 연령 1세 증가마다 6% 증액 • 연금수급 중 60세 이전에 소득이 있는 업무에 종사하게 되면 그 기간 동안은 연금지급이 정지됨
	특례 노령연금	• 국민연금 시행초기와 확대과정에서 보험료를 납입해도 최소가입기간인 10년을 채울 수 없는 연령층일 경우 최소 5년 이상만 가입하면 연금을 받을 수 있도록 한 경과적 노령연금임(현재 받는 사람은 있으나 가입은 없음)

<table>
<tr><th>급여 종류</th><th colspan="2">수 급 요 건</th></tr>
<tr><td rowspan="2"></td><td></td><td>• 1988년 1월 시행 시 : 45세 이상 60세 미만이었던 가입자
• 1999년 4월 확대 시 : 50세 이상 60세 미만이었던 가입자
• 5년 가입 시 기본연금의 25%, 초과 1년마다 5%씩 증가</td></tr>
<tr><td>배우자
분할연금</td><td>• 3가지 요건 충족 : 혼인기간이 5년 이상인 자가 이혼한 경우 배우자가 노령연금 수급권을 취득하고, 또한 본인이 60세 도달하였을 때 청구하여 혼인기간에 해당하는 연금을 균등하게 나누어 받는 제도(협의 또는 재판으로 별도의 분할비율 가능 : '16.12부터)
• 재혼 여부에 관계없음(청구 권리 시효 : 5년)</td></tr>
<tr><td>장애연금</td><td colspan="2">• 가입자가 가입 중 질병 또는 부상으로 인해 완치 후에도 장애가 남는 경우
• 1급에서 4급까지 구분(1~3급은 연금지급, 4급은 일시금으로 지급)

<table>
<tr><th>급</th><th>지급액</th><th>급</th><th>지급액</th></tr>
<tr><td>1급</td><td>기본연금액 100%+부양가족연금액</td><td>2급</td><td>기본연금액 80%+부양가족연금액</td></tr>
<tr><td>3급</td><td>기본연금액 60%+부양가족연금액</td><td>4급</td><td>기본연금액 225% 일시금</td></tr>
</table></td></tr>
<tr><td>유족연금</td><td colspan="2">• 유족연금은 다음의 자가 사망한 때 유족에게 지급함
① 노령연금 수급권자 ② 가입기간 10년 이상 가입자였던 자
③ 가입자 ④ 장애등급 2급 이상인 장애연금 수급권자
• 유족연금수급권 우선순위 : 배우자→자녀→부모→손자녀→조부모 순
• 남녀 모두(성별에 관계없이) 최초 3년간 지급한 후 55세가 될 때까지 정지함 (수급권자가 장애등급 2급 이상, 19세 미만의 자녀 또는 장애등급 2급 이상의 자녀의 생계를 유지한 경우 제외)

<table>
<tr><th>구분</th><th>지급액</th></tr>
<tr><td>10년 미만</td><td>기본연금액 40% + 부양가족연금액</td></tr>
<tr><td>10년 이상 20년 미만</td><td>기본연금액 50% + 부양가족연금액</td></tr>
<tr><td>20년 이상</td><td>기본연금액 60% + 부양가족연금액</td></tr>
</table>
• 수급권자가 사망하거나 배우자인 수급권자가 재혼하면 수급권은 소멸됨</td></tr>
<tr><td>반환일시금</td><td colspan="2">• 가입기간이 10년 미만인 자가 60세에 달할 때, 국적상실, 국외이주 등</td></tr>
<tr><td>사망일시금</td><td colspan="2">• 사망 시 유족연금이나 반환일시금의 수급요건을 충족하는 유족이 없는 경우 더 넓은 범위의 유족에게 지급</td></tr>
</table>

1) 수급연령은 1953-1956년생 61세, 1957-1960년생 62세, 1961-1964년생 63세, 1965-1968년생 64세, 1969년생 이후 65세

국민연금급여는 기본연금액과 부양가족연금액으로 구성된다. 기본연금액은 균등부분(A값)과 소득비례부분(B값)으로 구성되며 부양가족연금은 배우자와 19세 미만이거나 장애등급 2급 이상의 자녀, 60세 이상이거나 장애 등급 2급 이상인 부모가 있는 경우 기본연금액에 더하여 지급한다.[4)]

(3) 재원

국민연금의 재원은 전형적인 사회보험의 형태로 사용자의 부담금, 가입자의 기여금이 각각 절반으로 구성된다. 자영자와 농어민의 경우는 본인이 전액을 부담하되 농어민의 경우는 국고보조가 일부 지원된다. 국가의 연금재정 보조는 원칙적으로 없으나 관리운영비 중 일부를 보조하고 있다.

연금보험료율은 현재 9%로 사업장 가입자의 경우 사용자와 근로자가 기준소득월액의 4.5%씩 부담하고 있다.

연금보험료	가입자의 기준소득월액[5)] × 연금보험료율	
보험료율	사업자 근로자	-9% (근로자 : 4.5%, 사용자 : 4.5%로 분할부담)
	지역가입자	-9% (가입자 본인이 9.0% 모두 부담) -농어민은 국가에서 50% 부담

한편 이렇게 납부된 연금보험료에 대한 재정운용방식은 가입자들로부터 보험료를 받아 기금을 형성하고 이를 운용해서 생긴 이익 등을 미래의 연금지급에 사

2) 기본연금액의 50%+부양가족연금액
3) A값이란 국민연금 전체가입자의 최근 3년간의 월평균 소득('23년: 2,861,000원)
4) ※ '23년 부양가족연금액
 -배우자 : 연 283,380원
 -자녀(19세 미만이거나 장애등급 2급 이상) : 연 188,870원/인당
 -부모(60세 이상이거나 장애등급 2급 이상) : 연 188,870원/인당
5) 기준소득월액 : 가입자가 신고한 소득월액에서 천원 미만 절사한 금액. 기준소득월액의 하한액은 37만원, 상한액은 590만원('23.7.1-'24.6.30)

용하는 적립방식을 기본적 형태로 하여 운용된다. 보건복지부장관의 기금의 안정 유지를 위하여 그 수익을 최대로 증진시킬 수 있도록 국민연금 기금운용위원회에서 의결한 바에 따라 사업의 투자에는 국민연금의 안정을 해치지 아니하는 범위 안에서 하여야 한다(국민연금법 제102조).

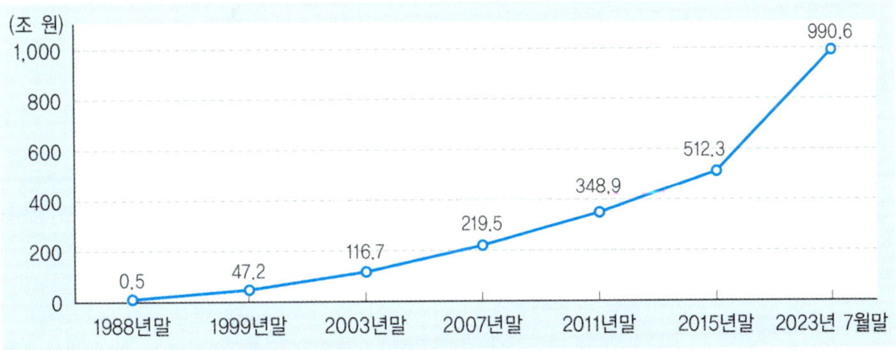

[그림 11-2] 국민연금기금 추이(단위 : 조 원)

출처: 2023년 국민연금통계연보

(4) 전달체계(관리운영기구)

국민연금은 공무원, 군인 등과 같이 특수직역에 종사하는 자를 제외한 모든 국민을 단일한 연금체계로 관리하고 있다. 국민연금제도의 운영과 관련하여 정책결정에 대한 책임은 보건복지부가 담당하고 있으며 국민연금공단은 보건복지부 장관의 위탁을 받아 국민연금사업을 집행하고 있다. 다만 국민연금, 산재보험, 고용보험, 건강보험 등 사회보험의 보험료 징수 업무에 관해서는 국민건강보험공단이 사회보험징수 통합제도를 통해 통합징수하고 있다. 그동안 3개의 사회보험공단(건강보험공단, 국민연금공단, 근로복지공단)이 별도로 수행하던 보험료 징수 업무(통합고지, 통합수납, 통합체납관리)의 유사 · 중복성을 고려하여 건강보험이 일괄하여 수행하도록 하였다. 다만 자격관리, 보험료 부과, 급여 등 업무는 각 보험의 기준과 특성에 따라 개별 공단에서 수행된다.

〈표 11-4〉 국민연금 관리운영기구와 주요업무

관리운영기구	주요 업무
보건복지부	• 국민연금제도의 운영에 대한 정책결정의 책임을 지고 있는 기관 - 아래의 내용에 대한 정책계획 및 수립 연금보험료의 부과기준과 보험료율 급여수급요건과 지급수준 장기재정추계 및 기금운용계획 가입자와 수급자의 복지증진사업 등 - 보건복지부장관은 5년마다 국민연금재정 수지를 계산하고, 국민연금 운용계획 등이 포함된 국민연금 운용 전반에 관한 계획을 수립하여 국무회의의 심의를 거쳐 대통령의 승인을 받아야 함(국민연금법 제4조 제2항)
국민연금공단	• 사회보험 징수통합제도 - 건강보험, 국민연금, 고용보험, 산재보험 업무 중 보험료 징수 업무(보험료 고지, 납부, 체납)를 국민건강보험공단이 통합하여 운영. 적립은 국민연금 기금으로 별로 운용됨. • 보건복지부 장관의 위탁을 받아 국민연금 사업을 집행하는 기관 - 공법인, 특수법인, 비영리법인으로 아래의 내용 수행 가입자에 대한 기록의 관리 및 유지 연금 보험료의 징수 급여의 결정 및 지급 복지시설의 설치, 운영 등 복지증진사업 기금증식을 위한 자금의 대여사업과 기타 보건복지부장관의 위탁 사항
국민연금심의위원회	• 국민연금사업에 관한 중요사항 심의 기구(보건복지부 산하)
국민연금기금운용위원회	• 기금운용에 관한 최고의사결정기구(보건복지부 산하) - 위원장은 보건복지부 장관, 기금운용에 관한 지침과 운용계획 등의 심의·의결

2. 보편적 사회보험 : 국민건강보험 (National Health Insurance)

1) 국민건강보험제도의 목적 및 연혁

(1) 국민건강보험제도의 목적

국민건강보험법 제1조에 의하면 이 법은 국민의 질병 · 부상에 대한 예방 · 진단 · 치료 · 재활과 출산 · 사망 및 건강증진에 대하여 보험급여를 실시함으로써 국민보건 향상과 사회보장 증진에 이바지함을 목적으로 한다고 규정하고 있다(국민건강보험법 제1조). 건강보험제도는 사회보험방식을 통하여 국민의 건강을 확보하고 소득유지와 생활의 안정을 함께 도모하는 사회보상제도이다.

(2) 국민건강보험제도의 주요연혁

〈표 11-5〉 국민건강보험제도의 주요연혁

년 월	내 용
1963. 12	• 의료보험법 제정(임의적용)
1976. 12	• 의료보험법 개정(강제적용) • 1977년 07월 실시(500인 이상 사업장)
1977. 12	• 공무원 및 사립학교교직원 의료보험법 제정
1988. 01	• 농어촌 지역의료보험 실시
1989. 07	• 도시지역 자영자 포함(전 국민 의료보험법 실시)
1997. 12	• 국민의료보험법 제정 • 1998년 10월 국민의료보험법 시행 −공무원 및 사립학교교직원 의료보험조합(1개)+지역의료보험조합(227개) −국민의료보험관리공단 출범

년 월	내 용
1999. 02	• 국민건강보험법 제정 • 2000년 07월 국민건강보험법 시행 - 직장의료보험조합(139개)과 국민의료보험공단 통합 (국민건강보험공단으로 단일화) - 관리운영조직이 일부 조합주의→완전 통합주의 방식으로 변경
2000. 12	• 1인 이상 사업장 당연가입 확대(2001년 1월부터 적용)
2003. 07	• 국민건강보험법의 직장·지역가입자 재정 통합

2) 국민건강보험제도의 내용분석

(1) 적용대상

국민건강보험의 적용대상은 국내에 거주하는 모든 국민을 대상으로 하기 때문에 의료급여법에 의한 의료급여대상자 등을 제외하면 건강보험의 가입자 또는 피부양자가 되어 국민개보험을 원칙으로 하고 있다.

가입자 종류는 직장가입자, 지역가입자, 피부양자로 구분한다. 직장가입자는 1인 이상 사업장 근로자 및 사용자, 공무원 및 교직원은 직장가입자가 되며 1개월 미만의 일용근로자, 병역법에 의한 현역병 등은 제외된다. 그리고 이러한 직장가입자의 배우자와 직계 존·비속(배우자의 직계 존·비속 포함) 및 그 배우자, 형제자매로 주로 직장가입자에 의해 생계를 유지하는 자로서 보수 또는 소득이 없는 자는 피부양자가 된다. 즉, 피부양자로 인정받기 위해서는 부양요건과 소득요건을 충족해야 한다. 피부양자 중 고액의 재산을 소유하고 있어 스스로 생계를 유지할 수 있는 능력이 있는 사람은 피부양자에서 제외하도록 하고 있다[6]. 이는 지역가입자와의 형평성에 반하는 문제가 발생하기 때문이며 피부양자에서 제외되

6) 2023년 개정으로 직장가입자의 피부양자가 되려는 사람은 소득의 합계액이 연간 2,000만원 이하이고(소득요건), ①재산세 과세표준 합이 5억 4천만원 초과하면서 9억원 이하이고 소득합계액이 연간 1천만원 이하이거나 ②재산세 과세표준 합이 5억 4천만원 이하이면(재산요건) 해당한다(국민건강보험법 제 2조 1항).

면 지역가입자가 될 수 있다.

지역가입자는 가입자 중 직장가입자와 피부양자를 제외한 농어업 종사자 및 도시 자영자를 의미한다.

〈표 11-6〉 건강보험 적용인구('22년밀 기준) (단위: 천명, 천세대, %)

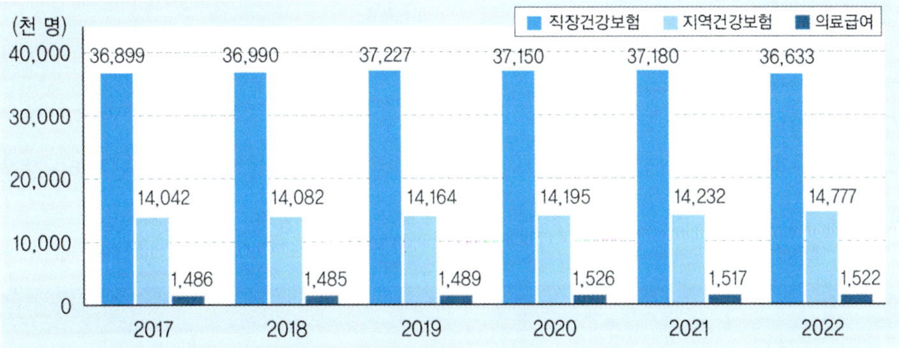

(단위: 천 명, 천 세대)

구분		2017년	2018년	2019년	2020년	2021년	2022년
의료보장		52,427	52,557	52,880	52,871	52,927	52,932
건강보험	합계	50,941	51,072	51,391	51,345	51,412	51,410
	직장	36,899	36,990	37,227	37,150	37,180	36,633
	-가입자	16,830	17,480	18,123	18,543	19,090	19,594
	-피부양자	20,069	19,510	19,104	18,607	18,090	17,039
	부양률(명)	1.19	1.12	1.05	1.00	0.95	0.87
	지역	14,042	14,082	14,164	14,195	14,232	14,777
	-세대주	6,541	6,678	6,957	7,134	7,336	7,702
	-세대원	7,501	7,404	7,207	7,062	6,897	7,075
	-세대수	7,786	8,053	8,377	8,590	8,817	9,314
	부양률(명)	0.96	0.92	0.86	0.82	0.78	0.76
의료급여		1,486	1,485	1,489	1,526	1,517	1,522

출처: 2023 알아두면 도움되는 건강생활 통계정보, 보건복지부
https://www.nhis.or.kr/nhis/together/wbhaec06700m01.do?mode=view&articleNo=10838078

(2) 급여

국민건강보험제도에 따라 제공되는 급여는 요양급여와 건강검진 등의 현물급여와 요양비, 장애인 보장구 급여비와 같은 현금급여로 이루어진다.

① 요양급여

요양급여의 경우 진찰, 검사, 수술, 입원 등이 포함되는데 현재 행위별수가제를 기본으로 일부 영역[7]에서 포괄수가제를 실시하고 있다. 요양급여의 지급기간은 처음에는 6개월로 한정했다가, 1994년에 210일로 점차 확대하여 2000년부터 기간에 제한 없이 연중 계속해서 급여를 받을 수 있도록 했다.

포괄수가제와 행위별수가제

포괄수가제(DRG : Diagnosis Related Group Payment System)는 치료과정이 비슷한 입원환자들을 묶어, 그 일련의 치료행위 전체에 하나의 가격을 매기는 의료비 지불방식이다. 포괄수가제 하에서는 의료서비스의 종류나 양에 관계없이 어떤 질병의 진료를 위해 입원했는지에 따라 미리 정해진 일정액의 진료비만을 부담하면 된다. 의료서비스의 항목별로가격을 매기는 "행위별수가제(Fee for Service)"는 개별 진료행위의 가격을 모두 합해 총 진료비를 산출하기 때문에, 환자에게 진료 행위량을 늘릴수록 의사의 수입이 늘어날 수밖에 없는 구조적 한계가 있으며, 이로 인해 환자에게 꼭 필요한 만큼의 진료행위량을 넘어선 과잉진료가 발생할 수 있는 문제가 있다. 포괄수가제는 행위별수가제의 단점을 보완하고 의료체계를 발전시키기 위한 방안으로 도입되어 5년간의 시범사업을 거쳐 2002.1.1.부터 본 사업이 시행되었다. 2012.7.1.부터 입원환자가 많은 백내장 수술 등 7개 질병군에 대해 모든 병 · 의원에 당연적용 되었고, 2013.7.1.부터는 종합병원과 상급종합병원에도 당연 적용되어, 전국 모든 병원에서 7개 질병군의 입원환자는 포괄수가제 혜택을 받을 수 있게 되었다. 질병군별 포괄수가제도는 행위별 수가제도 적용시 환자가 별도로 부담하던 대부분의 비급여 항목을 보험급여 대상으로 포함시켜 환자본인부담금수준을 낮추고 나아가 과잉검사나 항생제 남용 등을 줄여 국민건강권을 보호하는 것을 목적으로 한다.

* 7개 질병군 : 안과 수정체수술(백내장수술), 이비인후과 편도 및 아데노이드 수술, 일반외과 항문 및 항문주위수술(치질수술), 서혜 및 대퇴부탈장수술(신생아 제외), 충수절제술(맹

7) 행위별수가제를 기본으로 7개 질병군에서 진료량에 상관없이 건강진료비를 지불하는 포괄수가제 시행(현재 편도, 충수염, 제왕절개 등 시행)

장염수술), 산부인과 자궁 및 자궁부속기 수술(악성종양제외), 제왕절개분만

출처: http://www.hira.or.kr/dummy.do?pgmid=HIRAA030066000000

② 건강검진

건강검진은 질병을 조기에 발견하고 그에 따른 요양급여를 실시하기 위해 가입자 및 피부양자가 건강에 대한 검진을 받는 서비스를 의미한다. 건강검진은 일반건강검진, 암검진, 영유아건강검진으로 구분된다.

③ 요양비

요양비는 가입자 또는 피부양자가 보건복지부령이 정하는 긴급, 기타 부득이한 사유로 인하여 요양기관과 유사한 기능을 수행하는 기관으로서 보건복지부령이 정하는 기관(요양기관으로 적합하지 아니하여 요양기관에서 제외된 의료기관, 복막투석 등 소모성 재료를 판매하는 요양기관 외의 의약품판매업소 등)에서 질병, 부상, 출산 등에 대하여 요양을 받거나 요양기관 외의 장소에서 출산을 한 때에 그 요양급여에 상당하는 금액을 지급받는 것을 의미한다.

④ 임신 · 출산 진료비

임신 · 출산 진료비는 임신한 가입자 또는 피부양자가 요양기관에서 받은 임신과 출산에 관련된 진료에 드는 비용을 지급해주는 급여를 의미한다. 하나의 태아를 임신한 경우는 100만원, 둘 이상의 태아를 임신한 경우에는 140만원의 범위의 전자바우처(국민행복카드)로 지급한다.

⑤ 장애인보장구급여비

장애인보장구급여비는 장애인복지법에 의해 등록한 장애인인 가입자 및 피부양자에게 보장구를 구입한 경우 구입금액의 일부를 현금으로 지급하는 급여를 의미한다.

〈표 11-7〉 국민건강보험의 급여종류와 급여내용

종 류		종 별	급여의 내용
법정급여	요양 급여	현 물 급 여	• 가입자 및 피부양자의 질병 · 부상 · 출산 등에 대하여 급여실시 - 요양급여의 범위 ① 진찰 · 검사 ② 약제 · 치료재료의 지급 ③ 처치 · 수술, 기타의 치료 ④ 예방 · 재활 ⑤ 입원 ⑥ 간호 ⑦ 이송 등 - 요양기관의 종류 ① 의료법에 따라 개설된 의료기관 ② 지역보건법에 따라 설치된 보건소 · 보건의료원 및 보건지소 ③ 농어촌 등 보건의료를 위한 특별조치법에 따라 설치된 보건진료소 ④ 약사법에 따라 개설 등록된 약국 및 한국희귀의약품센터
	건강 검진	현 물 급 여	• 직장가입자와 40세 이상인 피부양자 • 지역세대주와 40세 이상인 세대원 - 매 2년마다 1회 실시, 비사무직은 매년 실시 (만40세와 66세는 생애전환기 건강검진 대상으로 별도 검사)
	요 양 비	현 금 급 여	• 긴급한 경우, 부득이한 사유로 인해 요양기관과 유사한 기능을 수행하는 기관에서 요양을 받거나 요양기관 외의 장소에서 출산한 경우 요양급여에 상당하는 금액을 지급
	장애인 보장구 급여비	현 금 급 여	• 장애인복지법에 의해 등록된 장애인 가입자 및 피부양자가 구입한 보장구에 지원 - 기준액, 고시금액 및 실구입금액 중 최저금액의 80% - 희귀난치성질환자 100%, 그 외의 6개월 이상 질환 및 18세 미만 아동 85%
부가급여		이용권 (바우처)	• 임신 · 출산 진료비 일부 지원 - 100만원 이용권, 다태아 140만원 ('19년부터, 국민행복카드)

상병수당

근로자가 업무 외 질병 · 부상으로 인하여 경제활동이 불가한 경우 치료에 집중할 수 있도록 소득을 보장하는 제도이다. 국민건강보험법 제50조(부가급여) "국민건강보험공단은 이 법에서 정한 요양급여 외에 대통령령으로 정하는 바에 따라 임신 · 출산 진료비, 장제비, 상병수당, 그 밖의 급여를 실시할 수 있다."에 법적 근거가 있다.
상병수당은 1883년 독일 'Sickness Insurance law'에서 사회보험 급여의 하나로 상병수당 최초 도입된 이래 OECD 38개국 중 한국, 미국(뉴욕 등 일부州 도입) 제외하고 모두 도입('21년 기준)하고 있다.
우리나라는 2022년 1단계 시범사업이 시작되어 2023년 2단계(~'25년까지) 시범사업이 진행되고 있다.

출처: https://www.nhis.or.kr/nhis/policy/wbhaea03600m15.do

(3) 재원

국민건강보험급여와 관련 사업에 사용되는 재원은 사회보험의 특수성에 기반한 정기적 기여금인 가입자의 보험료와 운영 등에 필요한 비용을 국가에서 부담하는 국가부담 그리고 일부 수익자 부담의 원칙을 적용하고 있는 본인부담금 등이 재원을 구성하고 있다.

본인부담금은 의료이용자의 도덕적 해이의 방지와 건강보험재정의 안정화를 기하기 위해 도입된 제도로 거의 모든 국가에서 이 제도를 채택하고 있다. 건강보험체계상 진료비용은 그 부담주체에 따라 보험급여부분과 비급여부분으로 나누어지며 보험급여부분은 보험자부담부분과 본인부담부분으로 나누어진다. 의료서비스 이용자가 실제 부담하는 총비용은 비급여부분에 대한 비용과 급여부분 중 본인부담부분을 합한 부분이 된다.

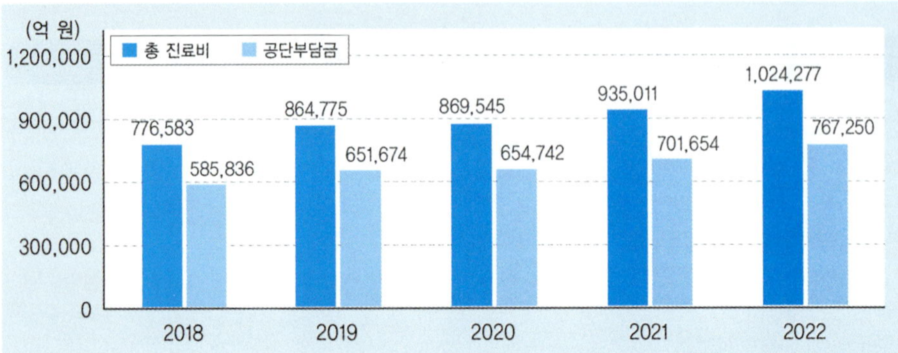

(단위: 억 원, %)

구분		2018년	2019년	2020년	2021년	2022년
총 진료비		776,583	864,775	869,545	935,011	1,024,277
의료 기관	소계	612,288	687,162	691,535	746,350	813,936
	입원	289,674	322,562	329,387	347,254	346,566
	외래	322,614	364,600	362,148	399,096	467,370
약국	소계	164,295	177,613	178,010	188,661	210,342
	처방	164,218	177,539	177,939	188,589	210,252
	직접	77	73	71	73	90
공단부담금		585,836	651,674	654,742	701,654	767,250
(급여율)		(75.4)	(75.4)	(75.3)	(75.0)	(74.9)
본인부담금		190,748	213,101	214,803	233,357	257,028
(부담률)		(24.6)	(24.6)	(24.7)	(25.0)	(25.1)

[그림 11-3] 연도별 1인당 월평균 진료비 및 급여비 추이

출처: 2023 알아두면 도움되는 건강생활 통계정보, 보건복지부

가입의 보험료를 통한 재원조달방식에 있어서 정액이 아닌 정률방식을 택하고 있으며 보험료율은 8%의 범위 내에서 건강보험정책심의위원회의 의결을 거쳐 결정한다(국민건강보험법 제73조). 사업장 가입자의 경우는 근로자와 사용자가 각각 50%씩 부담하며 공무원의 경우는 공무원과 정부가 절반씩 부담한다. 사립학교

교직원의 경우는 교직원, 학교경영자, 정부가 각각 50%, 30%, 20%를 부담한다.

지역가입자의 경우는 정확한 소득파악이 어려우므로 소득, 재산, 자동차 등을 보험료 산정의 기준으로 사용하고 있다.

건강보험재정에 대한 정부지원은 해당 연도 보험료 예상 수입의 14%에 해당하는 금액을 국고에서 국민건강보험공단에 지원하는 지원금이 있다. 또한 국민건강증진법에 따라 담배에 부여하는 부담금을 국민건강증진기금으로 조성하여 이 기금 중 일부를 국민건강보험공단에 지원하도록 하고 있다(약 6%, 국민건강증진법 부칙 제7조 제2항).

〈표 11-8〉 국민건강보험료 부과체계

구 분	직장가입자			지역가입자
	근로자	공무원	사립학교교직원	
보험료 부담	-사용자 50% -가입자 50%	-국가 50% -가입자 50%	-국가 20% -사립학교 30% -가입자 50%	-가입자 전액 부담 -세대전원이 연대부담 세대단위로 보험료 산정
보험료 산 정	보수월액×보험료율('23년 7.09%) ☞ 매년 보험료 변동 (※ 장기요양보험료=건강보험료×장기요양보험료율)			보험료 부과점수 × 보험료 부과점수당 금액

☞ 지역가입자 보험료 산정기준
① 소득(이자, 배당, 사업, 연금, 근로, 기타소득) ② 재산(토지, 주택, 보증금 및 월세)
③ 자동차(차종, 배기량, 사용연수)

(4) 전달체계(관리운영기구)

국민건강보험의 관리운영의 책임은 보건복지부가 담당하고 있다. 그러나 건강보험제도를 직접적으로 운영하는 집행은 국민건강보험공단에 위탁하고 있다. 또한 의료기관에서 청구한 진료비의 적정성을 평가하여 부당청구, 과잉진료 등으로 인해 청구된 진료비를 감액, 조정하는 진료비 심사는 건강보험심사평가원에서 담당하고 있다.

〈표 11-9〉 국민건강보험 관리운영기구 및 주요업무

관리운영기구	주요 업무
보건복지부	• 국민건강보험제도의 운영에 대한 정책결정의 책임을 지고 있는 기관
국민건강보험공단	• 건강보험의 보험자 • 보건복지부 장관의 위탁을 받아 국민건강보험 사업을 집행하는 기관 -공법인, 특수법인, 비영리법인으로 아래의 내용 수행 가입자 및 피부양자의 자격관리 보험료와 기타 건강보험법에 의한 징수금의 부과·징수 보험급여의 관리 가입자 및 피부양자의 건강의 유지·증진을 위하여 필요한 예방사업 보험급여의 지급 등
재정운영위원회	• 요양급여비용의 계약 및 보험재정과 관련된 사항 심의·의결 기구
건강보험심사평가원	• 요양기관으로부터 청구된 요양급여 심사와 요양급여의 적정성 평가
건강보험정책 심의위원회	• 건강보험정책에 관한 사항을 심의·의결 기구 -보건복지부장관은 건강보험정책심의위원회의 심의를 거쳐 5년마다 국민건강보험종합계획을 수립해야 함

3. 임노동자를 위한 사회보험 : 산업재해보상보험

(Industrial Accident Compensation Insurance)

1) 산업재해보상보험의 의의 및 목적과 연혁

(1) 의의 및 목적

우리나라 산업재해보상보험(이하 산재보험제도)는 1963년에 산업재해보상보험법이 제정되고 1964년부터 시행되었다. 산재보상제도는 업무상 재해와 질병으로 인한 소득상실을 보전함과 동시에 충분한 요양과 재활서비스를 제공하여 직업복귀를 도모하기 위한 제도이다. 산업재해보상보험법(이하 산재보험법) 제1조는 근로자의 업무를 신속하고 공정하게 보상하며, 재해근로자의 재활 및 사회복귀를 촉진하기 위하여 이에 필요한 보험시설을 설치 · 운영하고, 재해 예방과 그밖에 근로자의 복지증진을 위한 사업을 시행하여 근로자 보호에 이바지하는 것을 이 법의 목적으로 하고 있다.

일반적으로 산업재해보상보험급여는 산재보험의 적용을 받는 사업 또는 사업장 소속 근로자가 업무상 사유로 인하여 부상, 질병, 장해 또는 사망한 경우에 이를 회복시키거나 소득을 보장하고 가족의 생활보호를 위하여 지급되는 급여이다. 따라서 산재보험으로 인해 첫째, 산재발생 시 사업주의 개별책임주의의 한계를 인정하여 강제 사회보험방식을 통해 위험을 분산하여 신속, 공정한 재해보상을 실시할 수 있게 된다. 둘째, 필요한 보험시설의 설치, 운영과 재해예방이나 각종 근로복지 사업을 추진함으로써 재해를 입은 근로자나 그 가족의 인간다운 생활을 보장하는 데에 목적이 있다. 셋째, 정부주도의 강제보험으로 산재보험 업무를 정부(근로복지공단)가 담당하여 재해보상청구와 간소화와 함께 보상의 공정성과 안정성도 확보할 수 있게 되었다.

(2) 연혁

산업재해보상보험제도는 산재보상법이 1963년에 제정되어 상시 근로자 500인 이상 사업장을 대상으로 1964년에 시행되었다. 이후 1981년 '업무상 재해' 인정범위를 확대하여 업무상 재해의 정의를 '업무수행성'과 '업무기인성'을 모두 충족해야 하는 이(二) 요건주의에서 두 요건 중 하나만 충족하면 되는 일(一) 요건주의인 '업무상 사유'로 변경하여 급여지급을 확대하였다. 1995년부터는 근로자 5인 이상 사업장으로 적용되다가 1999년 개정을 통해 2000년 7월부터 근로자를 사용하는 모든 사업장에 확대 적용하고 있다.

2) 산재보험의 내용분석

(1) 적용대상

산업재해보상보험제도는 1인 이상 근로자를 사용하는 모든 사업 또는 사업장에 적용된다. 따라서 이 제도의 적용을 받는 사업을 당연적용사업이라고 하고 공무원연금법, 군인연금법, 사립학교교직원연금법 등 개별법에 의해 재해보상이 이루어지는 사업은 당연적용사업에서 제외된다.

산업재해보상보험제도에서 보험자는 정부(근로복지공단)이고 가입자는 근로자가 아닌 사업주가 된다. 근로자는 업무상의 재해근로자가 되면 수급자가 된다.

(2) 급여

① 급여요건

산재보험의 급여를 받기 위해서는 첫째, 산업재해보상보험 가입 사업장의 근로자일 것이어야 하며, 둘째, 당해 사고가 업무상 사유(재해)로 인한 부상 또는 질병으로 인한 것이라는 인정을 받아야 한다. 셋째, 당해 부상 또는 질병이 4일 이상의 요양기간을 요할 것이어야 한다.

여기에서 업무상 재해란 업무상의 사유에 따른 근로자의 부상 · 질병 · 장해 또는 사망을 말한다(법 제5조 제1호). 그리고 이러한 업무상 재해는 '업무수행성'과 '업무기인성'을 모두 충족해야 하는 이(二) 요건주의, 즉 업무를 수행하는 중에 그 업무 때문에 재해가 발생하여야 인정되었다. 그러나 업무수행방법의 다양화와 직업병의 확대로 업무상 재해범위를 협소하게 인정한다는 비판에 두 요건 중 하나만 충족하면 되는 일(一) 요건주의인 '업무상 사유'로 변경되었다. 이러한 업무상 질병의 인정 여부를 심의하기 위해 공단 소속기관에 업무상질병판정위원회를 두고 있다.

특수형태근로종사자

2021년 7월부터 근로자가 아니면서 자신이 아닌 다른 사람의 사업을 위하여 자신이 직접 노무를 제공하고 해당 사업주 또는 노무수령자로부터 일정한 대가를 지급받는 특수형태근로종사자에게도 산재보험과 고용보험이 적용된다.
보험설계사, 학습지교사, 택배기사, 화물차주 등의 특수형태근로종사자로부터 노무를 제공받는 사업주는 최초 노무를 제공 받게 된 날부터 14일 이내에 근로복지공단에 보험관계성립 신고서를 제출하면 산재보험과 고용보험에 가입할 수 있다.
* 출처: https://www.kcomwel.or.kr/kcomwel/paym/spec/mean.jsp

② 급여종류

산재보험의 급여에는 요양급여, 휴업급여, 장해급여, 간병급여, 유족급여, 상병보상연금, 장의비, 직업재활급여의 8가지가 있다.

㉮ 요양급여

요양급여는 근로자가 업무상 사유로 부상을 당하거나 질병에 걸린 경우 지급하는 현물급여이다. 요양급여의 범위는 진찰, 검사, 약제 또는 진료재료 그 밖의 보조기의 지급, 처치, 수술, 재활치료, 입원, 간호, 이송 등이다. 업무상 재해로 인한 부상 또는 질병이 3일 이내의 요양으로 치유될 수 있으면 요양급여를 지급하지 않고 근로기준법에 따라 사용자가 지급한다(산재보험법 40조).

㉯ 휴업급여

휴업급여는 업무상 사유로 부상을 당하거나 질병에 걸린 근로자에게 요양으로 취업하지 못한 기간에 대하여 지급하는 현금급여이며 휴업급여액은 평균임금의 70%이다. 평균임금이란 이를 산정하여야 할 사유가 발생한 날 이전 3개월 동안에 그 근로자에게 지급된 임금의 총액을 그 기간의 총일수로 나눈 금액을 말한다.

㉰ 장해급여

장해급여는 부상이나 질병을 치유한 뒤에도 신체 등에 장해가 있는 경우 지급하는 급여이다. 장해등급은 장해정도에 따라 14등급으로 나누어지며 장해급여는 장해등급에 따라 다르다. 장해급여를 지급하는 방법은 장해보상연금과 장해보상일시금 두 종류가 있다. 장해등급 1~3급은 의무적으로 장해보상연금이 지급되며 장해등급 4~7등급은 장해보상연금과 장해보상일시금 중 선택이 가능하고, 8~14등급은 장해보상일시금이 지급된다.

㉱ 간병급여

간병급여는 요양급여를 받은 자 중 치유 후 의학적으로 상시 또는 수시로 간병이 필요하여 실제로 간병을 받은 자에게 지급하는 급여이다. 간병급여는 2000년 7월 1일부터 지급되었는데 이전에는 요양급여 비용에 간병비가 포함되어 있어 요양급여를 받은 경우에는 큰 문제가 없었으나 요양 이후에 장해가 남아 지속적인 간병이 필요한 경우 문제가 있어 도입되었다.

㉲ 유족급여

유족급여는 근로자가 업무상 사유로 사망한 경우에 유족에게 지급하는 급여이다. 유족급여는 유족보상연금이나 유족보상일시금으로 지급하여 유족보상일시금은 근로자가 사망할 당시 유족보상연금을 받을 수 있는 자격이 있는 자가 없는 경우에 지급한다(산재보험법 제62조).

㉳ 상병보상연금

상병보상연금은 요양급여를 받는 근로자가 요양을 시작한지 2년이 지난 날 이후에도 그 부상이나 질병이 치유되지 아니한 상태이며 그 부상이나 질병에 따른 폐질의 정도가 대통령령으로 정하는 폐질등급 기본에 해당하며 요양으로 인해 취업하지 못하는 경우에 휴업급여 대신에 지급하는 급여이다. 산재가 발생하면 피재근로자는 요양급여와 휴업급여를 받을 수 있는데 상병보상연금은 폐질등급 3급

이상인 자로서 2년 이상의 장기요양을 요하는 자에게 휴업급여에 갈음하여 지급하는 급여로 제일 낮은 등급의 상병보상연금도 평균임금의 70%인 휴업급여보다는 많기 때문에 더 많은 소득보장을 받을 수 있다(채구묵, 2017: 429).

㉳ 장의비

장의비는 근로자가 업무상의 사유로 사망한 경우 장의비용으로 지급하는 급여이다. 장의비는 평균임금의 120일분에 상당하는 금액이며 그 장제를 지낸 유족에게 지급한다.

㉴ 직업재활급여

직업재활급여는 피재근로자가 취업하는 데 필요한 직업훈련, 직장복귀에 필요한 직장적응훈련, 재활운동 등에 소요되는 비용을 지원하는 급여이다.

㉵ 장해특별급여

장애특별급여는 민사상 손해배상청구에 갈음하여 만든 제도로 소송에 드는 비용과 시간이 많이 소요되므로 근로자에게 소송비용이나 시간을 아끼고 민사상손해배상과 동일한 배상을 받을 수 있도록 만든 것이 장해특별급여이다. 장해특별급여를 받기 위해서는 피해근로자와 사업주 사이에 협의가 이루어져야 하는데 이는 사업주가 재판을 통하기도 전에 고의나 과실을 100% 인정하는 것과 같은 측면이 있어 장해특별급여를 활성화하는 유인이 필요하다.

㉶ 유족특별급여

유족특별급여는 보험가입자의 고의 또는 과실로 발생한 업무상의 재해로 근로자가 사망한 경우에 수급권자가 민법에 따른 손해배상청구에 갈음하여 유족특별급여를 청구하면 지급할 수 있다. 유족특별급여는 근로자와 사업주 사이에 유족특별급여에 대한 협의가 이루어진 경우에 한한다(산재보험법 제79조).

산재보험은 요양급여를 제외하고는 대부분 현금급여를 제공하고 있다. 특히 산재로 인한 휴업기간에 대해 임금 대신 휴업급여를 평균임금의 70% 지급하고 있다. 유족연금의 경우 재해 근로자가 사망당시 그 근로자와 생계를 같이하고 있던 가족에게 순위에 따라 지급하며 동순위의 수급권자가 여러 명이면 균분한다. 산업재해보상보험제도는 사용자의 재해보상책임을 분산시키는 보험적인 성격과 근로자에 대한 사회보장적 성격이 혼재해 있다고 볼 수 있다.

〈표 11-10〉 **산재보험의 급여종류와 지급내용**

<table>
<tr><td rowspan="4">급 여
종 류</td><td>요양급여</td><td>• 업무상 부상 또는 질병의 치료를 위해 지급하는 현물급여
요양급여의 범위
① 진찰 · 검사, ② 약제 · 치료재료의 지급, ③ 처치 · 수술, 기타의 치료, ④ 예방 · 재활, ⑤ 입원, ⑥ 간호, ⑦ 이송 등
• 3일 이내의 요양으로 치유될 수 있으면 지급하지 아니함</td></tr>
<tr><td>휴업급여</td><td>• 휴업기간에 대해 임금대신 지급(평균임금 70%)
• 취업하지 못한 기간이 3일 이내이면 지급하지 않음
① 부분휴업급여 : 취업을 하지 못하는 기간 중에 단기간으로 취업하는 경우 평균임금에서 취업으로 인해 받은 금액을 뺀 금액의 90% 지급
② 저소득근로자의 휴업급여 : 휴업급여 지급액이 최저보상기준금액의 80%보다 적으면 평균임금의 90%를 적용(최저보상기준금액의 80%를 초과할 수는 없음)
③ 고령자의 휴업급여 : 휴업급여를 받는 자가 61세가 되면 65세까지는 매년 휴업급여의 4/70(휴업급여×4/70)를 감액하여 지급함(65세 이후는 20/70을 감액함). 61세 이후 재해를 입은 경우에는 최초 2년간 휴업급여의 감액을 받지 않음
☞ 평균임금이란 산정해야 할 사유가 발생한 날 이전 3개월 동안에 근로자에게 지급한 임금총액을 그 기간의 일수로 나눈 금액
☞ 평균임금이 최고 · 최저보상기준금보다 많거나 적으면 최고 · 최저보상기준금액을 평균임금으로 함</td></tr>
<tr><td>장해급여
(1-14등급)</td><td>• 1~3등급 연금으로만 지급
• 4~7등급은 연금과 일시금 중 선택 가능
• 8~14등급은 일시금으로 지급</td></tr>
<tr><td>유족급여</td><td>• 재해근로자가 사망한 경우 생계를 같이 하고 있던 유가족에게 연금지급 원칙(수급자의 선택으로 50% 일시금지급 가능)</td></tr>
</table>

		유가족의 범위(사망할 당시 생계를 같이 하고 있었어야 함) ① 배우자 ② 부모 또는 조부모로서 각각 60세 이상인 자 ③ 자녀 또는 손자녀로서 각각 19세 미만인 자 ④ 형제자매로서 19세 미만이거나 60세 이상인 자 등 • 수급권리 순서 : 배우자→자녀→부모→손자녀→조부모 및 형제자매
	상병보상 연금	2년 이상 장기요양을 한 재해근로자가 완치되지 않았거나, 폐질등급 1~3등급으로 판정된 경우 휴업급여를 중지하고 폐질등급에 따라 지급
	장의비	업무상 재해로 사망한 경우 지급(평균임금액의 120일분)
	간병급여	재해근로자가 치료 종결 후 간병이 필요하여 간병을 받는 자에게 지급(요양기간 중에는 요양급여에 포함되어 있음)
	직업재활 급여	장해급여를 받은 자 중 취업을 위해 직업훈련이 필요한 자에게 실시
	특별급여	사업주의 고의 또는 과실로 인해 산업재해가 발생했을 경우 산재법에 의한 보상 외에, 사업주에 대해 민사 손해배상 청구를 할 수 있는데 이에 갈음하여 산재보험에서 유족특별급여 및 장해특별급여를 대불해주고 그 지급 상당액을 사업주가 납부하도록 하는 제도로, 특별급여가 지급되었을 경우 수급자와 사업주 사이에 서로 합의가 된 것으로 보고 보험자는 그 급여 전액을 보험가입자로부터 징수함
중복 급여 제한 및 조정	동일한 사유에 대해 이중으로 보상을 할 필요가 없다는 취지에서 마련된 제도 ① 수급권자가 산재보험법에 의해 보상을 받으면 보험가입자는 근로기준법에 따른 재해보상 책임의 면제 ② 수급권자가 동일한 사유에 대해 산재보험법에 따른 보험급여를 받으면 보험가입자는 그 금액의 한도 내에서 민법 등의 손해배상 책임이 면제됨 ③ 산재보험법에 의해 장해 또는 유족급여를 받는 자가 동일한 사유로 국민연금법에 의해 장해 또는 유족연금을 받을 경우 국민연금은 1/2로 감액하여 지급됨	

(3) 재정

산재보험료는 사업주가 전액 부담한다. 그 이유는 근로자의 업무상 재해에 대한 보상은 무과실책임주의로 근로자를 보호하는 것이 본 제도의 목적이기 때문이다.

사업주는 전년도 근로자에게 지급한 보수총액을 매년 3월 15일까지 근로복지공단에 신고해야 한다. 그러면 공단은 사업주가 신고한 근로자의 개인별 보수 총액에 보험료율을 곱한 금액을 사업주가 납부할 보험료 산정한다. 결국 산재보험료는 근로자의 보수총액에 그 사업에 적용되는 산재보험료율을 곱하여 계산된다.

여기에서 적용되는 보험료율은 업종별 차등요율체계를 기본으로 하고 개별실적요율체계를 결합[8]하여 산정된다. 업종별 차등요율은 업종에 따른 재해발생의 위험성과 동질성 등을 기초로 고용노동부장관이 정하여 고시한다(고용보험및산업재해보상보험의 보험료징수 등에 관한 법률 시행규칙 제12조).

1. 2023년도 사업종류별 산재보험료율

(단위: 천분율)

사 업 종 류	요율	사 업 종 류	요율
0. **금융 및 보험업**	7	3. **전기·가스·증기 및 수도사업**	9
1. **광업**		4. **건 설 업**	37
석탄광업 및 채석업	186	5. **운수·창고 및 통신업**	
석회석·금속·비금속광업 및 기타광업	58	철도·궤도·삭도·항공운수업	9
2. **제조업**		육상 및 수상운수업	19
식료품 제조업	17	통신업	10
섬유 및 섬유제품 제조업	12	6. **임 업**	59
목재 및 종이제품 제조업	21	7. **어 업**	29
출판·인쇄·제본 또는 인쇄물가공업	11	8. **농 업**	21
화학 및 고무제품 제조업	14	9. **기타의 사업**	
의약품·화장품 향료·담배 제조업	8	기타의 각종사업	10
기계기구, 비금속광물 및 금속제품 제조업	14	전문기술서비스업	7
금속제련업	11	도·소매 및 소비자용품 수리업	9
전기기계기구, 전자제품 및 정밀기구 제조업	7	부동산업 및 임대업	7
선박건조 및 수리업	25	국가 및 지방자치단체의 사업	10
수제품 및 기타제품 제조업	13	* 해외파견자: 15/1,000	

※ 산재보험료율: "1.업종별 산재보험료율"에 "2.출퇴근 재해 요율"을 합산

(예) 건설업 산재보험료율: 3.6%+0.15%=3.75%

출처: https://www.kcomwel.or.kr/kcomwel/paym/paym/tari.jsp

8) 전체사업을 51개로 분류하여 보험료율이 가장 낮은 교육서비스, 금융보험업 등부터 보험료율이 가장 높은 석탄광업 및 채석업까지 차등하여 분류한다.

개별실적요율체계는 3년간 개별 사업장의 산재보험료에 대한 산재보험급여 금액의 비율을 기준으로 결정된다.

이렇게 계산된 보험료는 먼저 개산보험료로 신고하고, 나중에 확정보험료 신고 시 개산보험료와 정산하게 된다.

개산보험료

보험료는 선납하는 방식을 취하고 있는데, 피보험자인 근로자에게 당해 연도 지급할 1년 치의 추정임금총액에 해당 산재보험료율을 곱하여 개략적으로 산정한 보험료

(4) 전달체계

산업재해보상보험은 고용노동부장관이 사업운영을 관장하고 있다. 산재보험의 직접적인 업무는 고용노동부의 위탁을 받은 근로복지공단이 수행하고 있다.

중소기업사업주 산재보험

중소기업 사업주(근로자를 사용하지 않는 자를 포함)가 산재보험에 가입한 경우 「산업재해보상보험법」 제5조제2호에도 불구하고 그 사업주는 「산업재해보상보험법」을 적용할 때 근로자로 봄(「산업재해보상보험법」 제124조제1항 후단, 「산업재해보상보험법 시행령」 제122조제1항).

*** 중소기업 사업주의 범위**

다음의 중소기업 사업주(근로자를 사용하지 않는 자를 포함)는 근로복지공단의 승인을 받아 자기 또는 유족을 산업재해보상 보험급여를 받을 수 있는 자로 하여 산업재해보상보험에 가입할 수 있음(「산업재해보상보험법」 제124조제1항 전단 및 「산업재해보상보험법 시행령」 제122조제1항).

1. 보험가입자로서 50명 미만의 근로자를 사용하는 사업주
2. 다음의 어느 하나에 해당하면서 근로자를 사용하지 않는 사람
   「여객자동차 운수사업법」에 따라 여객자동차 운송사업을 하는 사람
   「화물자동차 운수사업법」에 따라 화물자동차 운송사업을 하는 사람
   「건설기계관리법」에 따라 건설기계사업을 하는 사람
   퀵서비스업자(소화물 집화·수송과정 없이 그 배송만을 업무로 하는 사업의 사업주를 말

함)로부터 업무를 의뢰받아 배송업무를 하는 사람
퀵서비스업자
「예술인 복지법」 제2조제2호에 따른 예술인으로서 예술활동의 제공 대가로 보수를 받을 목적으로 체결된 계약에 따라 활동하는 사람
대리운전업자(자동차 이용자의 요청에 따라 목적지까지 유상으로 그 자동차를 운전하는 사업의 사업주를 말함) 또는 대리운전업자로부터 업무를 의뢰받아 대리운전 업무를 하는 사람
한국표준산업분류표의 대분류에 따른 제조업 중 다음의 어느 하나에 해당하는 제조업을 하는 사람
1) 한국표준산업분류표의 중분류에 따른 1차 금속 제조업
2) 한국표준산업분류표의 중분류에 따른 금속 가공제품 제조업
3) 한국표준산업분류표의 중분류에 따른 전자 부품, 컴퓨터, 영상, 음향 및 통신장비 제조업
4) 한국표준산업분류표의 중분류에 따른 의료, 정밀, 광학 기기 및 시계 제조업
5) 한국표준산업분류표의 중분류에 따른 전기장비 제조업
6) 한국표준산업분류표의 중분류에 따른 기타 기계 및 장비 제조업
7) 한국표준산업분류표의 소분류에 따른 귀금속 및 장신용품 제조업
「자동차관리법」 제2조제8호에 따른 자동차정비업을 하는 사람
한국표준산업분류표의 중분류에 따른 도매 및 상품 중개업을 하는 사람
한국표준산업분류표의 중분류에 따른 소매업을 하는 사람
한국표준산업분류표의 소분류에 따른 음식점업을 하는 사람
한국표준산업분류표의 중분류에 따른 기타 개인 서비스업을 하는 사람

*** 산재보험료 산정 기초가 되는 임금액 및 산재보험료율**

중소기업 사업주에 대한 산재보험료 산정의 기초가 되는 임금액은 다음의 표에서 정하는 금액으로 하고, 산재보험료율은 그 사업이 적용받는 산재보험료율에 따름

'23년 중소기업 사업주에 대한 산재보험료 및 보험급여 산정의 기초가 되는 보수액 및 평균임금

(단위: 원)

등급	보수액(월)	평균임금(1일)
1등급	2,340,860	76,960
2등급	2,808,380	92,330
3등급	3,275,900	107,770

4등급	3,743,420	123,070
5등급	4,210,950	138,440
6등급	4,678,470	153,810
7등급	5,145,990	169,180
8등급	5,613,510	184,550
9등급	6,081,030	199,920
10등급	6,548,550	215,290
11등급	7,016,070	230,660
12등급	7,483,590	246,036

* 중소기업 사업주의 업무상 재해의 인정기준

중소기업 사업주에 대한 업무상 재해의 인정 범위에 관하여는 다음을 준용(「산업재해보상보험법 시행령」 제123조).

업무수행중의 사고(「산업재해보상보험법 시행령」 제27조)

시설물 등의 결함 등에 따른 사고(「산업재해보상보험법 시행령」 제28조)

행사 중의 사고(「산업재해보상보헌법 시행령」 제30조)

특수한 장소에서의 사고(「산업재해보상보험법 시행령」 제31조)

요양 중의 사고(「산업재해보상보험법 시행령」 제32조)

제3자의 행위에 따른 사고(「산업재해보상보험법 시행령」 제33조)

업무상 질병의 인정기준(규제 「산업재해보상보험법 시행령」 제34조)

진폐증에 대한 업무상 질병의 인정기준(규제 「산업재해보상보험법 시행령」 제34조)

출퇴근 중의 사고(「산업재해보상보험법 시행령」 제35조)

자해행위에 따른 업무상 재해의 인정기준(규제 「산업재해보상보험법 시행령」 제36조)

4. 임노동자를 위한 사회보험 : 고용보험 (Unemployment Insurance)

1) 고용보험의 목적 및 연혁

(1) 의의 및 목적

우리나라의 고용보험은 1993년에 고용보험법이 제정되고 1995년부터 실시됨으로써 도입되었다. 고용보험은 전통적 의미의 실업보험 사업을 비롯하여 고용안정사업과 직업능력사업 등의 노동시장 정책을 적극적으로 연계하여 통합적으로 실시하는 사회보장보험제도라 할 수 있다.

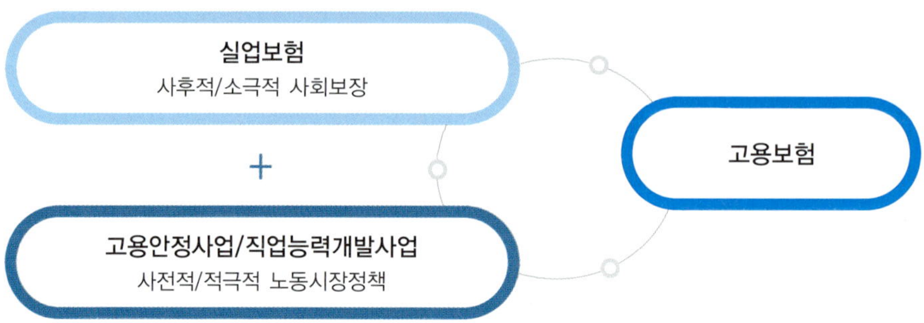

고용보험법 제1조에서는 실업의 예방, 고용의 촉진 및 근로자의 직업능력의 개발과 향상을 꾀하고, 국가의 직업지도와 직업소개 기능을 강화하며, 근로자가 실업한 경우에 생활에 필요한 급여를 실시하여 근로자의 생활안정과 구직활동을 촉진함으로써 경제 · 사회 발전에 이바지하는 것을 목적으로 한다고 명시하고 있다(고용보험법 제1조). 고용보험이라는 명칭과 법의 목적에 따르면 과거의 실업보험이 가진 소극적이고 제한적인 기능을 넘어 보다 적극적으로 실업을 예방하고 직

업능력을 개발하고 근로자의 고용안정을 위한 사업까지 포함하고 있음을 알 수 있다.

(2) 연혁

고용보험은 4대 사회보험 중 가장 늦게 도입되었지만 1996년 제도 실시 이후 약 3년 만에 다른 모든 사회보험제도보다 먼저 1인 이상 전 사업장으로 적용범위가 확대되었다. 이는 1998년 외환위기로 실업자가 대량으로 발생한 특수상황 때문이었다.

- 1993년 12월 제정
- 1995년 07월 시행(실업급여 30인 이상, 고용안정 · 직업능력개발 사업 70인 이상)
- 1998년 10월부터는 1인 이상의 근로자를 고용하는 전사업장으로 고용보험 확대
- 2001년 11월: 고용보험을 통해 모성보호급여(육아휴직급여, 산전후 휴가급여) 지급
- 2004년 01월: 일용근로자, 60세 이상 65세 미만 근로자 적용
- 2006년 01월: 65세 이상 고용안정 및 직업능력개발 사업 적용(실업급여 제외)
- 2008년 09월: 별정직 및 계약직 공무원 고용보험(실업급여) 적용→임의가입
- 2009년 12월: 고용보험료 산정기준 변경(임금→보수)
- 2011년 11월: 자영업자에 고용보험 적용 확대(임의 가입)

2) 고용보험제도의 내용 분석

(1) 적용대상

고용보험의 적용대상은 근로자를 사용하는 모든 사업 또는 사업장이다. 그러나

산업별 특성 및 규모 등을 고려하여 대통령령이 정하는 사업에 대하여는 고용보험제도를 적용하지 아니한다. 고용보험의 적용이 제외되는 근로자는 ① 65세 이후에 고용되거나 자영업을 개시한 자(고용안정 및 직업능력개발 사업에는 적용되고, 실업급여에만 제외됨), ② 1개월 소정근로시간이 60시간(주 15시간) 미만인 자와 일용직 근로자, ③ 국가 및 지방공무원법에 의한 공무원(다만 별정직 및 계약직 공무원의 경우 본인의 의사에 따라 실업급여에만 가입할 수 있음), ④ 사립교원연금법의 적용대상 자, ⑤ 별정우체국법에 따른 별정우체국 직원 등이다.

자영업자 고용보험제도

자영업자의 생활안정 및 재취업을 지원하는 제도로 0~49인의 근로자가 있는 자영업자는 본인이 희망하는 경우에 가입이 가능. 가입 후 고용안정 및 직업능력개발사업, 실업급여 지원을 받을 수 있음.

*** 가입방식**

본인의 희망에 따라 가입하는 방식으로, 고용안정.직업능력개발사업 및 실업급여에 모두 가입해야 함

가입을 희망하는 자영업자는 사업자등록증상 개업연월일로부터 5년 이내에 가입하여야 함

자영업자의 경우 구직급여, 직업능력개발수당, 광역구직활동비, 이주비는 적용되나, 연장급여, 조기재취업수당 등은 적용되지 않음

*** 가입대상**

홀로 사업을 진행하는 자영자, 50인 미만 근로자를 사용하는 고용주
(현행, 자영자 및 5인 미만 근로자를 사용하는 고용주)

*** 보험료 산정 · 납부**

소득이 불규칙한 자영업자의 특성을 고려하여, 보험료 및 실업급여의 기준이 되는 소득은 고용노동부 장관이 고시하는 "기준보수" 중에서 선택이 가능함

보험료 : 선택한 기준보수 * 보험료율

※ 보험료율 : 중장기적인 보험수지 균형을 고려하여 설정(실업급여 2%, 고용안정, 직업능력개발사업 0.25% 예정)

실업급여 : 선택한 기준보수 × 60%

기준보수

(단위 : 원)

구분	보수액(월)(2023년)	월 보험료(2.25%)
1등급	1,820,000	40,950
2등급	2,080,000	46,800
3등급	2,340,000	52,650
4등급	2,600,000	58,500
5등급	2,860,000	64,350
6등급	3,120,000	70,200
7등급	3,380,000	76,050

* 수급요건

자영업자 고용보험에 1년 이상 가입 후 부득이한 사정으로 사업을 시속하기 어려워 비자발적 폐업과 적극적인 재취업 노력을 한 경우에 가입기간에 따라 90~180일까지 구직급여 지급(부득이한 사정 : 매출액 감소, 적자지속, 자연재해, 건강악화 등(법 시행규칙 제115조의 2 내지 3조)

근로자를 사용하지 않거나 50인 미만 근로자를 사용하는 자영업자(기준보수액×보험료율 2.25%)

실업급여 소정일수

	가입기간(피보험기간)			
	1년 이상-3년 미만	3년 이상-5년 미만	5년 이상-10년 미만	10년 이상
소정 급여일수	90일	120일	150일	180일

(2) 급여(사업내용)

고용보험사업의 종류는 크게 세 가지로 나눈다. 실업급여와 고용안정사업, 직업능력개발사업이 그것이다. 실업급여는 이미 발생한 실업으로 인한 소득상실을 보전하기 위한 급여이지만 고용안정사업과 직업능력개발사업은 실업을 예방하기 위한 적극적 노동시장정책의 수단이라 할 수 있다. 고용안정사업과 직업능력개발사업에서는 직업알선 훈련 등 서비스급여와 이에 소요되는 비용이 지원되는 반면, 실업급여는 현금급여의 형태로 주로 지급된다.

〈표 11-11〉 고용보험제도 사업 내용

<table>
<tr><th>사업 구분</th><th colspan="2">사업 내용</th></tr>
<tr><td rowspan="4">실업급여</td><td colspan="2">① 구직급여</td></tr>
<tr><td>② 상병급여</td><td></td></tr>
<tr><td>③ 연장급여</td><td>훈련연장급여, 개별연장급여, 특별연장급여</td></tr>
<tr><td>④ 취업촉진수당</td><td>조기재취업수당, 직업능력개발수당
광역구직활동비, 이주비</td></tr>
<tr><td>육아휴직 · 출산전후
휴가급여</td><td colspan="2">① 출산전후휴가급여 ② 육아휴직급여 ③ 육아기 근로시간 단축</td></tr>
<tr><td>고용안정 ·
직업능력개발사업</td><td colspan="2">① 고용창출의 지원
② 고용조정의 지원
③ 지역고용의 촉진
④ 고령자 등 고용촉진의 지원
⑤ 건설근로자 등의 고용안정 지원
⑥ 고용안정 및 취업촉진
⑦ 고용촉진시설에 대한 지원
⑧ 사업주에 대한 직업능력개발 훈련의 지원
⑨ 피보험자들에 대한 직업능력개발 지원
⑩ 직업능력개발 훈련시설에 대한 지원
⑪ 직업능력개발의 촉진
⑫ 건설근로자 등의 직업능력개발 지원
⑬ 고용정보의 제공 및 고용지원 기반의 구축
⑭ 지방자치단체 등에 대한 지원</td></tr>
</table>

① 실업급여

㉮ 구직급여

실업급여의 구직급여는 개인 사정이나 잘못으로 인한 해고가 아닌 근로능력과 근로의사가 있음에도 불구하고 취업하지 못한 비자발적 실업상태여야 인정된다. 또한 이직일 이전 18개월 기간 동안에 보험에 가입한 기간이 180일 이상이어야 하고 재취업을 위한 노력을 적극적으로 하여야 유지되는 급여이다.

구직급여를 지급받으려는 자는 이직 후 지체 없이 직업안정기관에 출석하여 실업을 신고하여야 한다. 수급기간은 이직일 다음날부터 12개월 이내이므로 이직 후 지체 없이 실업신고 하여야 하고(12개월이 지나면 수급할 수 없음) 구직급여를 받으려는 자는 1~4주마다 고용센터에 출석하여 실업상태에서 적극적으로 재취업 활동을 한 사실을 신고하고 실업인정을 받아야 한다.

급여는 퇴직 전 평균임금의 60%×소정급여일수를 계산하여 지급하며 2023년 현재 상한액은 1일 66,000원, 하한액은 1일 61,568원이다.

실업 신고일로부터 7일간은 대기기간으로 구직급여 지급하지 않고 대기기간이 끝난 다음날부터 계산하며 피보험기간과 연령에 따라 90일~240일까지 지급하고 있다.

수급 요건	• 고용보험 적용 사업장에서 실직 전 18개월 동안 피보험 단위기간이 통상 180일 이상이어야 함 • 근로의사와 능력이 있음에도 불구하고 취업하지 못한 상태여야 함(비자발적 이직) • 이직사유가 개인 사정이나 잘못으로 인한 해고가 아닐 것 • 재취업을 위한 노력을 적극적으로 하여야 함
실업의 신고 및 인정	• 구직급여를 지급받으려는 자는 이직 후 지체 없이 직업안정기관에 출석하여 실업을 신고하여야 함 • 수급기간은 이직일 다음날부터 12개월 이내이므로 이직 후 지체 없이 실업신고 하여야 함(12개월이 지나면 수급할 수 없음) • 구직급여를 받으려는 자는 1~4주마다 고용센터에 출석하여 실업상태에서 적극적으로 재취업활동을 한 사실을 신고하고 실업인정을 받아야 함(구직급여는 실업의 인정을 받은 날에 대해 지급함)
급여 수준	• 급여 = 퇴직 전 평균임금의 60%×소정급여일수 －상한액은 1일 66,000원(2023년 현재) －하한액은 1일 61,568원 퇴직 당시 최저임금법상 시간급 최저임금의 90%×1일 소정근로시간(1일 8시간)
수급 기간	• 실업 신고일로부터 7일간은 대기기간으로 구직급여 지급하지 않음 • 대기기간이 끝난 다음날부터 계산함 • 피보험기간과 연령에 따라 90일~240일까지 지급
	〈연령 및 피보험기간에 따른 구직급여 일수〉

연 령	피보험 기간(일)				
	1년 미만	1-3년	3-5년	5-10년	10년 이상
50세 미만	120	150	180	210	240
50세 이상, 장애인	120	180	210	240	270

㉯ **상병급여**

상병급여는 실업신고를 한 이후 질병·부상·출산으로 취업이 불가능하여 실업의 인정을 받지 못한 날에 대해 실업자의 청구에 의하여 구직급여일액에 해당하는 금액을 구직급여에 대신해서 받는 급여이다.

㉰ **연장급여**

연장급여는 수급자격자의 개별 사정이나 경기침체 등 특수한 상황으로 인해 구직급여 기간 내에 재취업이 어려운 경우에 구직급여를 연장해서 지급하는 제도이다. 연장급여제도는 실업부조제도가 없는 미국, 일본, 한국 등에 있는 제도로서 다른 나라에서는 실업급여가 만료되면 실업부조를 지급하여 실업자의 소득을 보전해주고 있다. 연장급여에는 훈련연장급여, 개별연장급여, 특별연장급여가 있다.

훈련연장급여	• 직업안정기관의 장이 수급자격자의 연령과 경력 등을 고려할 때 재취업을 위해 직업능력훈련이 필요하다고 인정하는 경우 • 구직급여의 100%, 최대 2년 동안 지급
개별연장급여	• 직업안정기관의 장이 특히 취업이 곤란하고 생활이 어려운 자로 생계지원이 필요하다고 인정하는 경우 • 구직급여액의 70%, 60일 범위 내로 지급
특별연장급여	• 실업 급증 등 고용사정이 좋지 않은 사유가 일정기간 발생한 경우 • 구직급여액의 70%, 60일 범위 내에서 지급

㉣ 취업촉진수당

취업촉진수당은 적극적 취업활동을 조장하기 위하여 지급하는 급여로서 취업촉진수당, 조기재취업수당, 직업능력개발수당, 광역구직활동비, 이주비가 있다.

조기재취업 수당	• 구직급여일수의 1/2 이상을 남기고 12개월 이상 계속하여 고용된 경우 • 미지급일수에 대한 구직급여 지급
직업능력 개발수당	• 급여기간 중 직업안정기관의 장이 지시한 직업능력개발훈련 등을 받는 경우 • 교통비, 식대 등 1일 5,000원 지급
광역구직 활동비	• 직업안정기관의 소개에 따라 광범위한 지역에 걸쳐 구직하는 경우 • 운임, 숙박비 등 구직활동에 통상 드는 비용으로 공무원 여비규정에 따라 실비 지급
이주비	• 취업하거나 직업안정기관의 장이 지시한 직업능력개발훈련을 받기 위해 거주를 이전하는 경우 • 이주에 드는 비용으로 공무원 여비규정에 따라 실비 지급

출처: 고용보험 홈페이지(https://www.ei.go.kr/ei/eih/eg/pb/pbPersonBnef/retrievePb0204Info.do)

② 출산전후 휴가급여 · 육아휴직

고용보험의 세 가지 사업 외에 근로자를 위한 급여로 출산전후휴가급여와 육아휴직 및 육아기 근로시간 단축급여가 있다. 특히 근로자의 부모로서의 권리를 보장하고 저출산에 대응하기 위해 출산전후휴가급여와 육아휴직급여는 지속적으로 확대되고 있다.

출산전후휴가급여

출산전후휴가는 출산한 여성근로자의 근로의무를 면제하고 임금상실 없이 휴식을 보장받도록 하는 제도이다. 임신 중의 여성에 대하여는 출산 전과 출산 후를 통하여 90일(다태아 일 경우 120일)의 출산전후휴가를 주되, 휴가기간의 배정은 출산 후에 45일(다태아 일 경우 60일) 이상이 확보되도록 부여하여야 한다(근로기준법 제74조).

임신 중의 여성 근로자가 유산의 경험 등 대통령령으로 정하는 사유로 휴가를 청구하는 경우 출산 전 어느 때라도 휴가를 나누어 사용할 수 있도록 하여야 한다. 이 경우 출산 후의 휴가 기간은 연속하여 45일(다태아 일 경우 60일) 이상이 되어야 한다.

우선지원 대상기업의 경우 90일(다태아 120일)의 급여가 고용보험에서 지급되고, 대규모 기업의 경우 최초 60일(다태아 75일)은 사업주가 그 이후 30일(다태아 45일)은 고용보험에서 지급된다.

우선지원대상기업(고용보험법 시행령 제12조)

제조업 500인이하 사업장,
광업 건설업 운수업 출판, 영상, 방송통신 및 정보 서비스업, 사업시설관리 및 사업지원 서비스업,
전문, 과학 및 기술 서비스업, 보건업 및 사회복지 서비스업 300인 이하 사업장,
도매 및 소매업, 숙박 및 음식점업, 금융및 보험업, 예술, 스포츠 및 여가관련 서비스업 200인 이하 사업장,
기타 100인이하 사업장

육아휴직급여

육아휴직이란 근로자가 만 8세 이하 또는 초등학교 2학년 이하의 자녀를 양육하기 위하여 남녀 고용평등과 일 가정 양립 지원에 관한 법률 제19조에 의해 신청, 사용하는 휴직을 말한다. 육아휴직은 근로자의 육아부담을 해소하고 계속 근로를 지원함으로써 근로자의 생활안정 및 고용안정을 도모하는 한편, 기업의 숙련인력 확보를 지원하는 제도로 2023년까지는 자녀 1명당 1년 사용이 가능하므로 자녀가 2명이면 각각 1년씩 2년 사용 가능하고 근로자의 권리이므로 부모가 모두 근로자이면 한 자녀에 대하여 아빠도 1년, 엄마도 1년 사용 가능하다. 그리고

2024년부터는 육아휴직 기간이 1년 6개월까지로 확대된다.

육아휴직 기간동안 통상임금의 100분의 80(상한액: 월 150만원, 하한액: 월 70만원)을 육아휴직 급여액으로 지급하고, 육아휴직 사용을 장려하기 위한 급여특례 제도들이 있다. 2022년까지는 '아빠 육아휴직 보너스제'라고 하여 부모가 같은 자녀에 대하여 순차적으로 육아휴직을 사용하는 경우 두 번째 사용한 사람의 첫 3개월 급여를 통상임금의 100%(상한 250만원)으로 상향 지급하는 제도가 있었다. 이 특례는 2022년부터 같은 자녀에 대하여 자녀 생후 12개월 내 부모가 동시에 또는 순차적으로 육아휴직 사용하는 경우, 첫 3개월에 대해 부모 각각의 육아휴직 급여를 모두 상향하여 지급하는 '3+3 부모육아휴직제'로 확대되었다. 그리고 2024년부터는 '6+6 부모육아휴직제'로 특례기간이 연장되고 자녀의 개월 수도 12개월 내가 아니라 18개월 내로 확대된다.

또한 '한부모 근로자 급여 특례' 제도로 한부모 근로자(「한부모가족지원법」 제4조제1호의 모 또는 부)는 첫 3개월 통상임금 100%(상한 250만원), 4~12개월 통상임금 80%(상한 150만원)을 지원한다.

육아기 근로시간 단축

육아기 근로시간 단축 제도는 육아휴직을 신청할 수 있는 근로자가 육아휴직을 대신해서 근로시간의 단축을 신청할 수 있는데 이를 육아기 근로시간 단축이라 한다. 근로자는 육아기 근로시간 단축을 신청하는 경우에 사용할 수 있는데 사업주가 해당 근로자에게 육아기 근로시간 단축을 허용하는 경우 단축 후 근로시간은 주당 15시간 이상이어야 하고 35시간을 넘을 수는 없다.

육아기 근로시간 단축제도의 경우 종전에 자녀가 만 8세 이하인 경우에 사용할 수 있었으나 2024년부터는 만 12세 이하로 확대된다. 또한 근로자가 육아휴직이나 육아기 근로시간 단축을 사용하려는 경우에는 다음의 방법 중 하나를 선택하여 사용할 수 있고, 이 경우 어느 방법을 사용하든지 그 총 기간은 2년(24개월)을 넘을 수 없었으나 2024년부터 육아휴직 기간이 연장되면서 근무시간 단축도 총 3년(36개월)까지 사용할 수 있다.

-(육아휴직) 2회 분할

-(육아기 근로시간단축) 1회의 기간은 3개월 이상 사용(분할횟수 제한 없음)

근로기준법 (제74조)		임신 중의 여성에 대해서는 출산 전과 후를 통하여 90일(다태아 120일)의 출산전후 휴가를 주되 휴가기간의 배정은 출산 후에 45일(다태아 60일) 이상이 확보되도록 해야 함
출산전후휴가급여	수급요건	• 출산전후휴가를 시작한 날 이전의 피보험 단위기간이 180일 이상이어야 함 • 휴가는 90일을 주되 산후에 45일 이상이 확보되어야 함 • 산전후 휴가 개시일 이후 1개월부터 종료일이후 12개월 내 신청
	급여수준	• 급여는 근로기준법상 통상임금의 100%를 지급하는 것을 원칙으로 하고 하한액은 최저임금액, 상한액은 90일간 630만원('23) • 대기업은 통상임금의 30일분을 고용보험에서 지급하고, 60일은 사업주가 부담함 • 우선대상기업은 통상임금의 90일분 모두 고용보험에서 지급 ☞ 우선대상기업 –광업, 건설업, 운수, 창고 및 통신업 300인 이하, 제조업 500인 이하, 기타 100인 이하 사업장
육아휴직급여	수급요건	• 육아휴직을 시작한 날 이전의 피보험 단위기간이 180일 이상이어야 함 • 만8세 이하, 또는 초등학교 2학년 이하의 자녀를 가진 근로자 (근로자의 권리이므로 부모 모두 근로자이면 각각 사용 가능하고, '23년까지는 1년, '24년부터는 1년 6개월간 사용 가능) • 육아휴직 개시일 이후 1개월부터 종료일이후 12개월 내 신청
	급여수준	• 급여는 육아휴직 기간 동안 통상임금의 80% 지급(상한액 150만원, 하한액 70만원) • 육아휴직급여특례 – 아빠육아휴직보너스제(~'22) : 부모가 순차적으로 모두 육아휴직을 사용하는 경우 두 번째 사용한 사람의 육아휴직 3개월 급여를 통상임금의 100%(상한 250만원) 지급 – 3+3 육아휴직급여특례('22~'23) : 자녀의 생후 12개월 내 부모가 순차적으로 모두 육아휴직을 사용하는 경우 둘 다 육아휴직 첫 3개월 급여를 상향 지급 ① 부모 모두 1개월 : 통상임금의 100%(각각 상한 월 200만원 지급) ② 부모 모두 2개월 : 통상임금의 100%(각각 상한 월 250만원 지급)

		③ 부모 모두 3개월 : 통상임금의 100%(각각 상한 월 300만원 지급) – 6+6 육아휴직급여특례('24~) : 자녀의 생후 18개월 내 육아휴직 사용 부모 모두 1~3개월 : 3+3 그대로 적용 ④ 부모 모두 4개월 : 통상임금의 100%(각각 상한 월 350만원 지급) ⑤ 부모 모두 5개월 : 통상임금의 100%(각각 상한 월 400만원 지급) ⑥ 부모 모두 6개월 : 통상임금의 100%(각각 상한 월 450만원 지급) – 한부모 근로자 육아휴직급여특례 : 첫 3개월 통상임금의 100%(상한 250만원)
육아기 근로시간 단축		• 육아휴직을 대신해서 이 제도를 이용할 수 있음 • 주당 15시간 이상에서 35시간 이내 • '23년까지는 육아휴직과 합산하여 자녀 1명당 최대 2년까지, '24년부터는 최대 3년까지 사용 가능

(3) 재정

고용보험의 재정은 사업의 종류에 따라 그 재정조달방식이 다르다. 고용안정사업과 직업능력개발사업은 사업주만 부담하고 있고, 실업급여사업은 사업주와 근로자가 각각 절반씩 나누어 부담하고 있다.[9)]

두루누리사회보험

소규모 사업을 운영하는 사업주와 소속 근로자의 사회보험료(고용보험 · 국민연금)의 일부를 국가에서 지원함으로써 사회보험 가입에 따른 부담을 덜어주고, 사회보험 사각지대를 해소하기 위한 사업

*** 지원대상**
근로자 수가 10명 미만인 사업에 고용된 근로자 중 월평균보수가 260만원 미만인 근로자와 그 사업주에게 사회보험료(고용보험 · 국민연금)를 최대 80%까지 각각 지원. 2021년부터는 신규가입자에 대해서만 지원하고, 신규가입자 및 기가입자 지원을 합산하여 36개월간 지원

9) 2023년 고용보험요율은 2.05%(150인 미만 사업장: 실업급여 부분 1.8에 고용안정 등 0.25 부분 합산) 정도이며 실업급여에 해당되는 보험료는 근로자와 사업주가 각각 50%씩 부담(근로자와 사업주 부담: 각각 0.9%), 고용안정과 직업능력개발 사업에 해당하는 보험료는 사업주가 전액 부담(사업주 부담: 0.25%~0.9%)하고 있다.

* 지원 제외대상
지원 대상에 해당하는 근로자가 아래의 어느 하나라도 해당되는 경우에는 지원 제외
- 지원신청일이 속한 보험연도의 전년도 재산의 과세표준액 합계가 6억원 이상인 자
- 지원신청일이 속한 보험연도의 전년도 종합소득이 4,300만원 이상인 자

* 보험료 지원방법
두루누리 사회보험료 지원을 신청하면 사업주가 월별보험료를 법정기한 내에 납부하였는지를 확인하여 완납한 경우 그 다음 달 보험료에서 해당 월의 보험료 지원금을 뺀 나머지 금액을 고지하는 방법으로 지원

(4) 전달체계

고용보험제도는 고용노동부장관이 관장하고 있고 고용보험의 적용, 가입, 복지사업 등은 근로복지공단이 수행하며 피보험자 관리, 실업급여지급 등 각종 지원업무는 고용센터에서 담당하고 있다. 그리고 고용보험법 및 보험료 징수법 시행에 관한 주요사항을 심의하기 위해 고용노동부에 고용보험위원회를 두고 있다(위원장은 고용노동부 차관).

5. 노인을 위한 사회보험 : 노인장기요양보험 (Long-Term Care Insurance)

1) 도입배경

우리나라의 인구 고령화의 속도는 다른 선진국에서 전례를 찾아볼 수 없을 정도로 빠르게 진행되고 있다. 2000년에 이미 고령화사회(aging-society)에 진입하여 2018년에는 인구의 14%가 65세 이상인 고령사회(aged-society)에 진입하였다. 이

렇게 빠른 고령화속도와 상대적으로 떨어져가는 합계출산율을 고려한다면 인구의 20% 이상이 65세가 차지하는 초고령사회(super aged-society)의 진입도 곧 현실화될 예정이다. 고령화의 진전과 의학의 발달, 생활수준의 향상, 위생조건의 개선 등으로 인한 평균수명의 연장은 수발을 필요로 하는 노인들이 급증할 것을 예고하고 있다. 수발을 필요로 하는 노인의 증가와 유병기간의 장기화 등은 노인 의료비 증가는 물론 가족에게도 과중한 부담이 되고 있다.

전통사회에서는 수발을 필요로 하는 노인은 주로 가족에 의해 보호받아 왔는데 산업화, 도시화 및 핵가족화의 진전으로 가족규모의 축소, 노인단독가구의 증가, 여성의 사회진출의 증가, 노인부양 의식의 변화 등으로 인해 노인의 장기요양 및 보호는 가족에게 과중한 부담이 되고 있다.

이러한 현실로 인해 가족에 의한 노인의 수발은 한계에 도달하고 있어 노인 의료비뿐만 아니라 요양보호 비용은 개인의 부담이나 정부만의 부담이 아닌 사회적 연대를 통해 비용을 분납해야 하며 이를 위해 새로운 재원조달방식인 노인장기요양보험제도의 필요성이 대두되었다고 볼 수 있다.

2) 목적 및 원칙

노인장기요양보험법 제1조에서는 고령이나 노인성 질병 등의 사유로 일상생활을 혼자서 수행하기 어려운 노인 등에게 제공하는 신체활동 또는 가사활동 지원 등의 장기요양급여에 관한 사항을 규정하여 노후의 건강증진 및 생활안정을 도모하고 그 가족의 부담을 덜어줌으로써 국민의 삶의 질을 향상하도록 함을 목적으로 한다고 규정하고 있다. 노인장기요양보험법은 2003년 '공적노인장기요양보장기획단'을 구성하여 구체적 실행방안을 마련하고 2005년부터 시법사업을 거쳐 2008년에 시행되었다. 노인장기요양보험법 시행 당시에는 장기요양등급체계를 3등급으로 구분하였으나 2014년 개정으로 5등급 체계로 세분화하였다.

〈표 11-12〉 장기요양보험이용자 추이 (단위: 명)

구분	2018년	2019년	2020년	2021년	2022년
노인인구 (65세 이상)	7,611,770	8,003,418	8,480,208	8,912,785	9,377,049
신청자	1,009,209	1,113,093	1,183,434	1,281,244	1,348,961
판정자 (등급내+등급외)	831,512	929,003	1,007,423	1,097,462	1,160,850
인정자 (판정 대비 인정률)	670,810 (80.7%)	772,206 (83.1%)	857,984 (85.2%)	953,511 (86.9%)	1,019,130 (87.8%)
노인인구 대비 인정률	8.8%	9.6%	10.1%	10.7%	10.9%

노인장기요양은 세 가지 기본 원칙을 바탕으로 적용되는데 첫째, 사례관리 적용의 원칙이다. 이는 노인에 대한 요양 및 보호는 노인과 그 가족의 종합적인 상황을 고려하여 제공한다는 것이다. 둘째, 종합적인 상황을 고려하였을 때 장기요양이 필요하다면 재가급여가 우선 제공된다는 원칙이다. 노인에게 익숙한 환경인 가족과 함께 가정에서 장기요양을 받는 것을 우선한다는 것이다. 마지막으로 노인의 건강이 악화되지 않도록 의료서비스와 연계하는 것을 원칙으로 한다.

3) 수급자격

노인장기요양보험의 경우는 가입자격과 연령조건 두 가지를 모두 만족시켜야 급여를 받을 수 있는데 가입자격은 국민건강보험가입자인 장기요양보험가입자와 피부양자, 의료급여 수급권자가 해당된다. 또한 연령조건으로는 65세 이상의 노인이 해당된다. 65세 이상 노인이라면 원인과 상관없이 보험급여의 수급권이 발생하고 예외적으로 64세 이하라도 치매, 노화에 따른 질병이 있어 보호가 필요하다고 판단되면 수급권이 발생할 수 있다.

이러한 수급자격을 갖추었다면 심신의 기능상태에 따라 장기요양이 필요하다는 인정 절차를 거쳐 5가지 등급으로 나누어 차등 지원된다. 장기요양인정조사표에 따라 작성된 심신상태에 대한 조사결과를 기초로 영역별 조사항목 점수표에서 조사항목의 판단기준에 따라 각 영역별 해당점수의 합으로 원점수를 산출하여 등급을 판정한다. 영역별 점수의 경우 신체기능(일상생활기능)영역은 기능자립 정도를 기준으로 1~3점을, 인지기능영역과 행동변화영역, 간호처치영역은 증상 여부에 따라 0~1점을, 재활영역은 운동장애 정도와 관절제한 정도를 판단하여 1~3점을 부여한다.

〈표 11-13〉 영역별 심신상태를 나타내는 52개 항목

영 역	항 목	
신체기능 (기본적 일상생활기능) (12항목)	• 옷 벗고 입기 • 세수하기 • 양치질하기 • 목욕하기 • 방 밖으로 나오기 • 대변 조절하기	• 식사하기 • 체위 변경하기 • 일어나 앉기 • 옮겨 앉기 • 화장실 사용하기 • 소변 조절하기
인지기능 (7항목)	• 단기 기억장애 • 날짜 불인지 • 장소 불인지 • 나이 · 생년월일 불인지	• 지시 불인지 • 상황판단력 감퇴 • 의사소통 · 전달 장애
행동변화 (14항목)	• 망상 • 환각, 환청 • 슬픈상태, 울기도 함 • 불규칙 수면, 주야 혼돈 • 도움에 저항 • 의미 없거나 부적절한 행동	• 서성거림, 안절부절 못함 • 폭언, 위협행동 • 밖으로 나가려 함 • 물건 망가트리기 • 돈 · 물건 감추기 • 부적절한 옷 입기 • 대소변 불결행위
간호처치 (9항목)	• 기관지 절개관 간호 • 흡인 • 산소요법 • 도뇨관리 • 투석 간호	• 욕창 간호 • 경관 영양 • 암성통증 간호 • 장루 간호

	운동장애(4항목)		관절제한(6항목)
재활 (10항목)	• 우측상지 • 좌측상지	• 우측하지 • 좌측하지	• 어깨관절, 팔꿈치관절, 손목 및 수지 관절, 고관절, 무릎관절, 발목관절

출처: 장기요양등급판정기준에 관한 고시, 보건복지부.

장기요양의 등급판정은 국민건강보험공단의 조사와 등급판정위원회의 결정으로 이루어지며 이러한 등급판정은 1년간 유효하고 그 이상의 급여를 위해서는 갱신절차를 거쳐야 한다.

장기요양등급을 판정받아 장기요양을 이용하고자 하는 사람은 장기요양기관을 선택하여 선택한 장기요양기관과 급여계약을 체결할 수 있다. 계약을 체결한 후 체결한 급여계약 내용에 따라 장기요양급여를 이용할 수 있다.

<table>
<tr><th colspan="2">구 분</th><th>내 용</th></tr>
<tr><td rowspan="2">적용대상</td><td>지원대상</td><td>① 장기요양보험가입자(국민건강보험가입자), 피부양자, 의료급여수급권자
※ 의료급여수급권자는 국민건강보험과 장기요양보험에서 제외되지만 국가와 지방자치단체의 부담으로 적용대상에 포함됨
② 65세 이상의 노인 또는 65세 미만의 자로서 치매, 뇌혈관성질환 등 노인성 질병을 가진 자 중 장기요양등급판정위원회에서 1-5등급으로 인정받은 자</td></tr>
<tr><td>인정등급</td><td>〈장기요양 등급종류 및 인정점수〉
<table>
<tr><th>등급</th><th>심신의 기능상태</th><th>인정점수</th></tr>
<tr><td>1등급</td><td>일상생활에서 전적으로 다른 사람의 도움이 필요한 상태</td><td>95점 이상</td></tr>
<tr><td>2등급</td><td>일상생활에서 상당부분 다른 사람의 도움이 필요한 상태</td><td>75-95점 미만</td></tr>
<tr><td>3등급</td><td>일상생활에서 부분적으로 다른 사람의 도움이 필요한 상태</td><td>60-75점 미만</td></tr>
<tr><td>4등급</td><td>심신의 기능상태 장애로 일상생활에서 일정부분 다른 사람의 도움이 필요한 상태</td><td>51-60점 미만</td></tr>
<tr><td>5등급</td><td>치매환자</td><td>45-51점 미만</td></tr>
<tr><td>인지지원 등급</td><td>치매환자</td><td>45점 미만</td></tr>
</table></td></tr>
</table>

구 분	내 용
신청 절차	① 장기요양인정의 신청 및 조사 -장기요양보험가입자 또는 그 피부양자, 의료급여수급권자가 의사나 한의사의 소견서를 첨부하여 공단에 신청 -공단 소속직원은 신청인의 심신상태 등을 조사 ② 등급판성 -공단은 장기요양등급판정위원회에 조사결과서 등을 제출 -등급판정위원회는 신청인이 신청서를 제출한 날로부터 30일 이내에 등급판정 기준에 따라 1~5등급으로 판정을 완료(부득이한 사유 시 30일 이내 범위 연장) ③ 장기요양인정서 발급 -인정서 유효기간은 1년 -갱신의 경우 1등급은 3년, 2~5등급은 2년
	▶ 장기요양인정 및 이용절차 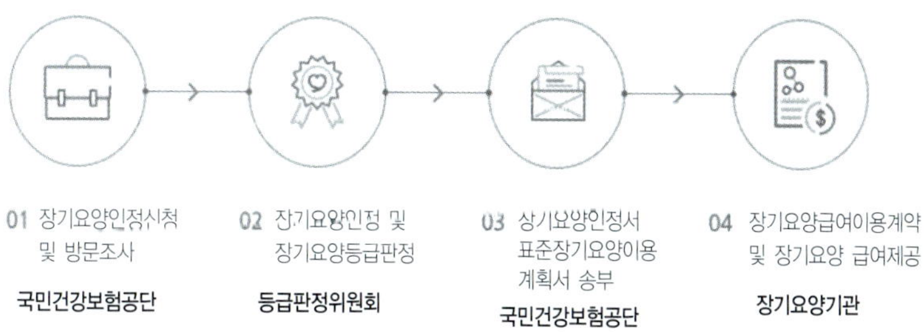 출처: 국민건강보험 홈페이지

4) 급여

노인장기요양보험의 급여는 재가급여와 시설급여 그리고 예외적으로 특별현금급여가 인정된다.

(1) 재가급여

재가급여는 가정에서 타인으로부터 식사 도움, 세면, 목욕, 외출동행 등 신체활동서비스, 집안청소 등 가사활동서비스, 간호, 진료 등 간호서비스를 받는 것을 의미한다. 또한 주야간보호시설을 이용하거나 단기보호 등을 받는 급여를 포함한다.

① 방문요양

장기요양요원이 수급자의 가정 등을 방문하여 신체활동 및 가사활동 등을 지원하는 장기요양급여이다.

② 인지활동형방문요양

장기요양 5등급 수급자에게 인지자극활동 및 잔존기능 유지 · 향상을 위한 사회훈련을 제공하는 급여이다. 기존의 방문요양과는 달리 빨래, 식사준비 등의 가사지원은 제공할 수 없으나, 잔존기능 유지 · 향상을 위한 사회활동 훈련을 제공하는 방법으로 수급자와 함께 옷 개기, 요리하기 등은 가능하다.

③ 방문간호

의사, 한의사 또는 치과의사의 지시에 따라 간호사, 간호조무사 또는 치위생사가 수급자의 가정 등을 방문하여 간호, 진료의 보조, 요양에 관한 상담 또는 구강위생 등을 제공하는 급여이다.

④ 주 · 야간보호

수급자를 하루 중 일정한 시간 동안 장기요양기관에 보호하여 목욕, 식사, 기본간호, 치매관리, 응급서비스 등 심신기능의 유지, 향상을 위한 교육, 훈련 등을 제공하는 급여이다.

⑤ 단기보호

수급자를 월 15일 이내 기간 동안 장기요양기관에 보호하여 신체활동 지원 및 심신기능의 유지, 향상을 위한 교육, 훈련 등을 제공하는 장기요양급여이다.

⑥ 방문목욕

장기요양요원이 목욕설비를 갖춘 차량을 이용하여, 수급자의 가정을 방문하여 목욕을 제공하는 급여이다.

⑦ 기타 재가급여

수급자의 일상생활 또는 신체활동 지원에 필요한 용구로서 보건복지부장관이 정하여 고시하는 것을 제공하거나 대여하여 노인장기요양보험 대상자의 편의를 도모하고자 지원하는 장기요양급여를 말한다(휠체어, 욕창방지매트리스 등).

〈표 11-14〉 등급별 재가급여 월 한도액

	1등급	2등급	3등급	4등급	5등급	인지지원 등급
'23년 한도액	1,885,000원	1,690,000원	1,417,200원	1,306,200원	1,121,100원	624,600원

(2) 시설급여

시설급여는 노인요양에 필요한 시설과 설비 및 전문 인력을 갖추고 있는 노인의료복지시설 등에 장기간 입소하여 신체활동지원 및 심신기능의 유지와 향상을 위한 교육과 훈련 등을 제공하는 급여이다. 노인복지법 제 34조 1항은 노인의료복지시설로 노인요양시설과 노인요양공동생활가정을 규정하고 있다. 노인요양시설은 치매, 중풍 등 노인성 질환 등으로 심신에 상당한 장애가 발생하여 도움을 필요로 하는 노인을 입소시켜 급식, 요양과 그 밖에 일상생활에 필요한 편의를 제공함을 목적으로 하는 시설을 의미한다.

노인요양공동생활가정은 치매, 중풍 등 노인성 질환 등으로 심신에 상당한 장애가 발생하여 도움을 필요로 하는 노인에게 가정과 같은 주거여건과 급식, 요양 그 밖에 일상생활에 필요한 편의를 제공함을 목적으로 하는 시설을 의미한다.

(3) 특별현금급여

특별현금급여는 도서, 벽지 지역 등 요양시설이 없어 불가피하게 가족 등으로부터 요양을 받는 경우에 지급되는 현금급여이다. 특별현금급여에는 가족요양비, 특례요양비, 요양병원 간병비가 있다.

① 가족요양비

가족요양비는 수급자가 부득이하게 가족 등으로부터 방문요양에 상당한 장기요양급여를 받을 때 해당수급자에게 지급하는 급여이다. 가족요양비를 지급받기 위해서는,

- 도서, 벽지 등 장기요양기관이 현저히 부족한 지역에 거주하거나,
- 천재지변 그 밖에 이와 유사한 사유로 인해 장기요양기관이 제공하는 장기요양급여를 이용하기 어려운 경우이거나,
- 신체, 정신 또는 성격 등 대통령령이 정하는 사유로 인해 가족 등으로부터 장기요양을 받아야 하는 등

세 가지 요건 중 하나에 해당하여야 한다. 가족요양비는 매월 수급자에게 21.3만원('23년 기준)이 지급되고 있다.

② 특례요양비

수급자가 장기요양기관이 아닌 노인요양시설 등의 기관 또는 시설에서 재가급여 또는 시설급여에 상당한 장기요양급여를 받은 경우 비용의 일부를 수급자에게 지급하는 급여이다.

③ 요양병원 간병비

수급자가 의료법(제3조2항제3호라목)에 따라 요양병원에 입원한 때 대통령령이 정하는 기준에 따라 장기요양에 사용되는 비용의 일부를 지급할 수 있도록 한 급

여이다. 요양병원 간병비는 임의규정('지급할 수 있다'로 규정)으로 되어 있어 현재는 지급하지 않고 있다.

<table>
<tr>
<td rowspan="3">급
여</td>
<td rowspan="2">급여
종류</td>
<td>① 재가급여
–가정에서 타인으로부터 식사도움과 목욕 등의 신체활동서비스, 집안청소 등의 가사활동서비스와 간호 · 진료서비스 등을 받는 것을 말함

〈재가급여 종류〉
<table>
<tr><th>종류</th><th>내 용</th></tr>
<tr><td>방문요양</td><td>수급자의 가정을 방문하여 신체활동 및 가사활동 지원함</td></tr>
<tr><td>방문목욕</td><td>목욕설비를 갖춘 장비를 이용하여 수급자의 가정을 방문하여 목욕을 제공함</td></tr>
<tr><td>방문간호</td><td>간호사 등이 의사, 한의사 또는 치과의사의 지시서에 따라 수급자의 가정을 방문하여 간호, 진료보조, 요양상담, 구강위생 등 제공함</td></tr>
<tr><td>주 · 야간
보호</td><td>수급자를 하루 중 일정시간 동안 장기요양기관에 보호하여 신체활동 지원 및 심신기능의 유지 향상을 위한 교육, 훈련 등을 제공함</td></tr>
<tr><td>단기보호</td><td>수급자를 일정기간 동안 장기요양기관에 보호하여 신체활동 지원 및 심신기능의 유지 향상을 위한 교육, 훈련 등을 제공함(월 15일 이내)</td></tr>
<tr><td>기타
(복지용구)</td><td>수급자의 일상생활, 신체활동 지원에 필요한 용구(수동휠체어, 성인용 보행기 등)를 제공하거나 가정을 방문하여 재활에 관한 지원 등을 제공함</td></tr>
</table>
–재가급여요양기관 : 재가노인복지시설, 재가장기요양기관</td>
</tr>
<tr>
<td>② 시설급여
–노인요양에 필요한 시설과 설비 및 전문 인력을 갖추고 있는 노인의료복지시설(노인전문병원 제외)에 장기간 입소하여 신체활동 지원 및 심신기능의 유지 향상을 위한 교육 및 훈련 등을 제공하는 급여
– 시설급여요양기관 : 노인요양시설, 노인요양공동생활가정</td>
</tr>
<tr>
<td>급여
한도</td>
<td>③ 특별현금급여
–도서나 벽지 등 요양시설이 없어 가족 등으로부터 요양을 받거나 요양기관이 아닌 시설을 이용하는 경우에 지급
㉮ 가족요양비 : 수급자가 부득이 가족 등으로부터 방문요양에 상당하는 장기요양 급여를 받을 경우 수급자에게 지급하는 가족장기요양급여(월 22.3만원)
㉯ 특례요양비 : 수급자가 장기요양기관이 아닌 노인요양시설 등의 기관에서 재</td>
</tr>
</table>

가 또는 시설급여에 상당한 요양급여를 받은 경우 비용의 일부를 지급하는 특례장기요양급여(시행 유보)

㉰ 요양병원간병비 : 수급자가 요양병원에 입원한 때 장기요양에 사용되는 비용의 일부를 지급하는 요양병원장기요양급여(현재 시행 유보)

5) 재정

노인장기요양의 재정은 장기요양보험료와 국가 및 지방자치단체의 부담금 및 본인부담금으로 이루어진다.

장기요양보험료는 국민건강보험료의 가입자가 보험료를 부담하고 있으며 장기요양보험료가 산정되면[10] 건강보험료와 통합징수되고 구분고지되고 있다.

국가는 장기요양보험료 예상 수입액의 20%를 부담하고 있다. 또한 국가와 지방자치단체는 의료수급권자의 장기요양급여비용 중 공단이 부담하여야 할 비용과 관리운영비 전액을 부담한다.

본인은 재가급여의 경우는 장기요양급여 비용의 15%를, 시설급여의 경우는 20%를 부담하고 있으며 국민기초생활수급자는 본인부담금을 100% 면제받고 있다.

	구 분	일반신청자	의료급여수급권자	저소득자	기초생활수급자
의사소견서 발급 비용	신청자	20%	10%	10%	면제
	공 단	80%	-	90%	
	국가 또는 지자체		90%		100%

10) 장기요양보험료(2023년) = 건강보험료 X $\frac{\text{장기요양보험료율}(0.9082)}{\text{건강보험료율}(7.09)}$

장기요양보험 본인부담금

장기요양보험의 경우 본인부담금경감제도가 2009년부터 시행되어 왔는데 그 경감대상 및 경감률이 확대되고 있다. 특히 치매국가책임제와 관련하여 노인장기요양보험의 보장성 강화를 위해 기존의 중위소득의 50%(건강보험료 순위 25%) 이하의 경감대상을 건강보험료 순위 50% 이하로 확대하였다.

대상자선정기준		건강보험료 순위 0–25%	건강보험료 순위 25–50%	건강보험료 순위 50%초과
경감률		본인부담 60%경감	본인부담 40%경감	본인부담경감없음
본인부담률	시설이용	8%	12%	20%
	재가이용	6%	9%	15%

인지지원등급

2018년부터 치매국가책임제가 시행되면서 인지지원등급을 신설하여 치매환자는 신체상태와 관계 없이 치매만 확인되는 경우 장기요양 수급자로 인정되도록 하였다. 인지지원등급 수급자는 '주 · 야간보호, 치매가족휴가제, 복지용구'를 이용할 수 있고, 재가급여의 경우 '23년 기준 월 624,600원을 한도액으로 하나 주 · 야간보호만 가능하고 방문요양은 받을 수 없다.

6) 전달체계

노인장기요양보험제도는 보건복지부 장관이 사업을 관장하고 있다. 장기요양 가입자의 자격관리 및 보험료 부과 징수 등 관리운영은 노인장기요양사업의 보험자인 국민건강보험공단이 담당하고 있다. 국민건강보험공단 내에는 장기요양의 인정 및 등급판정을 심의하기 위한 장기요영등급판정위원회가 설치되어 있다.

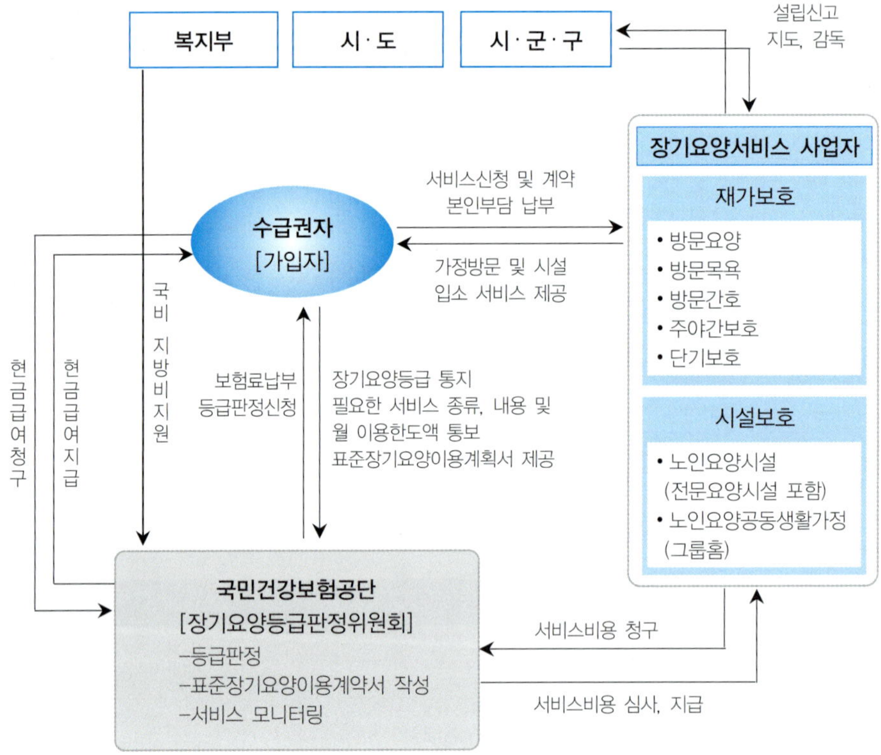

[그림 11-4] 노인장기요양보험체계

출처: 2018 노인보건복지사업안내1권 보건복지부

현재 노인장기요양급여의 재가급여 시설급여 등 급여의 제공은 노인장기요양보험법에 의해 각 지자체에서 장기요양기관 지정 또는 신고하고 있다.

<table>
<tr><td rowspan="3">장기
요양
기관</td><td>① 장기요양기관의 지정(노인장기요양보험법 제31조)
- 장기요양기관을 설치 · 운영하고자 하는 자는 소재지를 관할구역으로 하는 특별자치시장 · 특별자치도지사 · 시장 · 군수 · 구청장으로부터 지정을 받아야 함
② 재가장기요양기관의 설치(노인장기요양보험법 제32조)
- 재가급여 중 어느 하나 이상에 해당하는 장기요양급여를 제공하고자 하는 자는 시설 및 인력을 갖추어 재가 장기요양기관을 설치하고 특별자치시장 · 특별자치도지사 · 시장 · 군수 · 구청장에게 신고하여야 함
- 신고를 받은 특별자치시장 · 특별자치도지사 · 시장 · 군수 · 구청장은 신고명세를 공단에 통보해야 함
- 설치신고를 한 재가장기요양기관은 장기요양기관으로 봄</td></tr>
<tr><td>① 재가급여 장기요양기관
㉮ 재가노인복지시설
- 노인복지법 제38조에 따른 재가노인복지시설로서 노인장기요양보험법 제31조에 따라 시장 · 군수 · 구청장의 지정을 받은 장기요양기관
㉯ 재가장기요양기관
- 노인장기요양보험법 제32조에 따라 시 · 군 · 구청장에 설치신고를 한 재가장기요양기관</td></tr>
<tr><td>② 시설급여 장기요양기관
㉮ 노인요양시설
- 노인복지법 제34조 제1항 제1호에 따른 노인요양시설로서 노인장기요양보험법 제31조에 따라 시 · 군 · 구청장의 지정을 받은 장기요양기관
㉯ 노인요양공동생활가정
- 노인복지법 제34조 제1항 제2호에 따른 노인요양공동생활가정으로서 노인장기요양보험법 제31조에 따라 시 · 군 · 구청장의 지정을 받은 장기요양기관</td></tr>
</table>

생각해 보기

1. 국민연금의 가입대상자 종류에 대해 설명해 봅시다.
2. 고용보험의 다양한 급여 종류에 대해 설명해 봅시다.
3. 가장 최근에 도입된 사회보험인 노인장기요양보험의 도입배경에 대해 논의해 봅시다.

참 고 문 헌

이진숙 외(2016). 『사회복지정책론』. 양서원.

채구묵(2017). 『사회보장론』. 양서원.

우해봉 · 한정림(2018). "소득계층별 다층노후소득보장 전망과 정책적 시사점". 『사회보장연구』, 제33권 4호. 211-239.

윤석명(2019), "2018년 정부 노후소득보장강화방안평가: 국민연금과 기초연금". 『보건복지포럼』, 2019년 3월호. 56-70.

https://www.nber.org/papers/w22609

https://www.oecd.org/pensions/oecd-pensions-at-a-glance-19991363.htm

OECD Pensions at a Glance 2017. OECD.

The Welfare Cost of Retirement Uncertainty, NBER Working Paper, no.22609. 2017. the National Bureau of Economic Research.

2022년 국민연금통계연보(제35호), 국민연금연구원 홈페이지.

2022년 6월말 기준 국민연금통계, 국민연금연구원 홈페이지.

2023 알아두면 도움되는 건강생활 통계정보, 보건복지부 홈페이지.

4대보험 정보연계센터. http://www.4insure.or.kr/ins4/ptl/Main.do

건강보험심사평가원, http://www.hira.or.kr/main.do

고용 · 산재보험 토탈서비스, 근로복지공단, http://total.kcomwel.or.kr/main.do

국민건강보험공단 홈페이지, https://www.nhis.or.kr/retrieveHomeMain.xx#smartService

국민연금 홈페이지. https://www.nps.or.kr/jsppage/main.jsp

국민연금연구원. http://institute.nps.or.kr/jsppage/research/research_main.jsp

근로복지공단, http://www.kcomwel.or.kr/kcomwel/main.jsp

기초연금 https://www.nps.or.kr/jsppage/service/personal/request/bssPnsReq_main.jsp

노인장기요양보험, http://www.longtermcare.or.kr/npbs/

두루누리사회보험. http://insurancesupport.or.kr/

사회보험통합징수포털, 국민건강보험. https://si4n.nhis.or.kr/jpza/JpZaa00101.do

요양기관정보마당, https://medicare.nhis.or.kr/portal/index.do

한국보건의료연구원, https://www.neca.re.kr/

법령집(2023, 법제처홈페이지)

국민연금법

국민의료보험법

국민건강보험법

산업재해보상보험법

고용보험법

노인장기요양보험법

CHAPTER 12

한국의 공공부조

1. 국민기초생활보장제도(National Basic Living Security)

1) 도입배경과 연혁

(1) 도입배경

우리나라의 대표적 공공부조제도인 국민기초생활보장제도의 도입배경에는 1961년 도입되어 공공부조역할을 하던 생활보호법이 인구학적 구분에 의한 대상자 선정방식과 낮은 급여수준으로 인해 생계유지가 어려운 저소득층을 제대로 보호하지 못하였다는 데에서 출발한다. 특히 1997년 IMF로 인한 대량실업과 경제적 빈곤의 문제가 사회적으로 심각해지자 근로능력에 관계없이 실업자의 최저생계를 보장할 수 있는 새로운 공공부조가 필요하다는 공감대가 형성되었다.

이러한 공감대를 바탕으로 1998년 7월 45개 시민단체가 모든 국민의 인간다운 생활을 할 권리와 생존권적 기본권을 보장하기 위한 국민기초생활보장법의 제정을 위해 청원하였다. 이러한 사회, 경제적 배경에서 1999년 9월 국민기초생활보장법이 제정되고 2000년부터 실시되었다.

(2) 연혁

국민기초생활보장제도의 실시를 위핸 1999년 09월 07일 국회 본회의 의결을 거쳐 국민기초생활보장법을 제정하고 2000년 실시 이전에 이미 별정직 사회복지전문요원을 일반직 사회복지전담공무원으로 전환하며 준비하였다. 이후 2005년 12월 부양의무자 범위가 수급자의 직계혈족 및 그 배우자로 축소되고 2007년에는 생계를 같이하는 2촌 이내 혈족은 제외되는 등 순차적으로 국민기초생활보장제도의 급여조건인 부양의무자 범위가 축소되어오고 있다. 특히 2014년 12월 통합급여체계를 개별급여체계로 전환함으로써 소득인정액 선정기준이 최저생계비에서 개별 기준중위소득으로 변경되어 2015년부터 시행되어오고 있다.

[그림 12-1] 기초생활보장 수급자 현황

출처: e-나라지표. 대한민국 정부.
https://www.index.go.kr/unity/potal/main/EachDtlPageDetail.do?idx_cd=2760

2) 적용대상 및 선정기준

(1) 적용대상

국민기초생활보장제도의 급여는 근로능력과 연령에 관계없이 가구의 소득인정액과 부양의무자 기준을 동시에 충족해야 받을 수 있다. 근로능력이 있는 수급자의 경우 자활사업에 참여할 것을 조건으로 생계급여를 받을 수 있다.

① 수급권자의 소득기준

국민기초생활보장제도의 수급을 위해서는 소득인정액이 중앙생활보장위원회의 심의·의결을 거쳐 결정하는 급여별 선정기준 금액 이하에 해당하여야 한다. 소득인정액은 소득평가액과 재산을 소득으로 환산한 금액을 합산하여 결정된다.

소득인정액	= ① 소득평가액 + ② 재산의 소득환산액	
소득평가액	= 실제소득 - 가구특성별 지출비용 - 근로소득공제	
재산의 소득환산액	= (재산 - 기본재산액 - 부채) × 재산종류별 소득환산율	
용어설명	실제소득	근로소득, 사업소득, 재산소득(임대료, 이자, 연금), (공적, 사적)이전소득 포함
	가구특성별 지출비용	장애인, 아동, 만성질환자 등 특별히 생계비가 많이 소요되는 가구에 지원하는 비용(장애인연금, 장애수당, 만성질환자의료비 등)
	기본재산액	대도시 5,400만원, 중소도시 3,400만원, 농어촌 2,900만원
	재산의 소득환산율	일반재산 월 4.17%(주거용재산 월1.04%), 금융재산 월 6.26%, 자동차 월 100%

이렇게 인정된 소득이 중앙생활보장위원회의 심의·의결을 거쳐 결정하는 급여별 선정기준 금액 이하에 해당하여야 하는데 지금까지는 기초생활보장제도의 모든 급여의 선정기준이 최저생계비였으나 2015년 7월부터 상대적 빈곤 관점을 반영하여 소득인정액이 기준 중위소득의 일정비율 이하인 자에게 해당급여를 각각 지급하는 방식으로 전환되었다. 따라서 급여별로 수급자 선정기준을 다층화하여 소득이 증가하여도 필요한 급여는 계속 지원하여 일을 통해 자립할 수 있도록 하였다. 그리고 주거급여, 교육급여는 선정기준을 확대하는 등 각 급여대상별 특성에 맞게 최저보장수준을 현실화하여 맞춤형 기초생활보장급여 방식을 취하고 있다고 볼 수 있다.

〈표 12-1〉 2024년 기준 중위소득과 급여별 수급자 선정기준 (단위: 원/월)

가구원 수		1인	2인	3인	4인
교육급여 (중위 50%)	'23년	103만8,946	172만8,077	221만7,408	270만482
	'24년	111만4,222	184만1,305	235만7,328	286만4,956
주거급여 (중위 48%)	'23년	97만6,609	162만4,393	208만4,364	253만8,453
	'24년	106만9,654	176만7,652	226만3,035	275만358
의료급여 (중위 40%)	'23년	83만1,157	138만2,462	177만3,927	216만386
	'24년	89만1,378	147만3,044	188만5,863	229만1,965
생계급여 (중위 32%)	'23년	62만3,368	103만6,846	133만445	162만289
	'24년	71만3,102	117만8,435	150만8,690	183만3,572

② 수급권자의 부양의무자 기준

국민기초생활보장제도는 공공부조로서 보충성의 원리를 기초로 하고 있다. 따라서 수급권자에게 부양의무자가 있다면 부양의무자로 하여금 최대한 부양하도록 한 다음, 이러한 노력이 실패로 돌아갔을 경우에 국민기초생활보장제도의 적용을 받도록 하고 있다. 따라서 수급권자는 부양의무자가 없거나 부양의무자가 있어도 부양능력이 없거나 부양을 받을 수 없는 사람으로 한정하고 있다.

〈표 12-2〉 부양의무자·부양능력 판정현황 (단위: 가구, %)

구 분	부양의무자 유무			부양의무자의 부양능력 판정			
	계	부양의무자 있음	부양의무자 없음	계	부양능력 있음	부양능력 미약	부양능력 없음
가구수	934,534	712,406	222,128	1,513,797	348	92,960	1,419,923
구성비	100	76.2	23.8	100	0.02	6.1	93.8

* 부양의무자 기준이 적용되는 생계, 의료급여 대상 / 시설수급자 제외

출처: 2018 국민기초생활보장수급자현황. 보건복지부.

다만 부양의무자 기준은 점점 완화되어가는 추세로 2019년 현재 교육급여, 주거급여는 부양의무자 기준이 적용되지 않는다. 그리고 부양의무자 가구에 장애인 연금 수급자가 포함되면 생계급여와 의료급여에서, 기초연금수급자가 포함되면 생계급여에서 부양의무자 기준이 적용되지 않고 있다. 또한 2021년 1월부터 노인 이에 한부모 수급권자 가구에 대해서도 기초생활보장제도 생계급여에 적용되던 부양의무자 기준이 폐지되었다.

부양의무자 범위	-수급권자의 배우자 및 1촌 직계혈족(부모, 아들, 딸) 직계혈족의 배우자(사위, 며느리) -배우자가 사망한 며느리, 사위, 계부, 계모는 부양의무자가 아님 ※ 교육, 주거급여는 부양의무자 기준이 없음
부양의무자 적용기준	① 부양의무자가 없는 경우 ② 부양의무자가 있어도 부양능력이 없는 경우(기초수급자 등) ③ 부양의무자가 있어도 부양능력이 미약한 경우 -정기적으로 일정금액을 지원하는 것을 전제로 부양능력이 없는 것으로 인정 ④ 부양의무자가 있어도 부양을 받을 수 없는 경우(기피, 징집, 해외, 수감 등)

3) 급여

(1) 급여실시의 기본원칙

① 최저생활보장의 원칙

국민기초생활보장제도에 의하여 실시되는 급여가 건강하고 문화적인 생활을 보장해 줄 수 있는 수준이어야 한다는 원칙이다. 구체적인 급여의 기준은 보건복지부 장관이 수급자의 연령, 가구규모, 거주지역, 기타 생활여건 등을 고려하여 급여의 종류별로 정하며 국민기초생활보장제도는 모든 국민이 건강하고 문화적인 최저생활을 유지할 수 있도록 돕는 것을 원칙으로 하고 있음을 규정하고 있다.

② 보충급여의 원칙

국민기초생활보장제도에 의한 급여는 수급자가 자신의 생활의 유지를 위하여 그 소득, 재산, 근로능력 등을 활용하여 최대한 노력하는 것을 전제로 이를 보충·발전시키는 것을 기본원칙으로 하고 있다. 이러한 의미에서 수급자의 자산조사를 실시하게 되며 수급을 받는 경우에도 생계급여 소득인정액이 생계급여액에 미달하는 부분만 보충해 줌으로써 최저보장수준은 생계급여와 소득인정액을 포함하여 생계급여 선정기준 이상이 되어야 한다고 규정(국민기초생활보장법 제8조)하고 있다.

③ 자립지원의 원칙

국민기초생활보장제도는 수급에 있어 근로능력이 없을 것을 요구하지 않고 근로능력이 있는 수급자에게는 자활사업에 참여할 것을 조건으로 급여를 지급하고 있다. 국민기초생활보장제도는 그 목적에서도 밝히고 있듯이 자활과 자립이 중요한 요소로 받아들여지고 있기 때문이다. 따라서 수급자가 자신의 생활의 유지·향상을 위하여 그 소득, 재산, 근로능력 등을 활용하여 최대한 노력하도록 자활급여 뿐만 아니라 다른 급여도 운용되어야 할 것이다.

④ 개별성의 원칙

국민기초생활보장제도의 7가지 급여는 급여수준을 정함에 있어 수급자의 개별적 특수상황을 최대한 반영할 것을 원칙으로 하고 있다. 따라서 각 급여는 급여마다 개별적 기준을 가지고 있어 수급자의 상황에서 필요한 급여는 받을 수 있도록 하고 급여를 받을 때에도 거주지역, 기타 생활여건 등을 고려하여 맞춤형 급여를 받을 수 있도록 하고 있다.

⑤ 타 급여 우선의 원칙(가족부양 우선의 원칙)

국민기초생활보장제도의 경우는 급여신청자가 다른 법령에 의해 부양될 수 있는 경우에는 국민기초생활보장급여에 우선하여 타 법에 의한 보호가 먼저 행해져야 한다. 특히 민법에 의한 부양의무자의 부양을 우선시하고 그 다음에 급여를 받을 수 있다는 것은 타 법 우선의 원칙을 잘 드러내는 부분이다.

⑥ 무차별 평등의 원칙

국민기초생활보장제도의 규정된 요건을 충족시키는 국민에 대해서는 성별, 직업, 교육수준 등 기타의 이유로 차별을 두지 않고 수급권을 인정해야 하며 생활빈곤의 주관적 원인이 아닌 객관적 요건만 충족시키면 급여가 실시되어야 한다.

(2) 급여의 종류

① 생계급여

생계급여는 수급자에게 의복, 음식물 및 연료비와 기타 일상생활에 기본적으로 필요한 금품을 지급하여 생계를 유지하도록 하는 급여를 의미한다.

생계급여는 국민기초생활보장제도의 기본급여로 금전지급을 원칙으로 하고 필요한 경우 물품으로 시급하도록 규정하고 있다(국민기초생활보장법 제9조 1항).

생계급여액은 생계급여 선정기준에서 가구의 소득인정액을 차감한 금액을 지급한다.

그 외 생계급여의 지급방법은 다음과 같이 규정되어 있다.

- 매월 정기적으로 지급하여야 하지만 특별한 사정이 있는 경우에는 그 지급방법을 다르게 정하여 지급할 수 있도록 하였다(제9조 2항).
- 수급자에게 직접 지급하기로 되어 있으나 보장시설이나 타인의 가정에 위탁하여 생계급여를 행하는 경우에는 그 위탁받은 자에게 이를 지급할 수 있다(제9조 3항).
- 소위 조건부 수급으로서 보장기관은 대통령령이 정하는 바에 따라 근로능력이 있는 수급자에게 자활에 필요한 사업에 참가할 것을 조건으로 하여 생계

급여를 지급할 수 있다(제9조 5항).

② 주거급여

주거급여는 구법인 생활보호법에서는 없던 조항으로서 국민기초생활보장제도에서 신설된 급여이다. 그동안 우리나라에서 빈곤가구에서 생활비 중 주거비가 차지하는 비중이 매우 높았고 빈곤의 원인으로서 과중한 주거비 또한 문제로 늘 언급되었다. 따라서 구법에 대한 대안으로 주거급여 문제가 제기되었고 이에 따라 신법에서 주거급여가 신설되었다.

주거급여는 수급자에게 주거 안정에 필요한 임차료, 수선유지비, 그 밖의 수급품을 지급하는 것으로 한다. 주거급여의 수급자 중 임차가구에게는 실제임대료(보증금 환산액+월차임대료)를 지급하는데 국토교통부장관이 정한 지역별 기준임대료와 실제임대료 중 적은 금액을 지원하고 있다. 자가 가구에게는 주택의 노후도(경 · 중 · 대보수로 구분)를 평가하여 주택개량을 지원하고 있다.

〈표 12-3〉 지역별·가구별 기준 임대료(월) : 2023년 기준 (단위: 만 원/월)

구 분	1급지 (서울)	2 (경기·인천)	3 (광역시·세종시)	4 (그 외 지역)
1인	33.0	25.5	20.3	16.4
2인	37.0	28.5	22.6	18.5
3인	44.1	34.1	27.0	22.0
4인	51.0	39.4	31.3	25.6
5인	52.8	40.7	32.3	26.4

* 출처: LH 마이홈 주거급여 홈페이지.

③ 의료급여

국민기초생활보장법의 의료급여는 의료급여법을 따라 1, 2종으로 구분되어 제공된다.

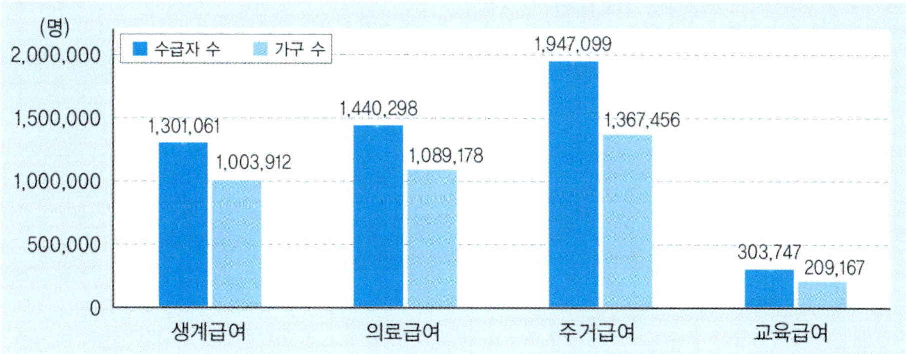

[그림 12-2] **급여별 수급자 및 수급가구 현황(2020)**

출처: 2020 국민기초생활보장수급자현황, 보건복지부. https://www.mohw.go.kr/react/gm/sgm0704ls.jsp?PAR_MENU_ID=13&MENU_ID=13040801&PAR_CONT_SEQ=355890

④ 교육급여

교육급여는 2021년 이전에는 '수급자에게 중 · 고등학교 입학금, 수업료 등 학비 기타 수급품을 지급하는 것으로 대상이 되는 학교의 종류, 범위 등에 관하여 필요한 사항은 대통령령으로 정한다. 교육급여는 금전 또는 물품을 수급자 또는 수급자의 친권자나 후견인에게 지급함으로써 행한다' 고 하였다. 그러나 2021년 코로나로 인한 원격교육 등 새로운 교육활동 수요를 고려하여 학생 개개인이 자율적으로 활용할 수 있는 교육활동지원비로 통합 지원하게 되었다.

〈표 12-4〉 2023년 교육급여 지원내역 (단위 : 원)

급여종류 / 구분	교육활동지원비	교과서	입학금 / 수업료
초등학생	415,000	-	-
중 학 생	589,000	-	-
고등학생	654,000	해당 학년의 정규 교육과정에 편성된 교과목의 교과서 전체	학교장이 고지한 금액 전액
지급방법	연 1회 (바우처로 지급*)	연 1회 (학교로 지급)	입학금은 신입생 입학 시 1회 수업료는 분기별 지급 (학교로 지급)

출처: 2023 국민기초생활보장사업 교육급여 운영 방안 안내, 교육부.
https://www.moe.go.kr/boardCnts/viewRenew.do?boardID=316&boardSeq=94113&lev=0&searchType=null&statusYN=W&page=1&s=moe&m=0302&opType=N

⑤ 해산급여

해산급여는 수급자에게 조산(助產), 분만 전과 분만 후의 필요한 조치와 보호를 행하는 것이다. 해산급여는 보장기관이 지정하는 의료기관에 위탁하여 행할 수도 있고 해산급여에 필요한 수급품을 수급자나 그 세대주 또는 세대주에 준하는 자에게 지급함으로써 행할 수도 있다.

⑥ 장제급여

장제급여는 수급자가 사망한 경우 사체의 검안, 운반, 화장 또는 매장 기타 장제조치를 행하는 것이다. 장제급여는 보건복지부령이 정하는 바에 따라 실제로 장제를 행하는 자에게 장제에 필요한 비용을 지급함으로써 행한다. 시장 · 군수 · 구청장에게 장제급여지급신청서를 제출하는 경우 수급자 사망 시 가구당 75만원을 지원하고 있다. 다만, 이에 의할 수 없거나 이에 의하는 것이 적당하지 아니하다고 인정하는 경우에는 물품을 지급함으로써 행할 수 있다.

⑦ 자활급여

자활급여는 수급자의 자활을 조성하기 위하여 다음과 같이 급여를 행하는 것이다. 주로 근로능력이 있는 국민기초생활보장 수급자의 자활을 돕기 위해 실시하는 급여로 조건부수급자의 경우는 필수로 제공된다. 자활급여는 자활에 필요한 금품지급 또는 대여, 기능습득 지원, 창업교육 및 창업지원, 취업알선, 자활근로 기회 제공 등의 각종 지원을 함으로써 행할 수 있다.

〈표 12-5〉 2024 급여별 선정기준 정리[1)]

급여종류	선정기준	사업 관장
생계급여	기준중위소득의 32% (부양의무자제 없음)	보건복지부
의료급여	기준중위소득의 40% + 부양의무자제	보건복지부
주거급여	기준중위소득의 48% (부양의무자제 없음)	국토교통부
교육급여	기준중위소득의 50% (부양의무자제 없음)	교육부
해산, 장제급여	생계급여, 주거급여, 의료급여 중 하나 이상의 급여를 받는 수급자	보건복지부
자활급여	조건부수급자(필수), 자활급여특례자, 생계급여수급자 중 근로능력없는자, 차상위자 등 (나머지는 임의적)	- 고용노동부자활사업 - 보건복지부자활사업 : 시장진입형, 인턴 · 도우미형, 사회서비스형, 근로유지형

4) 재정 : 일반조세

국민기초생활보장제도는 우리나라의 대표적 공공부조제도로서 그 재정은 일반조세로 충당하며 구체적 내용은 다음과 같이 구성되어 있다.

1) 2024년부터 생계급여 선정기준이 기준 중위소득의 30%에서 32%로 확대된다. 2024 국민기초생활보장 사업안내, 보건복지부.

첫째, 국가 또는 시·도가 직접 행하는 보장업무에 드는 비용은 국가 또는 해당 시·도가 부담한다.

둘째, 보건복지부장관, 소관 중앙행정기관의 장과 시·도지사가 수급자를 국가 또는 해당 지방자치단체가 경영하는 보장시설에 입소하게 하거나 다른 보장시설에 위탁하는 경우 급여실시비용은 국가 또는 해당 시·도가 부담한다.

셋째, 시·군·구가 수행하는 보장업무에 드는 비용 중 보장업무에 드는 인건비와 사무비 및 생활보장위원회의 운영에 드는 비용은 해당 시·군·구가 부담한다.

넷째, 시·군·구가 행하는 급여실시비용, 보장업무에 소용되는 비용은 시·군·구의 재정여건과 사회보장비 등을 고려하여 국가, 시·도 및 시·군·구가 차등 부담한다. 국가는 시·군·구 보장비용 총액 중 40% 이상 90% 미만을 부담, 시·도는 시·군·구 보장비용 총액 중 국가부담분을 차감한 금액의 30% 이상 70% 이하를, 시·군·구는 그 나머지를 부담한다.

5) 관리운영체계

(1) 보장기관

국민기초생활보장제도에서 급여를 실시하는 기관으로 보장기관이라 함은 수급권자 또는 수급자의 거주지를 관할하는 시·도지사 및 시장·군수·구청장을 의미한다. 다만 교육급여인 경우에는 시·도 교육감이 담당하고 있다.

보장기관은 수급권자·수급자·차상위계층에 대한 조사와 수급자 결정 및 급여의 실시 등의 국민기초생활보장법의 보장업무를 수행하기 위하여 사회복지전담공무원을 배치하여야 한다.

(2) 생활보장위원회

국민기초생활보장법에 의한 보장기관 외에 생활보장사업의 기획·조사·실시

등에 관한 사항을 심의 · 의결하는 기구인 생활보장위원회가 있는데 중앙생활보장위원회와 생활보장위원회가 있다.

① 중앙생활보장위원회

중앙생활보장위원회는 보건복지부에 두며, 위원장은 보건복지부장관, 위원장포함 16인 이내의 위원으로 구성되고 아래의 내용을 심의 · 의결한다.

- 기초생활보장 종합계획의 수립
- 소득인정액 산정방식과 기준 중위소득의 결정
- 급여의 종류별 수급자 선정기준과 최저보장수준의 결정
- 급여기준의 적정성 등 평가 및 실태조사에 관한 사항
- 급여의 종류별 누락, 중복, 차상위계층의 지원사업 등에 대한 조정
- 자활기금의 적립관리 및 사용에 관한 지침의 수립 등

② 생활보장위원회

생활보장위원회는 특별시 · 광역시 · 도 및 시 · 군 · 구에 설치되어 있으며 시 · 도 및 시 · 군 · 구의 생활보장사업의 기본방향 및 시행 계획 등을 수립한다.

2. 의료급여제도(Medical Care Assistance)

1) 도입배경과 연혁

현대사회에서는 질병이 점차로 사회화되는 상황에서 의료문제를 최저한으로 제공하여 건강하고 문화적인 생활을 영위하게 하는 일도 역시 사회복지정책의 중요한 영역이 되었다. 인간다운 생활 혹은 생존권의 보장이 단순히 생계보호와 물

질적 소득의 확보에 그치지 않고 건강회복을 위한 의료서비스를 제공해야 한다는 요청이 높아지고 있다. 다만 빈곤계층에 대하여는 소득계층의 보험원리에 의해서 제공되는 의료보험제도와는 달리 무료로 혹은 공공부조의 원리에 의해 적절한 수준의 의료서비스를 제공하는 경향이 세계적으로 일반화되고 있다.

의료보장과 소득보장은 상보적인 관계로서 빈곤계층의 경우는 빈곤으로 인하여 양질의 의료를 구매하기 어려운 상황은 질병과 장애를 악화시켜 빈곤을 지속시킨다. 그러므로 적절한 수준의 의료서비스 혹은 의료보장은 소득보장과 함께 공공부조의 양대 지주로 파악되고 있다. 현대사회에서는 이를 위한 구체적인 제도적 장치를 마련하고 있다. 한국에서도 1961년 생활보호법의 한 사업으로 의료보호사업이 규정되어 왔다가 1977년 의료보호법으로 분리하여 실시되었다. 현재는 2001년에 의료급여법제도로 전면 개정되어 사용되고 있다.

2) 적용대상 및 선정기준

(1) 수급권자

의료급여는 국민기초생활보장제도의 급여 중 하나로 국가의 일반재정으로 조달되는 공적 의료부조제도(public medical assistance)이다. 헌법에 보장된 국민의 인간다운 생활을 할 권리와 건강권을 저소득층과 사회적 기여자들에게 구체화하는 공공부조 프로그램으로 의료급여법 제1조에서는 생활이 어려운 자에게 의료급여 실시, 국민보건 향상과 사회복지 증진에 이바지함을 목적으로 한다고 규정하고 있다. 의료급여의 수급자는 다음과 같다(의료급여법 제3조).

1. 「국민기초생활보장법」에 따른 의료급여 수급자
2. 「재해구호법」에 따른 이재민으로서 보건복지부장관이 의료급여가 필요하다고 인정한 사람

3. 「의사상자 등 예우 및 지원에 관한 법률」에 따라 의료급여를 받는 사람
4. 「입양특례법」에 따라 국내에 입양된 18세 미만의 아동
5. 「독립유공자예우에 관한 법률」, 「국가유공자 등 예우 및 지원에 관한 법률」 및 「보훈보상대상자 지원에 관한 법률」의 적용을 받고 있는 사람과 그 가족으로서 국가보훈처장이 의료급여가 필요하다고 추천한 사람 중에서 보건복지부장관이 의료급여가 필요하다고 인정한 사람
6. 「무형문화재 보전 및 진흥에 관한 법률」에 따라 지정된 국가무형문화재의 보유자(명예보유자를 포함한다)와 그 가족으로서 문화재청장이 의료급여가 필요하다고 추천한 사람 중에서 보건복지부장관이 의료급여가 필요하다고 인정한 사람
7. 「북한이탈주민의 보호 및 정착지원에 관한 법률」의 적용을 받고 있는 사람과 그 가족으로서 보건복지부장관이 의료급여가 필요하다고 인정한 사람
8. 「5 · 18민주화운동 관련자 보상 등에 관한 법률」 제8조에 따라 보상금등을 받은 사람과 그 가족으로서 보건복지부장관이 의료급여가 필요하다고 인정한 사람
9. 「노숙인 등의 복지 및 자립지원에 관한 법률」에 따른 노숙인 등으로서 보건복지부장관이 의료급여가 필요하다고 인정한 사람
10. 그 밖에 생활유지 능력이 없거나 생활이 어려운 사람으로서 대통령령으로 정하는 사람

(2) 수급권자의 구분

의료급여의 수급권자는 1종 수급권자 및 2종 수급권자로 구분하도록 되어 있다. 1종 수급권자는 다음과 같으며 의료급여 수급권자 중 1종 수급권자가 아니면 2종 수급권자에 해당한다(의료급여법 시행령 제3조).

〈표 12-6〉 의료급여 종별 수급권자 기준

<table>
<tr><th>종별</th><th colspan="2">유형</th><th>선정기준</th><th>단위</th></tr>
<tr><td rowspan="17">1종
수급권자</td><td rowspan="9">기초
생활
수급자</td><td colspan="2">근로능력이 없거나 곤란한 자 만으로 구성된 세대</td><td>세대</td></tr>
<tr><td rowspan="6">다음의
어느
하나에
해당하는
자</td><td>18세 미만인 자</td><td rowspan="6">개인</td></tr>
<tr><td>65세 이상인 자</td></tr>
<tr><td>장애인고용촉진법 및 직업재활법에 따른 중증장애인</td></tr>
<tr><td>질병, 부상 또는 그 후유증으로 치료나 요양이 필요한 사람 중에서 근로능력평가를 통하여 시장·군수·구청장이 근로능력이 없다고 판정한 사람</td></tr>
<tr><td>임신 중에 있거나 분만 후 6개월 미만의 여자</td></tr>
<tr><td>병역의무를 이행중인 자</td></tr>
<tr><td>시설
수급자</td><td>보장시설 거주자</td><td>개인</td></tr>
<tr><td>중증질환자</td><td>결핵질환, 희귀난치성질환 또는 중증질환을 가진 사람</td><td>개인</td></tr>
<tr><td rowspan="8">기타
수급자</td><td>이재민</td><td>재해구호법</td><td>개인</td></tr>
<tr><td>의사상자</td><td>의사상자 등 예우 및 지원에 관한 법률</td><td>가구</td></tr>
<tr><td>입양아동</td><td>국내에 입양된 18세 미만의 아동(입양특례법)</td><td>개인</td></tr>
<tr><td>국가유공자</td><td>국가보훈처 기준</td><td>가구</td></tr>
<tr><td>국가무형
문화재
보유자</td><td>무형문화재 보전 및 진흥에 관한 법률</td><td>가구</td></tr>
<tr><td>북한이탈
주민</td><td>북한이탈주민의 보호 및 정착지원에 관한 법률</td><td>가구</td></tr>
<tr><td>5·18
민주화운동
관련자</td><td>5·18 민주화운동 관련자 보상에 관한 법률</td><td>가구</td></tr>
<tr><td>노숙자</td><td>노숙인 등의 복지 및 자립지원에 관한 법률</td><td>개인</td></tr>
<tr><td rowspan="2">2종
수급권자</td><td colspan="2">기초생활 수급자</td><td>근로능력이 있는 세대</td><td>가구</td></tr>
<tr><td colspan="2">기타</td><td>보건복지부장관이 필요하다고 인정하는 자</td><td>개인</td></tr>
</table>

출처: 의료급여법 시행령 제3조 2항

3) 급여

수급권자의 질병, 부상, 출산 등에 대한 의료급여의 내용은 다음과 같이 규정되어 있다(제7조).

① 진찰 · 검사 ② 약제 · 치료재료의 시급
③ 처치 · 수술, 기타의 치료
④ 예방 · 재활 ⑤ 입원 ⑥ 간호
⑦ 이송 등 기타 의료목적을 달성하기 위한 조치 등이다.

이러한 의료급여를 제공하는 의료급여기관은 1, 2, 3차 기관으로 구분되는데 1차 기관에 먼저 의료급여를 신청하고 필요한 경우에 2차, 3차 기관을 방문하도록 되어 있다.

① 1차 기관

- 시 · 군 · 구청장에게 개설신고를 한 의료기관
- 지역보건법에 따라 설치된 보건소, 보건의료원, 보건지소
- 농어촌 등 보건의료를 위한 특별조치법에 따라 설치된 보건진료소
- 약사법에 따라 등록된 약국 및 한국희귀의약품 센터

② 2차 기관

- 시 · 도지사가 개설허가를 한 의료기관

③ 3차 기관

- 2차 기관 중에서 보건복지부장관이 지정한 기관

수급권자에게 의료서비스를 제공한 의료급여기관은 급여비용을 시 · 군 · 구청장에게 청구하도록 되어 있다. 급여비용의심기관에서 급여비용을 심사한 후 시 ·

군 · 구청장은 의료급여기관에 급여비용을 지급한다.

4) 재정

의료급여의 급여비용이라는 재원에 충당하기 위하여 시 · 도에 의료급여기금을 설치하도록 하고 있다.

기금은 다음 각 호의 재원으로 조성한다(의료급여법 제25조).

1. 국고보조금
2. 지방자치단체의 출연금
3. 의료급여자나 의료급여기관의 부당이득에 따라 상환받은 대지급금
4. 의료급여자나 의료급여기관의 부당이득에 따라 징수한 부당이득금
5. 의료급여기관 등에서 징수한 과징금
6. 기금의 결산상 잉여금 및 그 밖의 수입금

5) 의료급여 수급권자의 본인부담금

의료급여의 재정은 의료급여법 제25에 따른 의료급여기금에서 부담하지만 기금에서 일부를 부담하는 경우 본인부담금 부분이 있으며 이는 1종 수급권자와 2종 수급권자에 따라 다르다(의료급여법 제10조, 의료급여법 시행령 별표 제1호).[2)]

〈1종 수급권자〉

<table>
<tr><th>대상자</th><th>본인부담구분 코드</th><th>의료급여기관</th><th>구 분</th><th>본인부담금</th></tr>
<tr><td rowspan="2">일반1종
(면제자,
선택의료급여기</td><td rowspan="2">일반1종의 경우
(본인부담코드 없음)</td><td rowspan="2">제1차
의료급여기관
(의원, 보건의료원)</td><td>원내 직접 조제</td><td>1,500원</td></tr>
<tr><td>그 이외의 경우</td><td>1,000원</td></tr>
</table>

2) 2023 의료급여사업안내, 보건복지부, 2023.

관 적용자 제외) · **선택의료급여 기관에서 의뢰된 자 1종**	선택의료급여기관에서 의뢰된 자(B005) 선택의료급여기관에서 의뢰되어 재의뢰된 자(B006) 절차예외 경과규정 적용자 등(B009)		특수장비촬영 (CT, MRI, PET)	특수장비총액의 5%
		제2차 의료급여기관	원내 직접 조제	2,000원
			그 이외의 경우	1,500원
			특수장비촬영 (CT, MRI, PET)	특수장비총액의 5%
		제3차 의료급여기관	원내 직접 조제	2,500원
			그 이외의 경우	2,000원
			특수장비촬영 (CT, MRI, PET)	특수장비총액의 5%
본인부담 면제자 1종	M001~M017 * 본인부담구분코드 참고	제1차·2차·3차 의료급여기관	0 (본인부담 없음)	
선택의료급여 기관 이용자 1종	조건부연장승인자(M001) 자발적 참여자(M002) M009~M010	제1~3차 의료급여기관	0 (본인부담 없음)	
	촉탁의 처방(B007)	제1차·2차·3차 의료급여기관	1,000~1,500원	
	제3선택, 제4선택기관(B008)	선택한의원, 선택치과의원	1,000~1,500원	

〈2종 수급권자〉

대상자	본인부담구분 코드	의료급여기관		구 분	본인부담금
일반2종 (선택의료급여기관 적용자 제외) · **선택의료급여기관 이용자 2종** · **선택의료**	일반2종의 경우 (본인부담코드 없음) 조건부연장승인자(B001) 자발적 참여자(B002) 선택의료급여기관에서 의뢰된 자(B005)	제1차 의료급여기관 (의원, 보건의료원)		원내 직접 조제	1,500원
				그 이외의 경우	1,000원
				특수장비촬영 (CT, MRI, PET)	특수장비총액의 15%
		제2차 의료급여	만성질환자 *의료급	원내 직접 조제	1,500원
				그 이외의 경우	1,000원
				특수장비촬영	특수장비총액의

<table>
<tr><td rowspan="4">급여기관에서 의뢰된 2종</td><td rowspan="3">선택의료급여기관에서 의뢰되어 재의뢰된 자(B006)
절차예외 경과규정 적용자 등(B009)</td><td rowspan="2">기관</td><td>여수가의 기준및일반기준 제17조</td><td>(CT, MRI, PET)</td><td>15%</td></tr>
<tr><td>만성질환자 외</td><td colspan="2">의료급여비용총액의 15%</td></tr>
<tr><td colspan="2">제3차 의료급여기관</td><td colspan="2">의료급여비용총액의 15%</td></tr>
<tr><td>선택의료급여기관 적용자의 촉탁의 처방(B007)</td><td colspan="2">제1차 · 2차 · 3차 의료급여기관</td><td colspan="2">1,000원~1,500원</td></tr>
<tr><td></td><td>제3선택, 제4선택기관(B008)</td><td colspan="2">선택한의원, 선택치과의원</td><td colspan="2">1,000원~1,500원</td></tr>
</table>

본인부담금의 경우 의료급여법 시행령에 모두 규정되어 있고 정부에서 정한 금액을 초과한 경우에는 초과한 금액의 50%를 시장 · 군수 · 구청장이 보상하도록 하고 있다(초과금액이 2천원 미만인 경우는 보상하지 않음, 의료급여법 시행령 제13조 제5항).

① 1종 수급권자 : 매 30일간 2만원 초과할 경우 초과금액의 50% 보상

② 2종 수급권자 : 매 30일간 20만원 초과할 경우 초과금액의 50% 보상

또한 본인부담금 상한제로 본인부담금에서 보상받은 금액을 차감한 금액이 정부에서 정한 금액을 초과한 경우에 그 초과금액의 전액을 기금에서 부담하는 본인부담금 상한제도도 시행하고 있다(의료급여법 시행령 제13조 제6항).

① 1종 수급권자: 매 30일간 5만원을 초과할 경우 그 초과금액 전액

② 2종 수급권자: 연간 80만원을 초과할 경우 그 초과금액 전액

3. 기초연금(Basic Pension)

1) 도입배경과 연혁

우리나라의 대표적인 노후소득보장제도인 국민연금제도가 1988년부터 시행되었으나 제도가 시행된 지 오래되지 않아 국민연금에 가입하지 못하거나 가입을 했더라도 그 기간이 짧아 충분한 연금을 받지 못하는 경우가 국민연금 개정 시 논의되었다. 특히 2006년 이후 국민연금 개정 시 노후소득보장 사각지대에 대한 해소필요성이 제기되었고 이의 필요성을 인정받아 2007년 기초노령연금법이 국회에서 통과되었다.

우리나라에서는 1989년부터 노인복지법에 70세 이상의 노인 중 거택보호자에게 1만원씩 제공하는 노령수당제도가 있었고 1997년에는 경로연금으로 변경되어 존재해오고 있었다. 그러다가 2007년 국민연금개혁 합의안에 국민연금과 기초노령연금 이원체제로 운영하기로 한 것이다. 국민연금 급여율은 2028년까지 소득대체율 60%에서 40%로 단계적 하향조정하고 그 대신 기초노령연금은 전체 노인 중 소득 하위 60%를 대상으로 국민연금 가입자의 평균소득월액의 5%를 지급하기로 하였다. 그리고 2028년까지 10%로 단계적 상향조정하기로 하면서 경로연금은 폐지되고 기초노령연금법으로 제정된 것이다. 2014년에는 기초노령연금법이 기초연금제도로 시행되었는데 소득하위 70% 노인들을 대상으로 급여액을 상승하여 2024년 최대 약 33만원이 매월 지급되고 있다.

우리나라의 공적노후소득보장제도는 국민연금과 국민연금을 가입하지 못했거나, 가입기간이 짧아 충분한 연금을 받지 못하는 노인들의 정기적 · 안정적인 소득기반 제공을 위한 기초연금으로 이원화되어 1인 1연금 체제를 갖추고 있다고 볼 수 있다.

2) 적용대상 및 선정기준

기초연금은 무기여 연금으로 재원은 국가의 일반재정으로 조달한다. 그에 따라 소득기준이 있어 자산조사를 실시함으로써 공공부조제도로서의 성격이 크다고 볼 수 있다.

① 수급권자

기초연금의 수급자는 65세 이상으로서 소득인정액이 보건복지부장관이 고시하는 선정기준액 이하인 사람이며 소득하위 70%가 되도록 한다. 2023년에는 약 650만 명 정도가 기초연금을 수급하고 있다. 다만 특수직역연금(공무원, 사학, 군인, 별정우체국)의 수급자 및 배우자는 원칙적으로 제외되나 직역재직기간이 10년 미만인 연계퇴직·유족연금 수급권자 및 그 배우자, 장해보상금, 유족연금일시금, 유족일시금을 받은 이후 5년이 경과된 직역연금 수급권자 및 그 배우자 등은 기초연금의 수급자가 될 수 있다.

☞ 기초연금 수급희망자 이력관리제

기초연금을 신청했다가 탈락한 수급희망노인을 대상으로 이후 5년간 매년 이력조사를 통해 수급이 가능할 것으로 예상되는 경우 신청을 안내하는 제도

② 선정기준

기초연금은 65세 이상의 노인 중 소득인정액이 선정기준액[3] 이하인 자로서 소득하위 70%에 해당하는 경우 지급받을 수 있다.

3) 2024년 기준, 단독가구 202만원, 부부가구 323.2만원

소득인정액 = 소득평가액 + 재산의 소득환산액
① 소득평가액 = {0.7×(근로소득 - 108만원)} + 기타 소득 * 근로소득 공제 : 상시근로소득에서 108만원 공제 후 30% 추가공제 * 기타소득 : 사업소득, 공적이전소득, 무료임차소득, 재산소득
② 재산의 소득환산액 = [{(일반재산 - 기본재산액) + (금융재산 - 2,000만원) - 부채} × 0.04(재산의 소득환산율, 연 4%)/12개월] + 고급 자동차 및 회원권의 가액 * 기본재산 공제액: 대도시 : 1억 3,500만원, 중소도시 : 8,500만원, 농어촌: 7,250만원

소득인정액의 경우 소득과 재산을 모두 환산하여 결정한다. 따라서 연령기준과 소득기준이 있으며 대표적 공공부조제도인 국민기초생활보장제도와 같은 부양의무자 기준은 적용되지 않는다.

〈표 12-7〉 재산가액 산정기준

재산항목	산정기준
토지, 건축물, 주택	(「지방세법」) 시가표준액
선박, 항공기	(「지방세법」) 시가표준액 × 보정계수(3.5)
임차보증금	임대차 계약서상의 보증금 및 전세금 (주거를 목적으로 하는 주택의 경우 보정계수 0.95)
조합원 입주권	관리처분계획에 따라 정해진 가격에 청산금을 가감한 금액
분양권	조사일 현재까지 납입한 금액
입목재산	(「지방세법」) 시가표준액
어업권	(「지방세법」) 시가표준액
각종 회원권	(「지방세법」) 시가표준액
자동차	국토교통부의 차량소유정보 및 보험개발원의 차량기준가액 등을 활용하여 「행복e음」을 통해 제공되는 차량가액정보
금융재산	「행복e음」을 통해 통보된 금융재산별 가액

출처: 2023 기초연금사업안내, 보건복지부.

3) 급여

기초연금은 수급자에게 기준연금액을 지급함으로써 이루어진다. 기준연금액은 보건복지부장관이 그 전년도의 기준연금액에 대통령령으로 정하는 바에 따라 전국소비자물가 변동률을 반영하여 매년 고시한다.[4)] 기준연금액을 전액 수급하는 대상자는 다음과 같다.

(1) 기준연금 전액수급 대상자

① 무연금자
② 국민연금 월급여액이 기준연금액의 150% 이하인 자
③ 국민연금의 유족연금이나 장애연금 수급권자
④ 장애인연금 수급권자 및 국민기초생활보장 수급권자
⑤ 직역연금 재직기간이 10년 미만인 연계유족연금 수급권자

(2) 기준연금액 50% 산정 대상자(직역연금 특례대상자)

① 직역연금 수급권자 및 그 배우자 중 종전의 기초노령연금 수급권자
② 직역연금 수급권자 및 그 배우자 중 장애인연금 특례수급자가 만 65세에 도달하여 기초연금 특례자가 되는 경우

그 외의 기초연금수급자의 기초연금액은 다음과 같이 결정된다.

4) '23.1~'23.12 기준연금액은 323,180원

구 분	내 용
연금 급여	기초연금액 = (기준연금액 − 2/3 × 국민연금 A급여) + 부가연금액 −부가연금액 : 기준연금액의 1/2에 해당하는 금액(2023년 현재 161,590원) −A급여 : 본인의 국민연금급여 중 소득재분배 급여금액(국민연금급여의 약 50%), A급여의 2/3값이 기준연금액보다 높아 음의 값일 경우 '0'으로 처리하여 부가 연금액만 지급함

4) 연금액의 감액

(1) 부부감액

단독가구와 부부가구 간의 생활비 차이를 감안하여 부부가 모두 기초연금을 받는 경우 각각에 대해 산정된 기초연금액에서 20%를 감액한다.

(2) 소득역전방지 감액

기초연금을 받는 사람의 소득인정액과 기초연금을 합산한 금액이 소득선정액을 초과할 경우에는 기초연금을 받지 못하는 사람의 소득보다 많아지는 경우가 발생할 수 있다. 이러한 불공평성을 방지하기 위해 소득역전방지 감액제도가 있다. 2018년까지는 단독가구와 부부 1인 수급가구는 2만원 단위로, 부부 2인 수급가구는 4만원 단위로 감액했지만 2019년부터 2만원 단위 감액이 아닌, 소득인정액과 기초연금액(부부 2인 수급가구는 부부감액 이후)을 합한 금액과 선정기준액의 차이만큼의 실제 소득인정액 상승분만 감액된다. 감액에 따른 최소지급액은 단독가구 및 부부 중 1인 수급가구는 기준연금액의 10%, 부부가구는 기준연금액의 20%이다.

5) 재정

기초연금에 필요한 재원은 일반조세에 의해 충당한다. 국가는 지방자치단체의 노인인구비율 및 재정여건 등을 고려하여 기초연금 지급에 드는 비용 중 100분의 40이상 100분의 90이하의 범위에서 대통령령으로 정하는 비율에 해당하는 비용을 부담한다. 국가가 부담한 금액을 뺀 비용은 시 · 도 및 시 · 군 · 구가 상호 분담하되, 그 부담 비율은 노인인구비율 및 재정여건 등을 고려하여 보건복지부장관과 협의하여 시 · 도 및 시 · 군 · 구의 조례로 정한다.

〈표 12-8〉 **재정자주도 및 노인인구비율에 따른 국가 재정지원 비율**

구 분		지방자치단체의 노인인구비율		
		14% 미만	14% 이상 20% 미만	20% 이상
지방자치단체 재정자주도	90% 이상	40%	50%	60%
	80% 이상-90% 미만	50%	60%	70%
	80% 미만	70%	80%	90%

6) 문제점

기초연금의 경우 기초연금이 기초생활수급자의 공적소득으로 산정된다는 점, 기준연금액의 연동이 소득상승률보다 낮은 전국 소비자물가상승률에 연동된다는 점, 기초연금 급여가 국민연금가입기간과 연계된다는 점 등이 문제점으로 지적되고 있다.

4. 장애인연금(The Pension for the Disabled)

1) 도입배경과 연혁

장애인연금제도는 장애로 인하여 생활이 어려운 중증장애인에게 장애인연금을 지급함으로써 생활안정지원과 복지증진 및 사회통합을 도모하는데 이바지함을 목적으로 2010년 시행되었다(장애인연금법 제1조).

장애인연금은 무기여 연금으로 재원은 국가의 일반재정으로 조달하고 자산조사를 실시함으로써 공공부조제도로서의 성격이 크다. 또한 장애수당과 달리 물가상승률을 반영하여 매년 인상된 연금을 받는 특징이 있다.

2) 적용대상 및 선정기준

장애인 연금은 만18세 이상의 등록된 중증장애인(1급, 2급, 3급의 중복장애인) 중에서 본인과 배우자의 소득인정액이 선정기준 이하인 자가 수급대상이 된다.[5] 여기에서 등록된 중증장애인은 신청일 현재 장애인연금법 상 중증장애인에 해당하는 자를 말한다(종전 장애등급 1,2,3급 중복장애). 보건복지부장관은 선정기준을 정하는 경우에 18세 이상의 중증장애인 중 수급자가 70% 수준이 되도록 하며 직역연금수급자나 그 배우자는 대상에서 제외된다.

3) 급여

장애인연금은 기초급여와 부가급여의 두 종류가 있다.

5) 2023년 선정기준액은 배우자가 없으면 122만원, 배우자가 있으면 195.2만원이다.

기초급여는 장애로 인해 근로능력의 상실 또는 현저한 감소로 인한 소득을 보전해주는 의미가 있으며 18세에서 64세까지는 기초급여로 지급받고 65세 이상이 되면 기초연금 대상자가 되어 기초연금을 지급받게 된다. 18세에서 64세까지 지급받는 기초급여의 경우 기초연금법에서의 기준연금액을 의미한다.[6)]

또한 장애인연금의 경우 기초급여 외에 장애로 인하여 추가로 드는 비용의 전부 또는 일부를 보전해 주는 부가급여를 지급받게 되는데 장애인연금 수급자가 65세 이상이 되어 기초급여가 기초연금으로 전환되어서 기초연금을 받더라도 장애인 부가연금은 계속 받을 수 있다(65세 이상 생계 · 의료급여 수급자의 경우, 기초연금 수령액이 생계급여에서 차감됨에 따른 전체수급액 감소분을 장애인연금 부가급여에서 보전하여 지급하여 최대 403,180원이 지급된다).

〈표 12-9〉 2023년 부가급여액

구 분	18-64세	65세 이상
기초생활수급자	80,000원	~403,180원
차상위 계층	70,000원	70,000원
차상위 초과	20,000원	40,000원

출처: 보건복지부 장애인연금 http://www.bokjiro.go.kr/pension/index.do

6) 2023.1-2023.12 기준 기초급여액은 323,180원이다.

생각해 보기

1. 국민기초생활보장제도의 수급자 선정기준을 소득기준과 부양의무자 기준으로 나누어 설명해 봅시다.
2. 국민기초생활보장제도의 급여 종류에 대해 설명해 봅시다.
3. 기초연금의 성격과 도입배경에 대해 논의해 봅시다.

참 고 문 헌

김유경(2016). "부양환경 변화에 따른 가족부양특성과 정책과정". 『보건복지포럼』. 2016년 5월호. 62-70.

이진숙 외(2016). 『사회복지정책론』. 양서원.

채구묵(2017). 『사회보장론』. 양서원

허선 · 김윤민(2018). "부양의무자 기준폐지의 주요쟁점과 과제–단계적 폐지의 문제점과 전면폐지의 당위성을 중심으로". 『비판사회정책』, 61. 383-416.

2023 국민기초생활보장사업안내, 보건복지부.

2023 기초연금사업안내, 보건복지부.

2023 자활사업안내 Ⅰ. 보건복지부.

2023 자활사업안내 II. 희망, 내일키움통장사업안내, 보건복지부.

2023년 의료급여사업안내, 보건복지부.

2023년 주거급여 사업안내, 국토교통부.

교육비원클릭신청시스템, 교육부. http://oneclick.moe.go.kr/pas_ocl_mn00_001.do

국민기초생활수급현황–국민지표체계, 통계청 http://www.index.go.kr/potal/main/EachDtlPageDetail.do?idx_cd=2760

기초연금, 보건복지부. http://basicpension.mohw.go.kr/Nfront_main/index.jsp

마이홈포털, 국토교통부. https://www.myhome.go.kr

복지로, 보건복지부. http://www.bokjiro.go.kr/nwel/bokjiroMain.do

장애인연금, 보건복지부. http://www.bokjiro.go.kr/pension/index.do

법령집(2023, 법제처홈페이지)
국민기초생활보장법
국민기초생활보장법 시행령
국민기초생활보장법 시행규칙
기초노령연금법
기초연금법
노인복지법
의료급여법
의료급여법 시행령
장애인연금법
주거급여법

CHAPTER 13

한국의 사회서비스들

1. 사회서비스에 대한 개념적 이해

1) 사회서비스의 개념

사회서비스는 사회보험, 공공부조와 더불어 사회복지정책 영역의 핵심을 이루고 있는 것으로 사회보장기본법(제3조 4항)에서는 사회서비스의 구체적 실천영역을 의미하는 사회복지서비스란 "국가, 지방자치단체 및 민간부문의 도움이 필요한 모든 국민에게 상담, 재활, 직업의 소개 및 지도, 사회복지시설의 이용 등을 제공하여 정상적인 사회생활이 가능하도록 하는 제도"로 정의되어 있다. 또한 사회복지사업법의 제2조 6항에서는 " '사회복지서비스'란 국가 · 지방자치단체 및 민간부문의 도움을 필요로 하는 모든 국민에게 상담, 재활, 직업 소개 및 지도, 사회복지시설의 이용 등을 제공하여 정상적인 사회생활이 가능하도록 제도적으로 지원하는 것을 말한다."라고 규정되어 있다.

〈표 13-1〉 사회서비스 관련법의 종류

	내 용
사회복지사업법상의 사회서비스 관련법 (21법)	① 아동복지법 ② 노인복지법 ③ 장애인복지법 ④ 한부모가족지원법 ⑤ 영유아보육법 ⑥ 성매매방지 및 피해자보호등에 관한 법률 ⑦ 정신보건법 ⑧ 성폭력범죄의 처벌 및 피해자보호등에 관한 법률 ⑨ 입양특례법 ⑩ 일제하 일본군위안부 피해자에 대한 생활안정 지원 및 기념사업 등에 관한 법률 ⑪ 사회복지공동모금회법 ⑫ 장애인, 노인, 임산부 등의 편의증진에 관한 법률 ⑬ 가정폭력방지 및 피해자보호등에 관한 법률 ⑭ 농어촌주민의보건복지증진을 위한 특별법 ⑮ 식품기부 활성화에 관한 법률 ⑯ 다문화가족 지원법

	⑰ 장애인활동 지원에 관한 법률 ⑱ 노숙인 등의 복지 및 자립지원에 관한 법률 ⑲ 보호관찰 등에 관한 법률 ⑳ 장애아동 복지지원법 ㉑ 발달장애인 권리보장 및 지원에 관한 법률

사회복지정책의 주무행정부서인 보건복지부에서는 사회서비스란 "일반적인 의미에서 개인 또는 사회 전체의 복지증진 및 삶의 질 향상을 위해 사회적으로 제공되는 서비스를 말하며 공공행정(일반행정, 환경, 안전), 사회복지(보육, 아동, 장애인, 노인보호), 보건의료(간병, 간호), 교육(방과 후 활동, 특수 교육), 문화(도서관 박물관, 미술관 등 문화시설 이용)를 포괄하는 개념"으로 규정하고 있기도 한다.[1)]

출처: http://www.socialservice.or.kr/user/htmlEditor/view.do?p_sn=1

사회서비스 이용 및 이용권 관리에 관한 법률(약칭: 사회서비스이용권법)의 제2조 1항에서는 "사회서비스"란 「사회복지사업법」 제2조 제4호에 따른 사회복지서비스, 「보건의료기본법」 제3조 제2호에 따른 보건의료서비스, 그 밖에 이에 준하는 서비스로서 대통령령으로 정하는 서비스를 말한다"고 규정되어 있다.

1) http://www.socialservice.or.kr/user/htmlEditor/view.do?p_sn=1

위와 같은 법적 정의들을 고려하여 볼 때, 사회서비스는 국가, 지방자치단체, 민간이 사회구성원의 정상적인 사회생활이 가능하도록 제공하는 개별적, 전문적 지원으로 정의할 수 있다.

2) 사회서비스의 필요성

전통적 사회복지제도인 사회보험, 공공부조 외에 사회서비스가 필요하고 또 점차 증가하게 된 필요성에는 여러 가지 요인이 있다.

첫째, 새로운 사회적 위험(New Social Risks)에 전략적으로 대응 가능하기 때문이다.

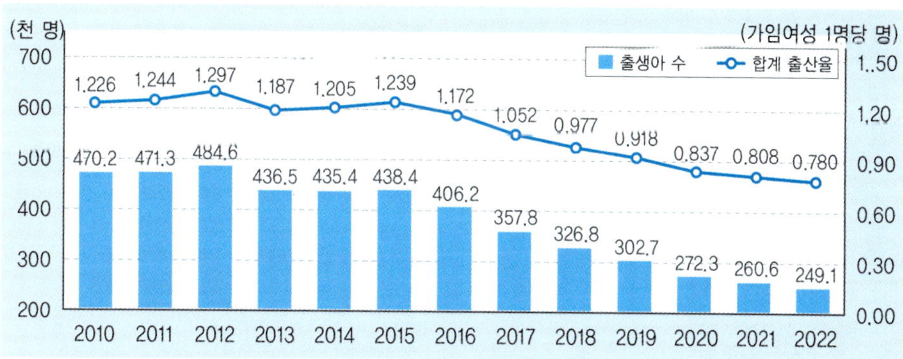

[그림 13-1] 우리나라 합계출산율 추이

출처: 통계청, 『2022년 출생통계(확정), 국가승인통계 제10103호 출생통계』

주) 합계 출산율 (TFR, Total Fertility Rate) : 여성 1명이 평생동안 낳을 것으로 예상되는 평균 출생아 수를 나타낸 지표로서 연령별 출산율(ASFR)의 총합이며, 출산력 수준을 나타내는 대표적 지표임
https://www.index.go.kr/unity/potal/main/EachDtlPageDetail.do?idx_cd=1428

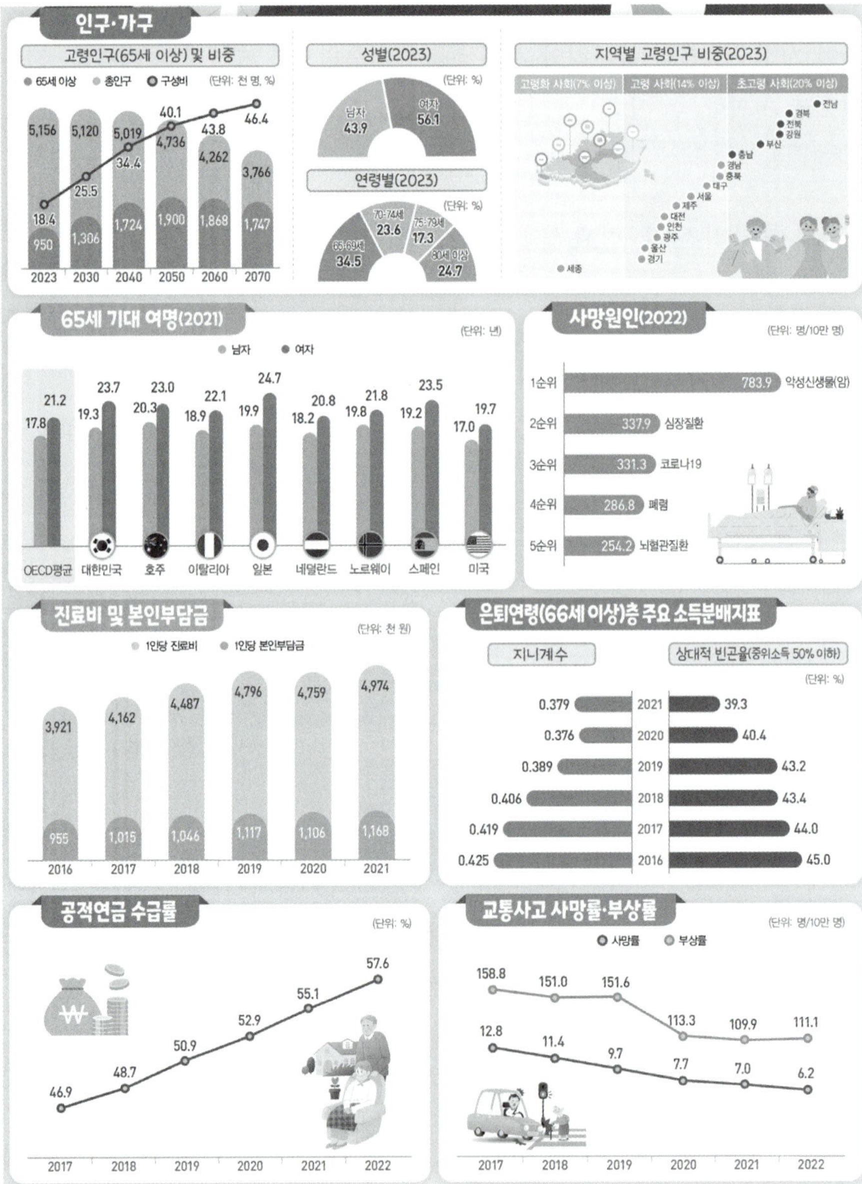

[그림 13-2] 2023 고령자통계

출처: 통계청(2023). 2023 고령자통계.
https://kostat.go.kr/board.es?mid=a10301010000&bid=10820&act=view&list_no=427252

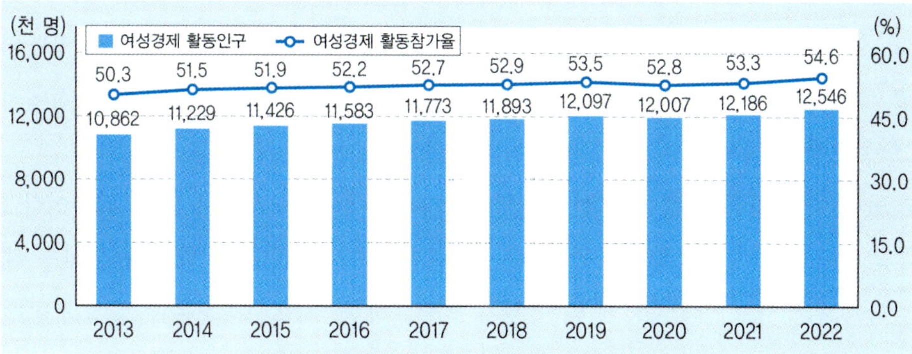

[그림 13-3] 여성경제활동인구 및 참가율

출처: 통계청, '23년 경제활동인구조사.
https://www.index.go.kr/unity/potal/main/EachDtlPageDetail.do;jsessionid=bw47r6X8wn51WQJ1erZ4XKoxK6R0YI-DDtwtoh_x.node11?idx_cd=1572

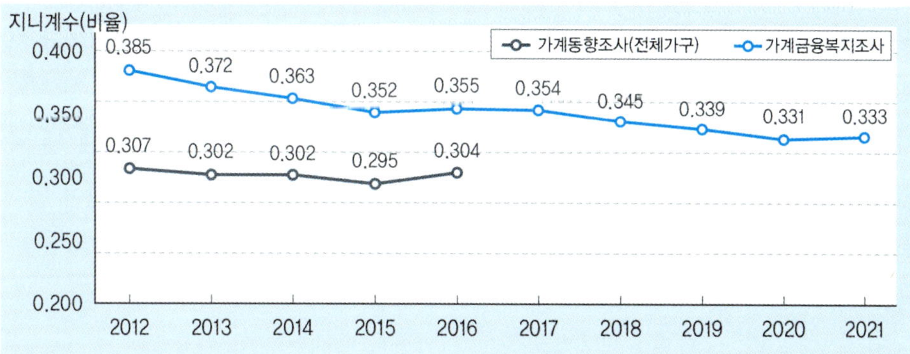

[그림 13-4] 우리나라의 지니계수 추이(균등화 처분가능소득 기준)

출처: 통계청「가계동향조사」,「농가경제조사」,「가계금융복지조사」
https://www.index.go.kr/unity/potal/main/EachDtlPageDetail.do?idx_cd=1407

현대 복지국가에서 저출산과 고령화, 여성의 사회진출로 인한 노인, 아동 돌봄의 공백 등의 신사회위험이 대두되고 있고 이에 대응하는 다양한 사회서비스의 내용 중에서도 돌봄서비스는 가장 핵심적이며 기본적인 사회서비스라고 할 수 있다. 이러한 사회적 돌봄서비스는 복합적인 사회경제적 변화와 함께 점차 확대되고 있는 사회적 위기에 대해 개인이나 가족이 적절히 대응하기 어렵다는 점에서 그 중요성이 더욱 커지고 있는 것이다.

둘째, 인적자본 형성을 통한 예방적 복지를 구현하는 측면이 있기 때문이다. 부의 양극화로 인한 중산층 감소, 근로빈곤층 증가 등 빈곤의 고착화 문제를 해결하기 위해서는 인적자본에 대한 투자가 필요하다. 사회서비스는 아동에게 공정한 기회를 제공하고 여성 등 근로취약계층의 고용시장 참여 확대를 통해 사회이동을 촉진하고 빈곤의 대물림을 방지하는 데에 의미가 있다.

셋째, 양질의 사회적 일자리를 창출하는 측면에 있어서 사회서비스가 중요해지고 있다. 사회서비스는 타 분야에 비해 고용 창출효과가 크고 새로운 고부가가치 산업을 창출할 수 있는 잠재력이 높은 편이다. 또한 취약계층에게 적합한 일자리를 제공하여 서민생활 안정 및 고용복지를 실현하면서 동시에 서비스 제공을 통한 삶의 질 향상을 도모할 수 있다.

넷째, 미취업자의 일자리 창출로 노동시장에 교란 없는 고용을 창출해 낼 수 있다. 사회서비스 산업은 다른 산업에 비해 비경제활동인구로부터의 유입이 많아 타 노동시장을 교란하는 효과가 적은 편이다.

3) 사회서비스의 발달역사

우리나라의 경우 사회서비스 영역의 프로그램은 1970년에 사회복지사업법이 제정되면서 사회복지서비스들이 정부가 사회복지시설과 단체들에 보조금을 지급하여, 즉 민간전달체계를 통해 제도적으로 시작되었고, 1980년대는 아동, 노인, 장애인에 대한 사회서비스에 있어서 전환이 이루어진 시기라고 할 수 있다. 1980년대부터 본격적인 제도 정비가 이루어지고 있으나 사회보험이나 공공부조에 비하면 상대적으로 약세에 있었다고 볼 수 있다. 내용에 있어서도 전체 국민을 대상으로 한 사회서비스는 초기 단계에 있고, 시설 돌봄 중심의 프로그램이 주를 이루었다.

그러다가 2000년대 이후에 정부는 과거와는 달리 사회서비스 공급에 대한 재정지원을 확대하였고 이를 통해 사회서비스 공급에서 공공의 역할을 확대하였다. 특히 중산층을 포괄하는 넓은 수요자층으로 재정지원을 확대하여 서비스 이용자 부담을 덜어주는 노력을 기울였다. 또한 민간의 서비스 공급자에 대한 지원을 중심으로 이루어진 공공과 민간의 관계를 효율화하고, 수요자에 대한 지원 중심으로 재편을 추진하는가 하면 더 나아가서 사회서비스 제공에서 영리기관의 역할을 확대하였나(최성은 외, 2011).

2000년대 후반부터 사회서비스는 더욱 확장되어 왔는데, 최근에는 특히 노인, 아동, 장애인 영역에서 정책적 확장이 빠르게 전개되고 있다고 볼 수 있다.

- 2007년 : 장애인활동보조(장애인활동지원), 노인돌봄종합, 지역사회서비스투자사업 시행
- 2008년 : 산모신생아건강관리, 가사간병방문지원사업, 임신출산진료비지원사업 시행
- 2009년 : 발달재활서비스 시행
- 2010년 : 언어발달지원사업 시행
- 2011년 : 사회서비스 이용 및 이용권에 관한 법률 제정
- 2012년 : "차세대 전자바우처 운영체계"로 전환, 4개 사업 지정제에서 등록제로 전환
- 2014년 : 노인돌봄(단기가사), 발달장애인부모심리상담서비스 시행
- 2015년 : 국가바우처 운영체계 도입(국민행복카드 출시)

(출처: http://www.socialservice.or.kr/user/htmlEditor/view.do?p_sn=1)

〈표 13-2〉 사회서비스 전자바우처 현황

사업명		바우처 시작연도	대상	선정기준	지원수준	본인부담금 (월/원)
장애인 활동지원	장애인 활동지원	07년 5월	장애인복지법 상 등록된 장애인 (만6세이상~만65세미만)	종합점수 465점 장애인	등급에 따라 47~118시간 (추가급여 종류에 따라 시간 상이)	인정조사 : 면제 ~126,900원종합조사 : 면제~177700원
	시 · 도 추가지원	10.10월	등록1~6급 장애인 (시도별등급상이)	시 · 도별 상이	시도 및 등급에 따라 10~868시간	시도 및 등급별 상이
지역 자율형 사회 서비스 투자사업	지역사회 서비스 투자	07.8월	사업별로 상이	중위소득 120%이하 (사업별로 상이)	사업별로 상이 (월1회~월 20회)	사업별로 상이
	산모 신생아 건강관리 지원	08.2월	출산 가정	기준중위소득 100% 이하 단, 소득기준을 초과하는 대상자에 대해 시 · 군 · 구별 예외 지원 가능	등급에 따라 5일~25일간 건강관리사 파견	기관별 상이
	가사간병 방문지원	08.9월	기초수급자 및 차상위 계층 (만65세미만)	생계 · 의료 · 주거 · 교육급여 수급자, 차상위계층 중 가사 · 간병 서비스가 필요한 자	월24, 27시간	면제 ~22,680원
장애아동 가족지원	발달재활 서비스	09.2월	만18세 미만	기준중위소득 180%이하 (소득별 차등지원)	월 14~22만원 내에서 포인트 지원 (월8회 주2회/회당50분)	면제~최대 8만원 (제공기관 직납)
	언어발달 지원	10.8월	만12세 미만 비장애 아동	기준중위소득 120%이하 (소득별 차등지원)	월 16~22만원 내에서 포인트 제공 (월8회 주2회/회당50분)	면제~최대 6만원

<table>
<tr><th colspan="2">사업명</th><th>바우처 시작연도</th><th>대상</th><th>선정기준</th><th>지원수준</th><th>본인부담금 (월/원)</th></tr>
<tr><td rowspan="3">발달 장애인 지원</td><td>발달 장애인 부모상담 지원</td><td>14.2월</td><td>발달장애인 자녀의 부모</td><td>발달장애인으로 (「장애인복지법」 상 지적, 자폐성 장애인) 등록된 자녀의 부모 및 보호자</td><td>월 16만원 포인트 제공 (회당50~100분, 월3~4회 이상)</td><td>4천원~최대 4만원</td></tr>
<tr><td>발달 장애인 주간활동 서비스</td><td>19.3월</td><td>만 18세 이상 65세 미만 발달장애인</td><td>만 18세 이상 65세 미만의 「장애인복지법」 상 등록된 지적 및 자폐성 상애인</td><td>월 56, 100,132시간</td><td>없음</td></tr>
<tr><td>청소년 발달 장애학생 방과후 활동 서비스</td><td>19.9월</td><td>만 12세 이상 18세 미만 발달장애학생</td><td>만 6세 이상 18세 미만으로 일반 중·고등학교 및 특수 학교 (중·고등학교 해당 학급)에 재학중인 발달장애학생</td><td>월 44시간</td><td>없음</td></tr>
<tr><td colspan="2">임신출산 진료비지원</td><td>08.12월</td><td>임신확인서로 임신이 확진된 임신·출산 진료비 지원 신청자</td><td>임신확인서로 임신이 확진된 건강보험 가입자</td><td>임신 1회당 100만원 (일 한도 없음) (다태아의 경우 140만원)</td><td>면제 (월 지원금액 소진 시 신용카드대금으로 청구)</td></tr>
<tr><td colspan="2">청소년산모 임신출산 의료비지원</td><td>15.5월</td><td>만19세 이하 청소년산모</td><td>임신확인서 상의 임신확인일 기준 만 19세 미만의 청소년산모</td><td>임신 1회당 120만원</td><td>면제 (월 지원금액 소진 시 신용카드 대금으로 청구)</td></tr>
<tr><td colspan="2">기저귀 조제분유 지원</td><td>15.10월</td><td>저소득층 영아 (24개월 미만)</td><td>만2세 미만 영아를 둔 저소득층 가구</td><td>기저귀 : 월 64,000원 조제분유 : 월 86,000원</td><td>면제 (월 지원금액 소진 시 신용카드 대금으로 청구)</td></tr>
</table>

사업명	바우처 시작연도	대상	선정기준	지원수준	본인부담금 (월/원)
에너지바우처	15.10월	「국민기초생활 보장법」에 따른 "생계, 의료, 주거, 교육 " 급여 수급자 중 노인, 영유아, 장애인, 임산부, 중증 · 희귀 · 중증 난치질환자, 한부모가족, 소년소녀가정 (가정위탁보호아동 포함)을 포함하는 세대	「국민기초생활 보장법」에 따른 "생계, 의료, 주거, 교육" 급여 수급자 중 노인, 영유아, 장애인, 임산부, 중증 · 희귀 · 중증 난치질환자, 한부모가족, 소년소녀가정 (가정위탁보호아동 포함)을 포함하는 세대	1인 세대 : 279,500원 (여름 : 31,300 / 겨울 : 248,200) 2인 세대 : 381,800원 (여름 : 46,400 / 겨울 : 335,400) 3인 세대 : 522,600원 (여름 : 66,700 / 겨울 : 455,900) 4인 이상 세대 : 692,700원(여름 : 95,200 / 겨울 : 597,500)	면제 (지원금액 소진 시 신용카드 대금으로 청구)
아이돌봄지원	17.1월	시간제: 만3개월~만12세이하 아동 종일제: 만3개월~만36개월 영아	기준 중위소득 150%이하 가구	소득 유형별 상이	소득 유형별 상이
여성청소년 생리대바우처 지원사업	19.1월	출생연도기준 만9세~만18세 ※ "연(年)"을 기준으로 만나이 산정 - 지원대상 : 1998. 1. 1. ~ 2013.12.31. 출생자 (2020년 기준) - 지원기간 : 만24세에 도달하는 연도 말까지 바우처 지급	「국민기초생활보장법」 따른 생계 · 의료 · 주거 · 교육 급여 수급자 - 「국민기초생활보장법」 따른 법정 차상위계층 * 차상위계층 : 차상위자활, 차상위본인부담경감 대상자, 차상위 장애인, 차상위 계층확인서 발급 - 「한부모가족지원	월 12,000원 (연간 최대 144,000원, 6개월 단위로 지원)	없음

사업명	바우처 시작연도	대상	선정기준	지원수준	본인부담금 (월/원)
			법」 제5조 및 제5조의2에 따른 지원대상자		
첫만남이용권 지원사업	22.4월	2022년 1월 1일 출생아동 부터	없음	최초 1회 200만원 바우처지원	없음

출처: 사회서비스전자바우처 https://www.socialservice.or.kr:444/user/htmlEditor/view.do?p_sn=2

4) 사회서비스 급여형태로서의 바우처

우리나라는 사회서비스 분야가 확대되면서 그 급여형태로 바우처(voucher)가 많이 활용되고 있다. 기존 사회복지서비스는 공급자 지원방식으로 이루어져 수요자의 선택권이 제한되어 시장 창출에 한계가 존재하였다. 이에 따라 수요자 중심의 직접 지원방식의 필요하였고 수요자 직접지원 방식으로 공급기관의 허위, 부당청구 등 도덕적 해이를 최소화하는 장점도 있었다. 이러한 수요자 중심의 지원방식을 구현하기 위한 수단으로 바우처(서비스 이용권) 제도를 도입한 것이다.

구 분	공급기관 지원방식	수요자 지원방식
대 상	수급자 등 저소득층(수동적 보호대상)	서민 · 중산층까지 확대(능동적 구매자)
서비스 비용	전액 국가 지원	일부 본인부담
서비스 시간	공급기관 재량	대상자 욕구별 표준화
공급기관	단일 기관 독점	다수 기관 경쟁
특 징	획일적이고 정형화된 서비스 제공	공급자간 경쟁을 통한 다양한 서비스 제공

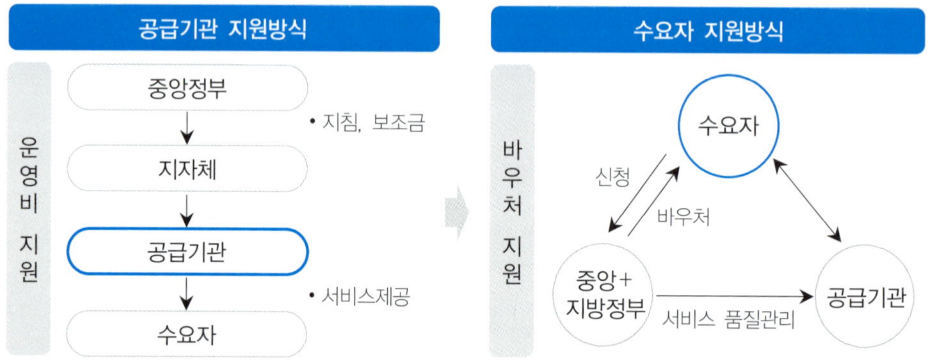

바우처가 사회서비스의 대표적 급여형태로 자리잡은 데에는 다음과 같이 특징 있다. 바우처는 첫째, 수요자에게 상품을 이용할 수 있는 구매력을 제공할 수 있고, 둘째, 정책목적이나 취지에 따라 선택권을 조정 및 통제 가능하고, 셋째, 수요자와 공급자에게 별도의 자격기준을 설정하는 것이 가능하다는 장점이 있다.

그러나 이에 대하여 현실에서는 사회서비스 조직들의 경쟁이 제한적이고, 소비자가 시장정보에 쉽게 접근하기 어려워 소비자 선택이 이루어지기 어려운 제약이 존재한다는 의견도 있다. 따라서 이렇게 공공에서의 서비스 직접 제공이 아니라 다양한 민간의 서비스 제공자에 대한 지원을 통해서 서비스 제공을 확대하는 경우에는 민간의 다양한 주체들에 의해 제공되는 서비스를 기획, 조정하며, 서비스의 질 향상을 위한 정부역할을 강화하는 것이 중요하다고 볼 수 있다.

현재 우리나라에서는 바우처 중에서도 전자바우처가 사용되는데, 전자바우처는 이용 가능한 서비스의 금액이나 수량이 기재된 증표(이용권)로 최근에는 전용단말기와 스마트폰이 많이 사용되고 있다. 전자바우처는 서비스 신청, 이용, 비용불/정산 등의 전 과정을 전산시스템으로 처리하는 전달수단이므로 자금흐름의 투명성, 업무효율성 확보가 가능해지고 정보 집적 관리(사회보장정보원)를 통한 사회서비스 발전기반 마련을 도모할 수 있다.

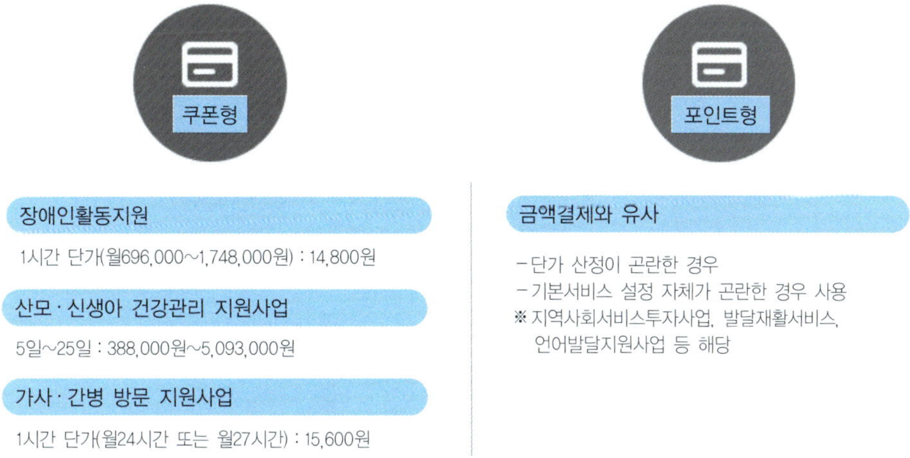

[그림 13-5] 2023년 바우처의 형태

출처: 사회서비스전자바우처 https://www.socialservice.or.kr:444/user/htmlEditor/view.do?p_sn=1

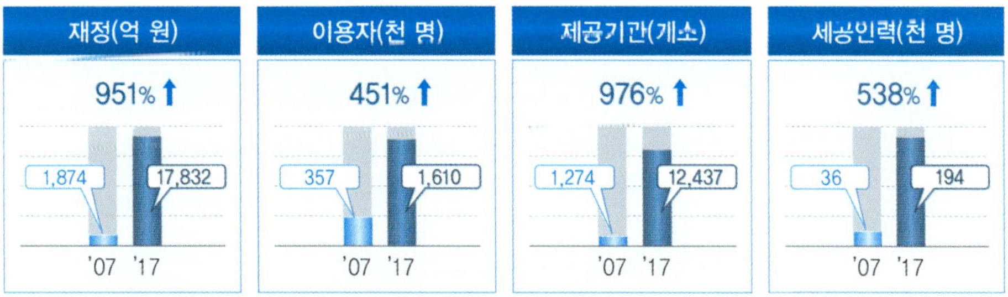

[그림 13-6] 사회서비스 전자바우처의 도입성과

출처: 사회서비스전자바우처 https://www.socialservice.or.kr:444/user/htmlEditor/view.do?p_sn=2

우리나라는 2012년 '차세대 전자바우처 운영체계'로 전환하여 사업을 지정제에서 등록제로 전환하고 결제승인, 카드발급, 단말기 관리 기능을 사회보장정보원이 일괄수행하고 있으며 서비스대상자는 국민행복카드를 이용하여 결제할 수 있다.

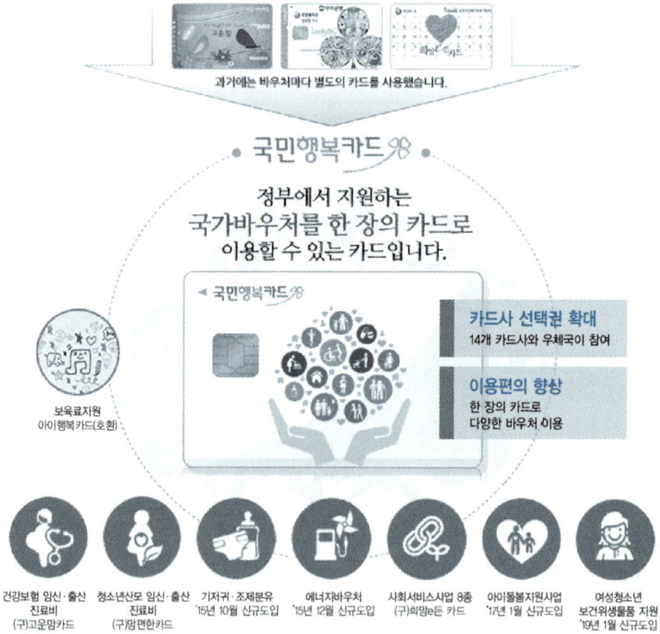

[그림 13-7] 사회서비스 전자바우처 프로세스

출처: 한국사회보장원 http://www.alio.go.kr/popReportTerm.do?apbaId=C0411&reportFormRootNo=31501

2. 노인 관련 서비스

1) 노인을 위한 사회서비스 확대의 배경

우리나라는 2000년에 고령화율 7%를 넘어 고령화사회(Ageing Society)가 된 후 18년 만인 2018년에 고령화율이 14%가 넘는 고령사회(Aged Society)가 되었다. 전체 인구 중 2015년 65세 이상 인구는 662만 4천명으로 전체의 13.1%, 2060년에는 40%대로 예측되고 있다. 이러한 노인인구의 증가는 고령사회 이후에 대한 범사회적 준비가 필요하다는 사회적 문제인식을 공유하게 한다.

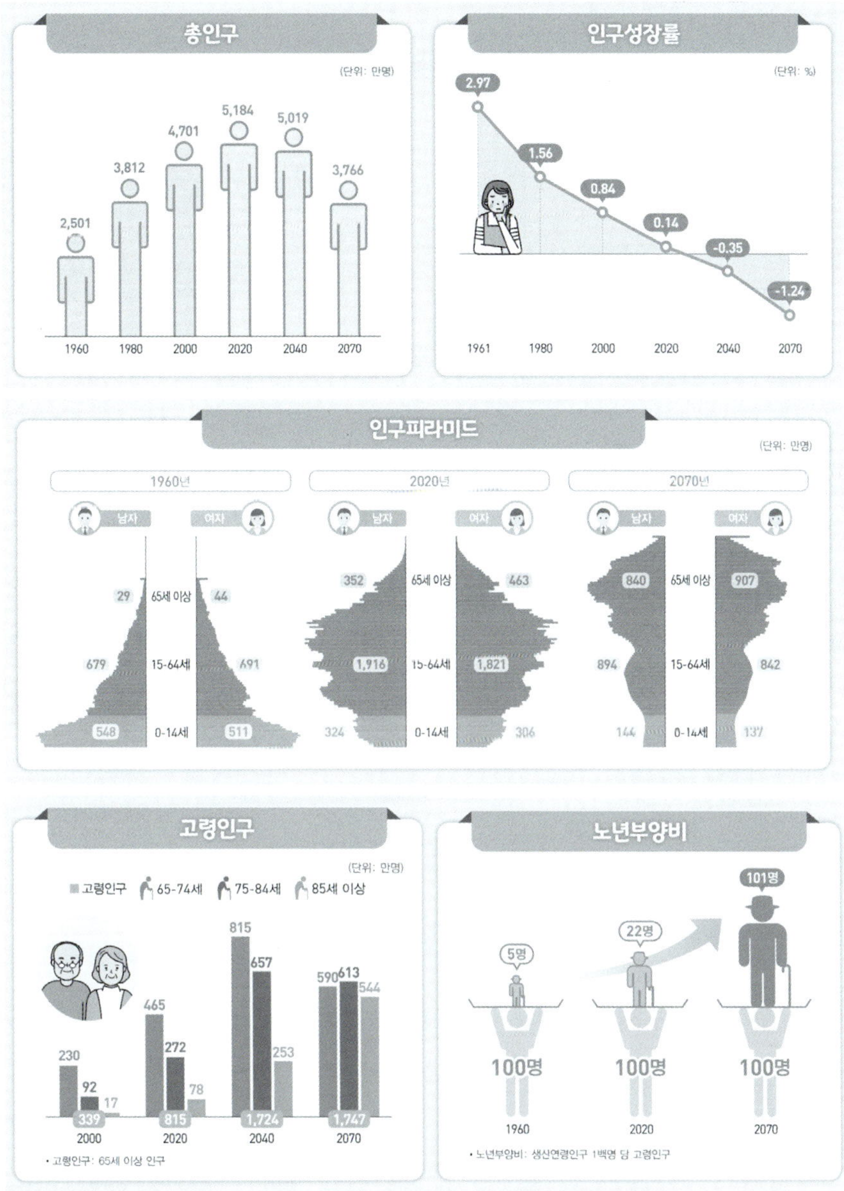

[그림 13-8] 2020~2070 장래인구추계

출처: 통계청(2021), 「장래인구특별추계: 2020~2070년」
https://kostat.go.kr/board.es?mid=a10301010000&bid=207&tag=&act=view&list_no=415453&ref_bid=

〈표 13-3〉 2024년 노인관련 예산

구분	2023년	2024년	비고
노인일자리	1조5400억원	2조262억원	노인일자리+14.7만명, 수당+7% 수준 인상
기초연금	18조5304억원	20조2015억원	지원단가 월 32.3→33.4만원 이상
노인 맞춤 돌봄	5020억원	5461억원	신체제약 독거노인 돌봄 월 16→20시간 확대

출처: '24년 노인관련예산. 기획재정부.
http://www.mohw.go.kr/react/al/sal0301vw.jsp?PAR_MENU_ID=04&MENU_ID=0403&page=1&CONT_SEQ=359670

이러한 노인인구의 증가에 따라 보건복지부 예산에 대한 노인돌봄예산 비율은 2016년에서 2020년 동안 비중이 3배 이상 증가하여 약 2조원에 이르고 있다. 이러한 증가의 주요 동인은 기초노령연금의 도입(2008)과 노인장기요양보험제도 도입(2008)에 따른 국가지원의 증가로 볼 수 있다. 그러나 무엇보다도 노인복지를 취약계층에 대한 '복지'로의 접근에서 고령사회에 대한 '사회적 정책'으로 접근방식의 변화에 따른 제도와 서비스의 양적 확대로 볼 수 있다(정기혜 · 김용하 · 이지현, 2012: 446-450).

2) 정책 사례: 노인맞춤돌봄서비스

최근에 우리나라는 돌봄이 필요한 고령 · 독거노인의 급속한 증가, 가족돌봄의 약화, 노인의 사회적 관계망 악화로 돌봄의 사회화가 요구되는 정책환경으로 급변하고 있다. 건강한 노화(Healthy aging), 지역사회 거주(Aging in Place), 장기요양 · 요양병원 등 고비용의 돌봄 진입 예방을 위한 예방적 돌봄의 강화가 필요하게 된 것이다. 그간 노인돌봄에서는 노인돌봄기본서비스, 노인돌봄종합서비스, 지역사회자원연계, 단기가사, 독거노인 사회관계 활성화, 초기독거노인 자립지원 등 다양한 지자체 보조 사업으로 추진해왔는데 유사한 서비스가 분절적으로 운영되고 민간전달체계 관리 감독의 미흡으로 서비스 질을 제고할 필요성이 제기되어 2020년부터 노인맞춤돌봄서비스가 시행되고 있다.

기존의 노인돌봄

* 기존의 노인돌봄 현황

대 상 자	독거노인		등급외	장기요양	
서비스명	①돌봄 기본	②초기 독거노인 자립지원, ③독거노인 친구만들기, ④난기가사	⑤돌봄 종합	⑥지역사회 자원연계	
내 용	안전확인·연계		케어	연계	
	〈국고〉		〈국고〉 바우처	〈국고〉	
대 상 자	독거노인		등급외 A·B	장기요양수급자, 등급 외 A·B	
이 용 자	29.5만	0.9만	4.8만	0.7만	
제공기관	244개	810개	2,583개	22개	
수행인력	11,800명	1,643명	26,664명	44명	
재정규모 (국비)	1,950억 (1,326)	65억 (47)	1,540억 (1,056)	16억 (8)	

* 문제점

- 각 사업은 중복급여 제한 등으로 돌봄이 분절화되었고, 노인돌봄의 수요자의 욕구를 충족하기에 미흡
- 대상자 발굴, 서비스 결정을 각 민간기관에서 수행하여 공급자 위주의 서비스 전달체계로 접근성 및 책임성 문제
- 노인돌봄종합서비스의 제공기관은 장기요양기관으로 동일한 기관 종사자가 예방적 돌봄서비스와 장기요양을 동시에 운영하여 예방적 돌봄 기능의 약화

출처: 2020년 노인맞춤돌봄서비스 사업안내, 보건복지부.

(1) 서비스 대상

노인맞춤돌봄서비스는 만 65세 이상 국민기초생활수급자, 차상위계층 또는 기초연금수급자로서 유사 중복사업 자격에 해당되지 않는 자를 대상으로 한다. 또한 독거 · 조손 · 고령부부 가구 노인 등 돌봄이 필요하거나, 신체적 기능 저하나 정신적 어려움(인지저하, 우울감 등)으로 돌봄이 필요한 노인도 해당된다. 고독사 및 자살 위험이 높은 노인은 특화서비스가 제공되며 이 경우 일정 범위 내에서는 유사중복 자격자에게도 서비스 제공이 가능하다.

(2) 대상자 구분과 서비스 내용

대상자는 선정도구를 통해 사회, 신체, 정신영역의 돌봄 필요도에 따라 중점돌봄군, 일반돌봄군으로 나뉜다. 중점돌봄군은 16시간 이상 40시간 미만의 직접서비스가 제공되고, 일반돌봄군은 16시간 미만의 직접서비스가 제공된다. 그리고 필요한 경우에 연계서비스와 특화서비스는 대상자를 구분하지 않고 제공된다. 대상자에게 제공되는 직접서비스, 연계서비스 및 특화서비스의 내용은 다음과 같다.

〈표 13-4〉 **노인맞춤돌봄서비스의 내용**

구분	대분류	중분류	소분류
직접 서비스 (방문·통원 등) ※ 4개 분야	안전지원	▶ 방문 안전지원	- 안전·안부확인 - 생활안전점검(안전관리점검, 위생관리점검) - 정보제공(사회 · 재난안전, 보건 · 복지 정보제공) - 말벗(정서지원)
		▶ 전화 안전지원	- 안전·안부확인 - 정보제공(사회 · 재난안전, 보건 · 복지 정보제공) - 말벗(정서지원)

구분	대분류	중분류	소분류
		▶ ICT 안전지원	- ICT 데이터 확인·점검 - 유사 시 방문 확인 - 유사 시 전화 확인
	사회참여	▶ 사회관계 향상 프로그램	- 문화여가활동 - 평생교육활동 - 체험여행활동
		▶ 자조모임	- 자조모임
	생활교육	▶ 신체건강분야	- 영양교육 - 보건교육 - 건강운동교육
		▶ 정신건강분야	- 우울예방 프로그램 - 인지활동 프로그램
	일상생활 지원	▶ 이동·활동지원	- 외출동행지원
		▶ 가사지원	- 식사관리 - 청소관리
연계서비스		▶ 생활지원연계	- 생활용품지원 - 식료품지원 - 후원금지원
		▶ 주거개선연계	- 주거위생개선지원 - 주거환경개선지원
		▶ 건강지원연계	- 의료연계지원 - 건강보조지원
		▶ 기타서비스	- 기타 일상생활에 필요한 서비스 연계
특화서비스		개별 맞춤형 사례관리 집단활동 우울증 진단 및 투약지원	

출처: 2023년 노인맞춤돌봄서비스 사업안내, 보건복지부.

(3) 서비스 제공체계

노인맞춤돌봄서비스는 시 · 군 · 구에서 지역 내 노인인구, 접근성 등이 고려된 권역을 설정하여 직영 또는 수행기관을 선정하여 위탁한다. 수행기관에서는 전담 사회복지사, 생활지원사를 채용하여 사업을 운영한다.

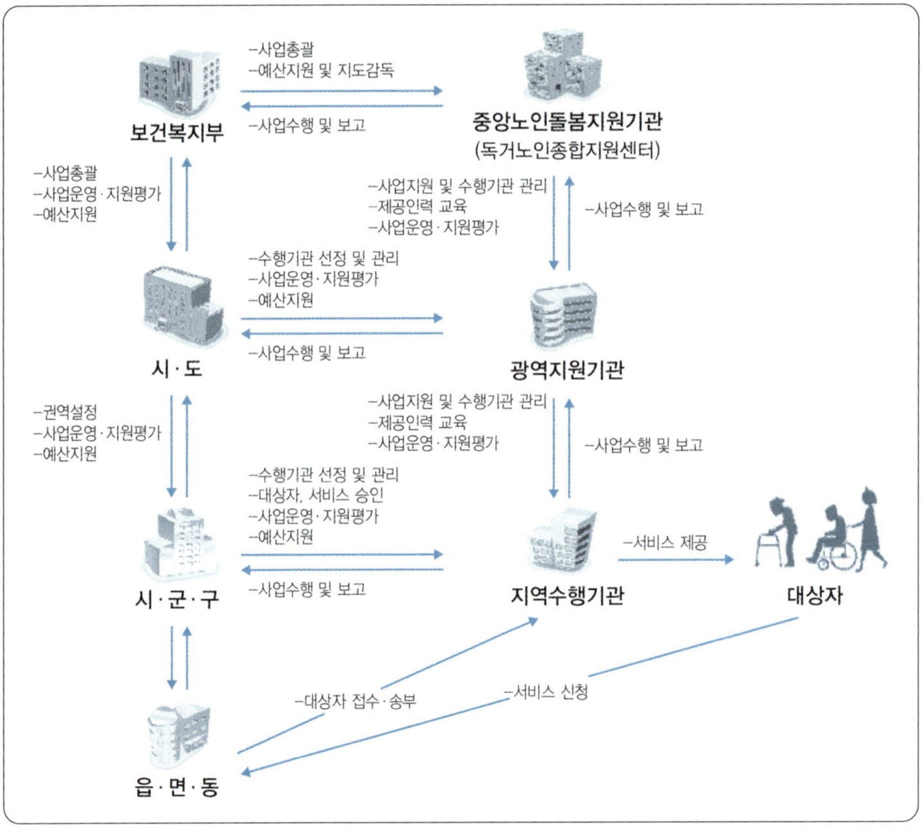

[그림 13-9] 노인돌봄맞춤서비스 프로세스

출처: 2023 노인맞춤돌봄서비스 사업 안내. 보건복지부.
https://www.mohw.go.kr/react/jb/sjb030301vw.jsp?PAR_MENU_ID=03&MENU_ID=032901&CONT_SEQ=374747

3. 아동 관련 서비스

1) 아동보육을 위한 정책의 변화

우리나라의 보육정책은 과거 탁아사업 위주 정책에서 1991년 「영유아보육법」이 제정되면서 '보육'으로 정부의 정책방향이 전환되었다. 이러한 정책적 전환은 아동에 대한 인권의식의 성장과 함께 출산 저하와 관련성이 있다. 출산율의 저하는 산업사회에 나타나는 보편적인 현상이지만 한국의 합계출산율은 2018년 0.96명으로 1.0명이 붕괴되어 OECD국가 중 한국이 유일한 출산율 0점대 국가가 되었다.

또한 기혼여성의 20.1%가 노동시장에서 경력단절(결혼, 출산과 양육으로 인해)을 경험하고 있어 정부는 1991년 「영유아보육법」을 제정하고, 다원화되었던 주무부처가 다시 보건복지부로 일원화는 정책적 전환을 이루었지만, 보육시설 설립주체를 국가, 지방자치단체, 법인, 개인 등 모두에게 허용함에 따라 근본적으로 이전의 국가 최소개입 원칙에서 벗어나지 못하였다고 할 수 있다. 특히 「보육사업확충3개년계획」 아래 보육시설을 양적으로 늘리기 위해 1997년 인가제에서 신고제로 전환함으로써 민간시장이 먼저 보육에 대한 요구를 수용하는 구조가 되어버렸다.

한편 2009년 9월에 보육바우처가 도입되고 이후에 무상보육의 대상이 0~5세로 확대되었고, 전반적인 보육시설 수는 증가하였지만 국공립 보육시설이 차지하는 비율은 여전히 5%대이다. 보육바우처 제도는 정부지원 보육료를 전자카드 형태로 부모에게 직접 지급하여 결제하도록 하는 방식으로 어린이집 이용 아동 중 약 100만 명 이상이 사용 중이다.

구체적으로 국공립 보육시설 수의 변화를 살펴보면, 1990년 726개소에서 2019

년 기준 3,602개소로 증가하였지만, 민간보육시설은 30개소에서 13,518개소로 약 500배 가량 증가하여 우리나라 대부분의 보육시설이 민간보육시설에 의존하고 있다. 그러나 전체적으로 보육정책은 보편적으로 매우 빨리 확장되었고 그와 함께 무상보육을 포함한 보육예산도 증가하였다.

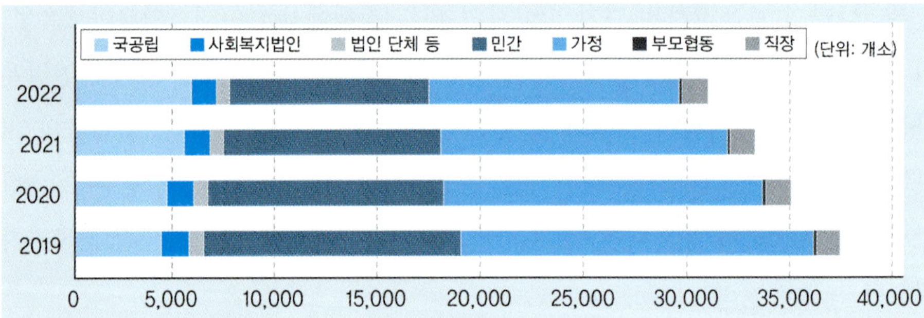

[그림 13-10] 어린이집 수

출처: 보건복지부 「2022 보육통계」(국가승인통계 제15407호, 어린이집 및 이용자 통계)

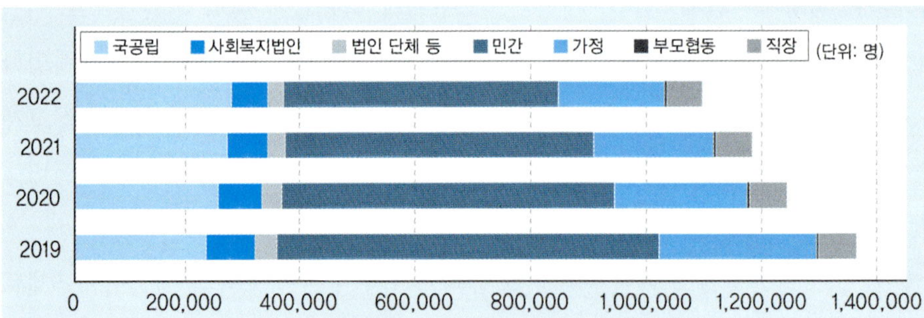

[그림 13-11] 보육아동 수

출처: 보건복지부 「2022 보육통계」(국가승인통계 제15407호, 어린이집 및 이용자 통계)

〈표 13-5〉 어린이집수 및 아동수 현황 (단위 : 개소, 명)

		2019	2020	2021	2022
어린이집수	계	37,371	35,352	33,246	30,923
	(전년대비,%)	-4.60	-5.40	-6.00	-7.50
	국공립	4,324	4,598	5,437	5,801
	사회복지법인	1,343	1,316	1,285	1,254
	법인 단체 등	707	671	640	610
	민간	12,568	11,510	10,603	9,726
	가정	17,117	15,529	13,891	12,109
	협동	159	152	142	132
	직장	1,153	1,216	1,248	1,291
보육아동수	계	1,365,085	1,244,396	1,184,716	1,095,450
	(전년대비,%)	-3.60	-8.80	-4.80	-8.10
	국공립	232,123	253,251	268,967	276,670
	사회복지법인	86,775	78,322	72,085	64,503
	법인 단체 등	38,538	34,066	30,998	27,743
	민간	664,106	578,196	535,428	477,628
	가정	273,399	230,444	208,842	184,053
	협동	4,121	3,716	3,465	3,203
	직장	66,023	66,401	64,931	61,650

출처 : 보건복지부 「2022 보육통계」(국가승인통계 제15407호, 어린이집 및 이용자 통계)

2) 정책사례 : 보육료지원서비스

(1) 보육료 지원(만 0-5세 아동)

우리나라의 보육서비스는 대표적으로 보육료 지원을 통해 제공되고 있다. 어린이집을 이용하는 만 0세부터 5세 아동을 대상으로 소득수준과 무관하게 지원되므로 무상보육의 성격을 가진다.

※ 지원제외 대상
- 아동복지시설(생활시설) 재원중인 아동 중 '14.1.1일 이후 출생아동 및 방과후 아동
  ※ 공동생활가정(그룹홈) 입소 아동은 신청 가능하며, 장애아동의 경우 아동복지시설(생활시설), 장애인복지시설(거주시설) 재원중인 아동의 경우 연령에 관계없이 신청가능
- 가정위탁 보호중인 입양대상 아동(입양특례법 시행령 제12조) 중 '14.1.1일 이후 출생아동
- 유치원을 이용하여 유아학비를 지원받고 있는 아동
- 가정 · 농어촌 · 장애아동양육수당을 지원받고 있는 아동
- 종일제아이돌봄서비스를 지원받고 있는 아동
  ※ 출국 후 91일째 되는 날 보육료 지원 자격 중지(날짜기산 : 출국일 포함)

〈표 13-6〉 보육료 지원단가 (단위 : 원)

구분	'23년 정부 보육료 지원 단가(기본보육)			비고
	기본보육	야간	24시	
0세반	514,000	514,000	771,000	저소득, 장애아동 등이 24시간 지정 어린이집을 이용하는 경우 야간연장보육료를 지원
1세반	452,000	452,000	678,000	
2세반	375,000	375,000	562,500	
3세반~5세반	280,000	280,000	420,000	

출처: 2023 영유아 보육료지원단가, 보건복지부.
http://www.bokjiro.go.kr/welInfo/retrieveGvmtWelInfo.do?welInfSno=296

정부는 보육전자바우처를 통해 보육료를 지원하고 있다. 2009년 9월에 보육료를 어린이집에 지급하는 대신에 전자카드 형태로 부모에게 직접 지급하여 어린이집을 이용하면서 결제하도록 하는 보육전자바우처(구. 아이사랑카드 → 現 아이행복카드) 제도 도입하였다. 이후 누리과정이 시행되면서 바우처 카드가 아이행복카드(보육료 · 유아학비 지원카드)로 통합하였다. 어린이집에서 유치원으로 시설 간

이동시 카드를 교체해야 하는 부모의 불편을 개선하고자 '15년부터 보육료 지원 카드인 아이사랑카드와 교육부의 유아학비지원카드인 아이즐거운카드를 아이행복카드로 통합한 것이다. 그리고 현재는 보육료, 유아학비 등 국가복지바우처를 국민행복카드 한 장으로 결제하고 있다.

출처: http://www.mohw.go.kr/front_new/policy/index.jsp?PAR_MENU_ID=06&MENU_ID=064001&PAGE=4

기존의 보육서비스사업은 종일반과 맞춤반으로 나누어 맞춤형 보육으로 운영되었으나 현재 보육서비스는 영유아보육법 개정을 통해 2020년 3월부터 만 0-5세 보육료지원사업과 누리과정을 통해 제공되고 있다.

맞춤형 보육의 폐지

2016년 7월부터 2020면 3월까지 어린이집 0~2세반을 이용하는 영아들을 위해서는 맞춤형 보육이 시행되고 있었다. 이것은 아이와 부모의 보육필요에 따라 종일반 외에 맞춤반 이용이 가능하게 한 제도라 볼 수 있다.

① 종일반(12시간)

- 종일반 보육서비스는 장시간 자녀양육 공백이 발생하는 맞벌이 가정을 포함하여, 기타 돌봄 필요 정도가 큰 가구에게 제공된다.
  * 구직, 임신, 다자녀, 조손·한부모, 가족 질병·장애, 저소득층 등
- 종일반 대상 가구는 현재처럼 어린이집을 오전 7시 30분부터 저녁 7시 30분까지 필요한 만큼 이용할 수 있으며, 이에 맞는 보육료를 지원받는다.

② 맞춤반(약 6시간 + 긴급보육바우처 월15시간)

- 맞춤반 대상 가구는 기본적으로 오전 9시부터 오후 3시까지 6시간을 이용하며, 이에 더해

긴급보육바우처 사용 시 월15시간까지 추가 이용이 가능하다.
- 긴급보육바우처는 병원이용 등 갑작스런 사유로 추가적인 보육서비스 필요 시 사용할 수 있으며, 미사용 시 연말까지 이월된다.
- 맞춤반 이용 중에 취업, 임신, 질병 등 종일반 이용사유가 발생하는 경우에는 종일반 서비스를 이용할 수 있다.

구분	종일반	맞춤반
이용시간	7:30~19:30	9:00~15:00(6시간) + 긴급보육바우처 월 15시간(6만원)
이용대상	맞벌이, 구직, 한부모, 다자녀 등	종일반 이용 외 아동

(2) 누리과정(만 3-5세 아동)[2)]

누리과정은 정부가 유치원과 어린이집에 다니는 만 3~5세 어린이에게 적용할 보육, 교육의 공통과정으로, 누리는 세상을 뜻하는 순 우리말로 국가가 책임지는 교육과 보육을 통해 만 5세 이하 어린이들이 행복한 세상을 열어가고 꿈과 희망을 마음껏 누리도록 하겠다는 의미를 담고 있다.

영유아보육법 제36조(비용의 보조 등)에서는 "국가나 지방자치단체는 대통령령으로 정하는 바에 따라 제10조에 따른 어린이집의 설치, 보육교사(대체교사를 포함한다)의 인건비, 초과보육에 드는 복지 증진, 취약보육의 실시 등 보육사업에 드는 비용 등 운영 경비 또는 지방 육아 종합 지원센터의 설치 · 운영, 보육교직원의 비용, 제15조의4에 따른 폐쇄회로 텔레비전 설치비의 전부 또는 일부를 보조한다."고 규정하고 있어 누리과정의 근거가 되고 있다.

누리과정은 유치원 교육과정과 어린이집 표준보육과정을 통합한 공통과정으로

2) 만 3~5세 아동의 경우 유아학비(유치원), 보육료(어린이집), 양육수당(가정양육)은 중복지원되지 않는 것이 원칙이며 누리과정(공통과정)을 제공받는 유아의 경우 무상교육기간은 36개월을 초과할 수 없음.

5개의 영역으로 구성되어 있다.

- 기본운동 능력과 건강하고 안전한 습관을 기르는 것을 목표로 하는 '신체운동, 건강' 영역,
- 일상생활에 필요한 의사소통 능력과 바른 언어 사용 습관을 기르는 목표를 가지고 아이들을 교육하는 '의사소통' 영역,
- 자신을 존중하고 다른 사람과 더불어 생활하는 능력과 태도를 기르는 것을 목표로 하고 아이들을 교육하는 '사회관계' 영역,
- 아름다움에 관심을 가지고 예술경험을 즐기며, 창의적으로 표현하는 것을 목표로 아이들을 교육하는 '예술경험' 영역,
- 호기심을 가지고 주변세계를 탐구하며, 일상생활에서 수학적, 과학적으로 생각하는 능력과 태도를 기르는 것을 목표로 하고 아이들을 교육하는 '자연탐구' 영역으로 구분됨

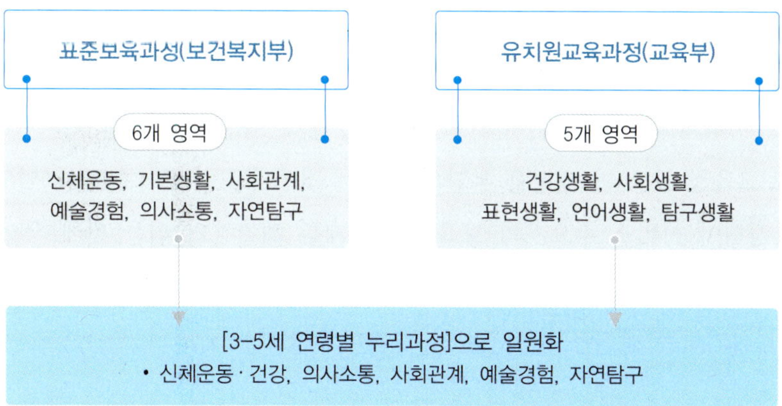

〈표 13-7〉 누리과정의 영역과 내용범주(3~5세)

	신체운동·건강	의사소통	사회관계	예술경험	자연탐구
3~5세, 보육과정 (누리과정)	신체 인식하기	듣기	나를 알고 존중하기	아름다움 찾아보기	탐구하는 태도 기르기
	신체 조절과 기본 운동하기	말하기	나와 다른 사람의 감정 알기	예술적 표현하기	수학적 탐구하기
	신체활동에 참여하기	읽기	가족을 소중히 여기기	예술 감상하기	과학적 탐구하기
	건강하게 생활하기	쓰기	다른 사람과 더불어 생활하기		
	안전하기 생활하기		사회에 관심 갖기		

무상보육의 확장은 한편으로는 정부가 공적인 책임 하에 보편주의적 영유아 서비스를 도입해서 조기교육의 중요성을 국가가 책임지겠다는 것, 보육과 교육의 격차를 무상보육을 통해 해소해야 한다는 것 그리고 아동의 미래를 위한 기본교육의 준비를 통해 양질의 인력을 배출하기 위한 토대를 갖추었다는 점에서 긍정적으로 평가되고 있다. 하지만 재정적인 문제가 가장 심각한데, 정부 혹은 각 시·도 교육청 중 누가 재정을 부담해야 하는 것인가를 두고서 논란이 일고 있다. 둘째, 정책이 서비스 수요자의 보육 비용문제를 해결하기 위한 것에 우선순위를 두고 보육료 지원에만 초점을 두면서, 서비스 인프라에 대한 개선은 소홀히 한 데에서 야기되는 부작용도 고스란히 드러내고 있다.

참고 : 아동 양육에 관한 정부지원은 크게 보육료(어린이집), 유아학비(누리과정), 가정양육수당, 아이돌봄서비스가 있음. 이들은 서로 중복지원하지 않는 것이 원칙. 그리고 아동수당, 영아수당 등이 있음.

○ 가정양육수당

– 소득수준에 관계없이 보육료, 유아학비, 종일반 아이돌봄서비스 지원을 받지 않고 가정에서 영유아(최대 84개월 미만)를 돌보는 경우 지급받음.

– 영아수당 도입에 따라 '22년 이후 출생아는 만 2세부터 가정양육수당 지원

– 2023년 기준으로 12개월 미만 : 20만원 / 12개월 이상~24개월 미만 : 15만원 / 24개월이상~84개월미만: 10만원

○ 아이돌봄서비스

– 양육공백이 발생하는 경우 아이돌보미가 대상자의 집으로 찾아가 돌봄서비스 제공
기준 중위소득 150% 이하 가정의 소득 수준에 따라 차등 지원

– 서비스 유형

① 시간제서비스 : 맞벌이가정, 다자녀가정 등의 만 12세 이하 아동에게 아이돌보미가 집으로 찾아가 임시보육, 놀이활동, 준비된 식사 및 간식 챙겨주기, 등·하원 동행 등 돌봄 제공

② 영아종일제 서비스: 생후 3~36개월 영아 대상 이유식 먹이기, 젖병 소독, 기저귀 갈기, 목욕 등 종일 돌봄 제공

– 취업한 부모 가정, 맞벌이 가정, 장애부모가정, 다자녀 가정 등을 우선 지원하되 소득수준에 따라 차등지원

○ 아동수당

– 만 8세 미만(~95개월)의 모든 아동에게 월 10만원 지급

○ 영아수당

– '22년생부터 만 0~1세 아동은 가정양육 시 현금 지원, 어린이집 이용 시 보육료 지원, 종일제 아이돌봄 이용 시 종일제 아이돌봄 정부지원금(가, 나, 다형) 지원 중 한가지 서비스 지원

– 현금, 보육료, 아이돌봄서비스 중 한가지 서비스만 수급할 수 있으며, 동시지원 불가(서비스 간 변경 가능)

영아수당(현금)	보육료	종일제아이돌봄
30만원	바우처	바우처

출처 :여성가족부 http://www.mogef.go.kr/cs/opf/cs_opf_f926.do

4. 장애인 관련 서비스

1) 장애인 관련 서비스의 발달과정

전국인구추계 대비 등록장애인 수는 1990년 0.52%, 2000년 2.04%, 2010년 5.18%로 지속적으로 증가하고 있으며, 2018년 말 현재 등록장애인 수는 251만 명에 이르고 있다.

장애인실태조사에 의하면 65세 고령장애인을 포함하여 장애인구가 지속적으로 확대되고 이 중 약 45%는 일상생활을 위해 타인의 도움을 필요로 하고 장애인의 15%는 가족이나 돌봄제공자가 아무도 없는 것으로 보고되었다(김성희, 2012: 10-17). 이에 따라 장애인의 일상생활을 지원하고 돌봄을 제공하는 장애인활동지원서비스는 2007년부터 2011년 '장애인활동지원에 관한 법률'의 제정을 거쳐 현재까지 장애인의 자립생활과 가족의 부담을 줄여 장애인을 삶의 질을 높이기 위해 지속되고 있다.

2) 정책사례 : 장애인활동지원서비스

(1) 제도 목적 및 도입과정

장애인활동지원서비스는 신체적 · 정신적 장애 등의 사유로 혼자서 일상생활과 사회생활을 하기 어려운 중증장애인에게 활동지원급여를 제공함으로써 자립생활과 사회참여를 지원하고 그 가족의 부담을 줄임으로써 장애인의 삶의 질 증진을 목적으로 한다.

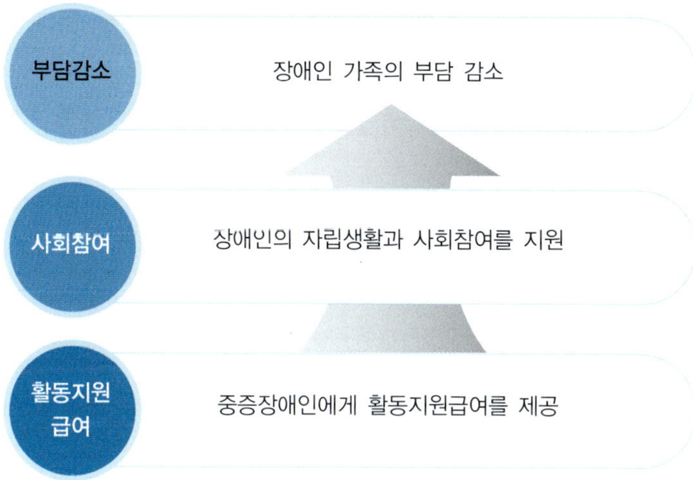

[그림 13-12] 장애인의 삶의 질 증진

출처: http://www.ableservice.or.kr/PageControl.action

구분	기존	장애인등급제 폐지 후
지원대상	혼자 일상생활과 사회생활을 하기 어려운 「장애인복지법」상 1~3급 장애등급을 받은 사람	모든 장애인 (장애인등급제 폐지로 '19년 7월부터는 장애인서비스지원종합조사에 따라 지원자격이 결정됨)
제공급여	활동보조, 방문간호, 방문목욕	

장애인활동지원사업은 인권의식의 성장, 2008년 UN장애인권리협약 가입 등으로 장애인 복지정책의 패러다임이 장애인의 사회참여, 선택, 자기결정을 강조하는 관점으로 전환되었기 때문이다. 따라서 장애인의 일상생활, 다양한 사회활동 등의 지원이 제공되어야 할 필요성에 인식을 같이 하게 되었다.

장애인활동지원을 통해 장애인들의 활동의 자유, 자기결정 등 권리가 대폭 강화되었고 1급 중증장애인을 대상으로 하다가 3급 장애인까지 적용대상 범위를 확장하여 포괄적 서비스로 발전하였다. 특히 장애인등급제가 폐지된 이후에는 모든 장애인을 대상으로 하는 서비스로 확장되었다. 또 전자바우처를 통해 급여 모니터링·기관 평가 등이 가능해져 급여수준이 향상되었다고 볼 수 있다. 활동지원제공인력도 교육을 받은 전문인력을 확보할 수 있어 서비스의 질과 통일성도 향상되었다.

(2) 적용대상

장애인활동지원서비스는 신체적 또는 정신적 장애로 인해 혼자서 일생생활이나 사회생활이 어려운 중증장애인들에게 제공되는 서비스로서 만 6세 이상 65세 미만의 장애인복지법상 등록된 장애인을 대상으로 한다. 장애인등급제가 시행되던 2019년 7월 이전에는 등록된 1-3급의 장애인을 대상으로 활동지원서비스인정조사표에 의한 방문조사에서 220점 이상을 받은 자로서 인정점수에 따라 4등급으로 구분하여 최대 47~118시간 서비스를 받을 수 있었다. 그러나 장애인등급제가 폐지된 이후에는 만 6세 이상 만 65세 미만의 장애인복지법상 등록된 장애인이면 서비스를 신청할 수 있고 장애인서비스지원종합조사표에 의해 필요한 서비스와 급여 시간을 결정하게 된다.

☞ 장애인등급제 폐지에 따른 장애인활동지원

2019년 7월 1일부터 폐지된 장애인등급제도는 향후 장애인정책의 패러다임이 바뀌는 계기가 될 것이다. 장애인등급제도는 1988년 의학적 심사에 기반해 1~6급으로 도입되어 등급에 따라 각종 서비스가 차등지원 되었다. 장애인등급제도가 폐지되면서 등급이 아니라 장애인에게 필요한 서비스가 무엇인지 종합조사를 도입하여 수요에 맞는 서비스를 제공하고 있다. 기존의 1~6급의 장애등급 대신 '장애정도가 심한 장애인'과 '심하지 않은 장애인'으로 구분하고 장애인의 욕구, 환경 등을 고려한 서비스 지원을 위해 '장애인서비스지원종합조사'가 도입된 것이다.

〈장애인서비스지원종합조사표〉(보건복지부고시 제2019-119호)

조사영역	조사항목	문항별 점수				산정방법
기능제한 (X1)	일상생활동작(ADL)	①	②	③	④	13개 항목의 문항별 점수를 합산한다.
	1. 옷갈아입기	0점	4점	8점	24점	
	2. 목욕하기	0점	3점	6점	18점	
	3. 구강청결	0점	2점	4점	12점	
	4. 음식물 넘기기	0점	2점	4점	12점	
	5. 식사하기	0점	4점	8점	24점	
	6. 누운 상태에서 자세 바꾸기	0점	2점	4점	12점	
	7. 옮겨앉기	0점	5점	10점	30점	
	8. 시청각복합평가	0점	6점	12점	36점	
	9. 앉은 자세 유지	0점	3점	6점	18점	
	10. 실내이동	0점	4점	8점	24점	
	11. 실외이동	0점	8점	16점	48점	
	12. 배변	0점	6점	12점	36점	
	13. 배뇨	0점	4점	8점	24점	
	계	318점				
	수단적 일상생활동작(IADL)	①	②	③	④	8개 항목의 문항별 점수를 합산한다.
	1. 전화사용	0점	2점	4점	12점	
	2. 물건사기	0점	2점	4점	12점	
	3. 식사준비	0점	4점	8점	24점	
	4. 청소	0점	2점	4점	12점	
	5. 빨래하기	0점	2점	4점	12점	
	6. 약챙겨먹기	0점	2점	4점	12점	
	7. 금전관리	0점	2점	4점	12점	
	8. 대중교통이용	0점	4점	8점	24점	
	계	120점				
	인지행동특성	①	②	③		8개 항목의 문항별 점수를 합산한다.
	1. 주의력	0점	10점	20점		
	2. 위험인식 및 대처	0점	9점	18점		
	3. 환각 · 망상	0점	2점	4점		
	4. 조울상태	0점	2점	4점		
	5. 문제행동	0점	4점	8점		

	6. 공격행동	0점	4점	8점	
	7. 자해행동	0점	4점	8점	
	8. 집단생활부적응	0점	12점	24점	
	계	94점			
사회활동 (X2)	사회활동	①	②		합산되지 않고 최대 24점만 인정한다.
	1. 직장생활	0점	24점		
	2. 학교생활	0점	12점		
가구환경 (X3)	가구특성	①	②		합산되지 않고 최대 36점만 인정한다.
	1. 독거가구	0점	36점		
	2. 취약가구	0점	36점		
	3. 본인을 제외한 가족의 사회생활	0점	12점		
	주거특성	①	②		합산되지 않고 최대 4점만 인정한다.
	1. 이동에 제한이 있고, 지하층 또는 2층 이상 거주	0점	2점		
	2. 이동에 제한이 있고, 엘리베이터 없는 지하층 또는 2층 이상 거주	0점	4점		

(3) 급여내용

장애인활동지원서비스는 활동보조, 방문목욕, 방문간호의 급여로 구성되어 있다. 활동보조는 활동지원제공인력이 수급자의 가정이나 학교 등 사회생활반경으로 방문하여 신체활동, 가사활동, 이동 등을 지원하는 급여이다. 방문목욕은 목욕설비를 갖춘 차량을 이용하여 노인복지법에 따른 요양보호사 1급 자격을 가진 자가 수급자의 가정 등을 방문하여 목욕서비스를 제공한다. 방문요양은 의사, 한의사, 치과의사 등의 '방문간호지시서'에 따라 방문간호사가 수급자의 가정을 방문하여 간호, 진료, 보조, 요양상담 또는 구강위생 등을 제공하는 급여이다.

장애인활동지원서비스를 신청한 장애인은 장애인서비스지원종합조사표에 따른 조사 결과를 점수로 환산하여 15구간으로 구분하고 그에 따른 월 한도액에 따라 활동지원서비스를 받게 된다.

〈표 13-8〉 활동보조 급여내용

구 분		세 부 내 용
신체활동 지원	개인위생 관리	목욕 도움(목욕 준비, 몸씻기 보조 등), 구강 관리(양치질 도움, 틀니 손질 등), 세면 도움(세면 준비, 세면 보조 등), 배설 도움(배뇨 도움, 화장실 이동 보조 등), 옷 갈아입히기(의복 준비, 속옷 갈아입히기 등)
	신체기능 유지 증진	체위 변경(체위 변경 도움, 일어나 앉기 도움 등), 신체기능의 증진(관절구축 예방활동, 기구사용운동 보조 등)
	식사 도움	식사 차리기, 식사 보조, 구토물 정리 등
	실내이동 도움	실내에서 휠체어로 옮겨 타기, 집안 내 걷기 도움 등
가사활동 지원	청소 및 주변정돈	수급자가 주로 거주하는 장소(방, 거실) 및 화장실 청소, 쓰레기 분리수거, 내부 정리, 이부자리 정돈, 화장대 · 책장 정리, 옷장 · 서랍장 등 정리 등
	세탁	수급자의 옷, 양말, 수건, 침구류, 걸레 등의 세탁 및 삶기 등
	취사	식재료 준비, 밥 짓기, 국 · 반찬 하기, 식탁 청소, 설거지, 행주 삶기, 음식물 쓰레기 분리수거 등
사회활동 지원	등하교 및 출퇴근 지원	출퇴근 및 등하교 보조(부축, 동행 포함), 직장이나 학교 등에서 식사 및 화장실 이용 보조 등 신체활동지원
	외출시 동행	산책, 물품구매, 종교활동, 복지시설 이용, 은행, 관공서, 병원 등 방문 및 귀가 시 부축 또는 동행, 외출 시의 신체활동지원
그 밖의 제공서비스		수급자 자녀의 양육 보조(만 6세 이하 등 예외적인 경우에 한함), 생활상의 문제 상담 및 의사소통 도움 등 위에 열거되지 않은 서비스 내용 기록

* 가사활동지원: 수급자 외의 가족의 가사활동지원은 포함하지 않음(단, 수급자 또는 수급자의 배우자가 출산 후 6개월 이내에 한하여 예외적으로 인정)

출처: https://www.socialservice.or.kr:444/user/htmlEditor/view2.do?p_sn=6

생각해 보기

1. 신사회위험(New Social Risks)과 사회서비스의 관계에 대해 논의해 봅시다.
2. 사회서비스와 바우처(voucher)의 활용에 대해 설명해 봅시다.

참 고 문 헌

김성희(2012). “장애인의 생활실태와 시사점”. 『보건복지이슈와 포커스』, 제166호. 10-17.

이재원(2012). “사회서비스 정책의 전개과정과 정책과제－보건복지부 사회서비스 전자바우처 사업을 중심으로”. 『지방정부연구』, 15(4). 333-359.

정경희(2017). “노인복지정책진단과 미래 발전 방향”. 『보건복지포럼』. 2017년12월호. 한국보건사회연구원. 18-36.

정기혜 · 김용하 · 이지현(2012). 『주요국의 사회보장제도 요약편』. 한국보건사회연구원.

최성은 · 선우덕 · 구인회 · 김인춘 · 백인립 · 임완섭 · 이주연 · 이기주(2011). 『선진4국과 우리나라 사회보장체계 비교연구』. 보건복지부, 한국보건사회연구원.

2023년 노인맞춤돌봄서비스 사업안내. 보건복지부.

2023 장애인활동지원사업안내. 보건복지부.

e-나라지표, 통계청. http://www.index.go.kr/

e-나라지표, 통계청. http://www.index.go.kr/main.do

KOSIS 국가통계포털. 통계청. http://kosis.kr/index/index.do

국가바우처통합카드 국민행복카드. http://www.voucher.go.kr/common/main.do

국민삶의질지표, 통계청. https://qol.kostat.go.kr/blife/main.do

복지로, 보건복지부. http://www.bokjiro.go.kr/nwel/bokjiroMain.do

사회보장정보원. http://www.ssis.or.kr/index.do

사회서비스 전자바우처, 보건복지부. http://www.socialservice.or.kr

아이돌봄서비스, 여성가족부. https://www.idolbom.go.kr/home.go

임신육아종합포털 아이사랑, 보건복지부. http://www.childcare.go.kr

법령집(2023, 법제처홈페이지)
사회보장기본법
사회복지사업법
사회서비스이용및이용권관리에관한법률

찾 아 보 기

인 명

내 용

저/자/약/력

■ **이진숙**

대구대학교 사회복지학과 교수(현)
Universitaet Wuerzburg 사회학박사(사회정책 전공)
주 연구 관심은 가족정책, 보육정책, 일-가족양립정책 등이다.

■ **임소연**

대구대학교 사회복지학과 겸임교수(현)
대구대학교 철학박사(사회복지정책 전공)
주 연구관심은 장애인정책, 돌봄정책 등이다.

사회복지정책론 [제3판]

1판 1쇄 발행 — 2019년 8월 30일
2판 1쇄 발행 — 2021년 8월 20일
3판 1쇄 발행 — 2024년 3월 5일
3판 2쇄 발행 — 2025년 8월 10일

저 자 – 이진숙 임소연
발 행 인 – 강철원
발 행 처 – 양성원
주 소 – 경기도 파주시 검산로 173번길 29-12
전 화 – 031-946-3861(代)
팩 스 – 031-946-3864
이 메 일 – tnwpub@naver.com
홈페이지 – tnwpub.co.kr
출판등록 – 2015년 8월 31일 제 2015-000211 호

ISBN 979-11-6126-560-5

정가 22,000원